基于犹豫模糊语言数据的决策理论与方法

DECISION THEORY AND METHODS BASED ON

HESITATION FUZZY LINGUISTIC DATA

吴澎　周礼刚◎ 著

中国财经出版传媒集团
经济科学出版社
Economic Science Press
·北 京·

图书在版编目（CIP）数据

基于犹豫模糊语言数据的决策理论与方法 / 吴澎，周礼刚著．--北京：经济科学出版社，2024.7

ISBN 978 -7 -5218 -4878 -6

Ⅰ.①基… Ⅱ.①吴… ②周… Ⅲ.①模糊语言 - 决策方法 - 研究 Ⅳ.①C934

中国国家版本馆 CIP 数据核字（2023）第 112954 号

责任编辑：胡成洁
责任校对：孙 晨
责任印制：范 艳

基于犹豫模糊语言数据的决策理论与方法

JIYU YOUYU MOHU YUYAN SHUJU DE JUECE LILUN YU FANGFA

吴 澎 周礼刚 著

经济科学出版社出版、发行 新华书店经销

社址：北京市海淀区阜成路甲 28 号 邮编：100142

总编部电话：010 - 88191217 发行部电话：010 - 88191522

网址：www. esp. com. cn

电子邮箱：espcxy@ 126. com

天猫网店：经济科学出版社旗舰店

网址：http：//jjkxcbs. tmall. com

北京季蜂印刷有限公司印装

710 × 1000 16 开 13. 25 印张 220000 字

2024 年 7 月第 1 版 2024 年 7 月第 1 次印刷

ISBN 978 -7 -5218 -4878 -6 定价：50. 00 元

（图书出现印装问题，本社负责调换。电话：010 - 88191545）

本书的研究工作受以下项目资助

国家自然科学基金（项目编号72171002、72201004）

安徽省自然科学基金（项目编号2108085QG290）

安徽省哲学社会科学规划项目（项目编号AHSKQ2020D10）

安徽大学文科创新团队项目（项目编号S030314002/014）

安徽大学引进人才科研启动基金

决策是人类社会中最常见的活动之一。科学的决策是现代管理的核心，为经济社会和工程管理等领域的决策问题提供科学理论与技术支持。在互联网背景下，电子化、网络化和群体化已成为主流趋势，不仅决策方式在群体规模和分布上发生了改变，而且决策环境也变得越来越复杂。同时，由于决策对象的复杂性和人们认知的局限性，人们对决策对象的评价和偏好往往具有一定的模糊性和不确定性。这些都给决策问题的求解带来困难。

西汉扬雄《法言·重黎》曰："汉屈群策，群策屈群力"。为了应对复杂决策环境下的决策问题，群决策理论与方法应运而生。群决策作为决策活动的主要形式，可以克服单一决策者知识匮乏和决策经验不足等问题，群决策的重要性日益凸显。作为一种新的信息表达形式，犹豫模糊语言数据以人们给出的语言信息为基础，可以更灵活、更全面、更准确地表达决策者的犹豫的定性的偏好信息，更符合人们的认知。基于犹豫模糊语言数据的决策方法在供应链管理、医疗诊断、模式识别、风险分析、机器学习等领域都具有广泛的应用。研究犹豫模糊语言数据信息环境下的决策理论与方法不仅具有重要的理论意义，而且在解决实际的决策问题中有着重要的应用价值。

本书基于定性偏好信息，从一致性测度、共识性测度和距离测度等角度提出了几种基于犹豫模糊语言数据的决策方法。全书共分为8章，在章节的关系上，主要以犹豫模糊语言数据的扩展准则为主线；在各章节结构体系上，主要以犹豫模糊语言偏好的决策方法为研究主线。

第1章绪论介绍研究背景及意义、国内外研究现状以及本书的主要研究内容和创新之处。第2章介绍语言术语、二元语义表示模型、语言偏好关系和犹豫模糊语言信息。第3章基于最小公倍数，研究犹豫模糊语言数据的扩充问题，提出了犹豫模糊语言数据最小公倍数扩充准则，进而基于该准则定义了犹豫模糊语言偏好关系的加性一致性，提出了两种加性一致性调整方法，并提出了基于加性一致性的犹豫模糊语言偏好关系的决策方法。第4章基于犹豫模糊语言数据最小公倍数扩充准则定义了犹豫模糊语言偏好关系的乘性一致性，提出了一种乘性一致性调整方法，提出了基于两阶段优化的犹豫模糊语言偏好关系的排序向量求解方法，并提出了基于加性一致性的犹豫模糊语言偏好关系的决策方法。第5章基于犹豫模糊语言数据最小公倍数扩充准则定义了犹豫模糊语言偏好关系的共识性测度，提出了具有局部反馈机制的共识性调整算法，构建了一种优化模型用于求解犹豫模糊语言偏好关系的排序向量，并提出了基于犹豫模糊语言偏好关系共识性的决策方法。第6章研究了残缺犹豫模糊语言偏好关系的决策问题。本章采用犹豫模糊语言数据最小公倍数扩充准则构建了基于整数线性规划模型的残缺信息补全算法，并提出了基于残缺犹豫模糊语言偏好关系的决策方法。第7章基于DEA模型对传统的TODIM决策法进行改进。本章基于犹豫模糊语言数据最小公倍数扩充准则，定义了犹豫模糊语言数据的距离测度、相似测度和交叉效率测度等，同时构建了基于群体共识优化模型的决策者权重确定模型，并提出了基于多种测度犹豫模糊语言数据决策方法。第8章对全书的工作进行了总结，同时对未来的研究进行了展望。

本书可作为高等院校管理科学、运筹学、信息科学和系统工程等专业高年级本科生和研究生的教材，也可作为工程技术人员、管理干部、教师以及相关学者的参考书。

本书的出版得到了经济科学出版社的大力支持和帮助，笔者在此表示衷心的感谢。

由于作者水平有限，书中难免存在缺点和不足，欢迎读者不吝赐教。

吴　澎
2023年12月于合肥

目 录
CONTENTS

绪　论

本章主要介绍本书的研究背景及意义，涉及犹豫模糊语言数据信息的群体决策和多属性决策相关的国内外研究现状概述以及本书的主要研究内容及创新点。

1.1 研究背景及意义

决策是指从一系列的备选方案中选择一个相对最优的方案以达到决策目的的过程。人类的活动离不开决策。决策是人类生活中最常见的活动之一。从国家宏观政策的制定到企业经营管理乃至人类的日常生活都离不开决策（陈珽，1987）。科学的决策有利于国家的发展、社会的进步。然而，随着社会经济的快速发展，人类面对的决策问题越发复杂和多样，单一的决策者由于知识的匮乏和决策经验的不足，很难综合地考虑决策问题。因此，群体决策应运而生。群体决策是决策活动的主要形式。群体决策顾名思义包含了若干个决策者，他们利用自己的知识、能力和经验针对决策问题依据科学的理论方法共同给出决策结果。这也是单一的决策者的决策过程所不具备的优势。

群体决策作为一个包含统计学、数学、经济学、心理学、社会学以及计算机科学的交叉学科，已经得到了很多学者的关注与研究。目前，关于群体决策还没有一个确定统一的定义。有学者认为群体决策就是将不同决策者的偏好信息按照一定的方式集结成为一致或者妥协的群体偏好（Hwang C L，Lin M J，1987）。我国学者徐玖平和陈建中（2009）认为群体决策是一组决策者面对同一个决策问题时，根据决策的目的，依赖决策方案集，通过科学的决策方法，按照事先制定的协同模式进行的决策过程。目前，群体决策被广泛地应用于雾霾管理[138]、供应商选择[122]、地震避难所选择[186]、医疗诊断、生态评估和安全评估等领域。群体决策的应用范围之所以如此之广，是因为群体决策具有以下优点。(1) 群体决策过程通过集结不同领域决策者的智慧，能够更好地应对日益复杂的决策问题。(2) 不同领域内的决策者熟悉不同的知识，掌握不同的信息，易于形成决策信息上的互补，进而发掘更多的满足决策目的的决策结果。(3) 多个决策者的参与有利于提高决策的全面性和决策的科学性。(4) 群体决策过程中，决策者具有广泛的代表性，因此决策结果具有很强的说服力，易于被人们接受，从而间接提高了决策实施的质量。(5) 多个决策者的参与使得人们更勇于承担决策过程所带来的风险。

在群体决策问题中，决策者会在某一属性下给出不同方案之间的评价或者某些方案在多个不同属性下的评价。随着科学技术的快速进步和世界经济的飞速发展，人们所面临的决策问题也越发复杂、模糊和不确定。美国模糊集先驱扎德（Zadeh）教授提出的模糊集可以更好地描述决策问题的模糊性和不确定性。结合实际的决策问题，许多学者对传统的模糊集进行了扩展，提出了各种各样的模糊集。例如，保加利亚学者阿塔纳索夫（Atanassov）教授于1986年提出了直觉模糊集[27]，美国著名学者孟德尔（Mendel）教授于2002年提出了二型模糊集和区间二型模糊集[23]，西班牙学者托拉（Torra）教授于2010年提出了犹豫模糊集[136]，美国学者耶格尔（Yager）教授于2013年对直觉模糊数进行了扩展提出了勾股模糊数。迄今为止，决策者利用区间模糊数据[90][94][154]、三角模糊数据[88][93][110][157]、梯形模糊数据[31][168][169][170]、直觉模糊数据[77][82][85]、区间二型模糊数据[121][122][128]、犹豫模糊数据[138][223]和勾股模糊数据[70][120]等模糊数据对决策方案进行评估，进而解决了很多的决策问题。以上模糊集可以很好地量化决策者的偏好，但是在许多决策问题中，决策者往往会根据自己的所擅长的领域内的知识用抽象的语言型数据给出关于备选方案的评估。例如，在金融风险评估中，决策者可能会说“该股票的风险程度很高”。又如，在人力资源管理中，对员工进行考核，考核负责人可能会说“该员工年终绩效考核结果为差”。在这两个例子中，决策者不可能用数值型数据来描述“很高”和“差”这样的词汇。为此，Zadeh 教授于 1975 年提出了模糊语言法，用来表达人们的定性的决策信息[199]。近些年来，二元语义数据[52]、比例二元语义数据[142]、区间语言数据[219]和非平衡语言数据[37]的提出进一步丰富了语言数据的表达形式。

然而，上述语言数据的形式只包含单一的语言术语来表达决策者的定性的偏好信息。在许多高度不确定的决策问题中，决策者往往会在多个语言术语之间犹豫不决。也就是说决策者更倾向用多个语言术语而不是单一的语言术语来表达自己的犹豫但定性的偏好信息。例如，在高校学科评估中，决策者可能会说“该学校的综合表现中等偏上”。可见，传统的语言数据及其扩展形式都无法表征该种形式的偏好信息。为了克服以上数据表达信息的不足，根据犹豫模糊集和传统的语言数据，西班牙学者罗德里格斯等（Rodríguez et al.，2012）基于下标非对称的语言术语集给出了犹豫模糊语言数据的概念。同时，国内学者廖虎昌等（Liao H C et al.，2015）将犹豫模糊语言数据的概念扩展到下标对称的语言术语集上并给出了犹豫模糊语言数据的数学表达形式。

作为一种新的信息表达形式，犹豫模糊语言数据以人们给出的语言信息为基础，可以更灵活更全面更准确地表达决策者的犹豫的定性的偏好信息，更符合人们的认知。基于犹豫模糊语言数据的决策方法在供应链管理、医疗诊断、模式识别、机器学习等领域都具有广泛的应用。因此，研究犹豫模糊语言数据信息环境下的决策理论与方法不仅具有重要的理论意义，而且在解决实际的决策问题中也有着重要的应用价值。理论层面，本书给出关于犹豫模糊语言数据新的扩充准则，并深入研究犹豫模糊语言偏好关系的一致性和共识性以及犹豫模糊语言数据的多种距离测度，进而丰富了犹豫模糊语言数据的决策理论方法。实际应用层面，本书提出一系列决策方法可用于金融投资选择、健康管理等决策问题，以期为相关行业的决策人员提供决策的新思路、新方法和新技术。

1.2　国内外研究现状

自 2000 年以来，关于犹豫模糊语言数据的研究引起了众多国内外学者的关注。目前，关于犹豫模糊语言数据的决策方法主要用于解决基于犹豫模糊语言偏好关系的群体决策问题和犹豫模糊语言数据的多属性决策问题。在犹豫模糊语言偏好关系的群体决策中，若干个决策者根据初始的评价语言术语集（下标对称的语言术语集或下标非对称的语言术语集），通过犹豫模糊语言数据信息来表达他们对任意两个方案的相对偏好程度并建立犹豫模糊语言偏好关系，依据某些决策函数对方案进行择优。在犹豫模糊语言数据的多属性群体决策中，若干个决策者根据初始的评价语言术语集，针对不同方案在不同的属性下给出犹豫模糊语言数据评价信息，进而给出它们的犹豫模糊语言数据决策矩阵，再根据犹豫模糊语言数据决策矩阵对备选方案进行排序。

1.2.1 犹豫模糊语言偏好关系群体决策研究现状

偏好关系来源于20世纪80年代美国著名学者萨蒂（Saaty）教授提出的层次分析法。① 层次分析法作为决策方法的一种，其本质是将定性分析与定量分析相结合的多目标决策方法。该方法将决策问题按照决策目标划分成目标层、准则层和方案层，其优势在于决策者只需在每个属性下，对备选方案进行两两比较构造偏好关系，并通过求解偏好关系的最大特征值所对应的特征向量对备选方案进行排序和择优。偏好关系中的元素表示一个方案相对于另外一个方案的偏好程度。根据偏好程度的信息表达形式，偏好关系可以分为乘性偏好关系[26][101][173]、模糊偏好关系[34][60][102][134][182]、区间乘性偏好关系[92][106][112][154][155][176][186][222]、区间加性偏好关系[29][89][91][104][111][153][161][166]、三角模糊偏好关系[72][93][114][157][160][162]、梯形模糊偏好关系[225][226]、直觉模糊偏好关系[45][46][139][163]，区间直觉模糊偏好关系[140][141][167]、语言偏好关系[191][192][194][200]、区间语言偏好关系[33][219][220][221]、犹豫模糊偏好关系[68][105][213][227][228][230]和概率语言偏好关系[203][204]等。基于信息表达形式的偏好关系的决策理论与方法研究吸引了大量学者的关注，并取得丰富的研究成果，但是基于犹豫模糊语言偏好关系的决策理论与方法的研究不多见。由前文可知，关于犹豫模糊语言数据的定义主要有基于下标非对称语

① Saaty T L. The Analytic Hierarchy Process [M]. New York, NY: McGraw - Hill, 1980.

言术语集和基于下标对称的语言术语集这两种。虽然犹豫模糊语言偏好关系可以灵活丰富地表达决策者犹豫且定性的偏好信息，但是针对任意两个方案之间的对比，决策者可能给出的不同的偏好信息，这样就造成了犹豫模糊语言偏好关系中的元素包含语言术语的个数不同。这种情况会给研究犹豫模糊语言偏好关系或犹豫模糊语言数据的测度带来了一定的难度和挑战。从已有的研究成果可以看出，关于犹豫模糊语言偏好关系的决策理论与方法的研究主要集中在一致性、共识性和排序向量求解方法这三个方面。

（1）一致性。一致性在决策过程中起着重要的作用。如果偏好关系在决策过程中缺乏一致性，则由此得出的决策结果可能具有不合理性。关于犹豫模糊语言偏好关系一致性的研究主要集中于加性一致性、乘性一致性和一致性调整方法。有学者把犹豫模糊语言偏好关系转化成二元语义偏好关系，然后通过定义二元语义偏好关系的加性一致性来度量犹豫模糊语言偏好关系的加性一致性（Liu H B，Cai J F，Jiang L，2014）。针对不具有可接受加性一致性的犹豫模糊语言偏好关系，通过犹豫模糊语言偏好关系与其对应的二元语义偏好关系之间的偏差提出了一种具有局部修正机制的加性一致性调整算法。

为了处理不同长度的犹豫模糊语言数据，朱斌和徐泽水（2014）分别提出了 α 标准化准则和 β 标准化准则。α 标准化准则通过删减长度相对较长的犹豫模糊语言数据中的语言术语使得不同的犹豫模糊语言数据具有相同的长度，β 标准化准则通过增加语言术语到长度相对较短的犹豫模糊语言数据中使得不同的犹豫模糊语言数据具有相同的长度。基于 β 标准化准则，朱斌和徐泽水（2014）首先定义了规范化犹豫模糊语言偏好关系，然后通过定义规范化犹豫模糊语言偏好关系加性一致性测度定义了犹豫模糊语言偏好关系加性一致性测度和加性一致性指数。针对不具有可接受加性一致性的犹豫模糊语言偏好关系，分别提出了一种自动迭代加性一致性调整算法和一种基于优化反馈模型的加性一致性调整算法。吴志彬和徐玖平（2016）通过犹豫模糊语言数据均值的概念，定义了犹豫模糊语言偏好关系的加性一致性，并基于该加性一致性定义了犹豫模糊语言偏好关系的期望二元语义偏好关系。然后，通过度量二者之间的绝对偏差定义了犹豫模糊语言偏好关系的加性一致性指数。针对不具有加性一致性的犹豫模糊语言偏好关系，又构造了一种具有局部修正机制的加性一致性调整算法。有学者通过犹豫模糊语言数据均值的概念，将犹豫模糊语言偏好关系中的元素转化成语言术语从而进行犹豫模糊语言偏好关系的加性一致性测度（Liu H B，Jiang L，Xu Z S，2017）。通过该测度定义了一个具有完全加性一致性的语言偏好关系，然后通过定义犹豫模糊语言偏好关系与完全加性一致性的语言偏好关系之间的距离测度给出了犹豫模糊语言偏好关系加性一致性指数的定义。为了提高犹豫模糊语言偏好关系加性一致性水平，又利用犹豫模糊语言数据包络的概念设计了一种具有局部修正机制的加性一致性调整算法。许叶军等（2018）利用β标准化准则进行了基于下标非对称的语言术语集的犹豫模糊语言偏好关系的加性一致性测度，并根据该测度构造了一个具有完全加性一致性的规范化犹豫模糊语言偏好关系。通过计算犹豫模糊语言偏好关系与其对应的具有完全加性一致性的规范化犹豫模糊语言偏好关系之间的距离，定义了豫模糊语言偏好关系加性一致性指数。为了使不具有可接受加性一致性的犹豫模糊语言偏好关系具有可接受加性一致性，许叶军等（2018）又构造了一种具有全局修正机制的加性一致性调整算法（Xu Y J，Wen X W，Sun H et al.，2018）。

学者们将犹豫模糊语言偏好关系视为由很多语言偏好关系构成，并从中找出一致性水平最高的语言偏好关系和一致性水平最差的语言偏好关系。基于这两个语言偏好关系，定义了犹豫模糊语言偏好关系区间加性一致性测度。在群体决策中，考虑到同一个词对不同的人意味着不同的事物表述并且个体语义应该由不同的数值型数据描述，通过定义犹豫模糊语言偏好关系平均加性一致性测度系统地研究了个性化数量标度（Li C C，Rodríguez R M，Martínez L et al.，2018）。有学者通过构建一个犹豫目标规划模型从犹豫模糊语言偏好关系中找出一致性水平最高的语言偏好关系，并用该语言偏好关系的一致性测度来定义犹豫模糊语言偏好关系的加性一致性测度（Feng X Q，Zhang L，Wei C P，2018）。针对不具有可接受加性一致性的犹豫模糊语言偏好关系，学界提出了两种加性一致性调整算法。其中一种为基于最优化模型的加性一致性调整算法，另外一种是具有自动的具有全局调整机制的加性一致性调整算法。有学者先把犹豫模糊语言偏好关系转化成概率语言偏好关系，然后通过度量概率语言偏好关系的一致性来度量犹豫模糊语言偏好关系的加性一致性（Liu N N，He Y，Xu Z S，2019）。对于加性一致性水平不高的犹豫模糊语言偏好关系，构建了一个最大一致性规划模型用于调整其加性一致性水平。通过定义犹豫模糊语言偏好关系与其所对应的排序向量之间的偏差，定义了该犹豫模糊语言偏好关系的加性一致性指数，并构建了一种具有全局修正机制的加性一致性调整算法（Zhang Z M，Chen S M，2019）。通过定义犹豫模糊语言偏好关系的相容性，研究了犹豫模糊语言偏好关系的加性一致性（Gou X J，Xu Z S，Liao H C，2019）。根据犹豫模糊语言数据的均值，定义了犹豫模糊语言偏好关系的乘性一致性测度（Liu H B，Jiang L，Xu Z S，2017）。通过该乘性一致性测度定义了一个具有完全乘性一致性的语言偏好关系。然后，通过定义犹豫模糊语言偏好关系与具有完全乘性一致性的语言偏好关系之间的距离定义了犹豫模糊语言偏好关系乘性一致性指数。为了提高犹豫模糊语言偏好关系乘性一致性水平，又根据犹豫模糊语言数据包络的概念设计了一种具有局部修正机制的乘性一致性调整算法。

有学者根据β标准化准则，使得犹豫模糊语言偏好关系中的犹豫模糊语言数据具有相同长度，然后给出了规范化犹豫模糊语言偏好关系的定义，并依据该规范化犹豫模糊语言偏好关系给出了犹豫模糊语言偏好关系的乘性一致性测度和乘性一致性指数；为了提高不具有可接受乘性一致性的犹豫模糊语言偏好关系的乘性一致性水平，构造了一种自动迭代的具有全局修正机制的乘性一致性调整算法（Zhang Z M，Wu C，2014）。

（2）共识性。在决策过程中，如果群体之间的偏好差异很大，则最终得到的决策结果往往不能让所有决策者都满意，因此，通常需要决策者之间达成一定的共识。[①] 关于共识性的研究主要集中在共识性测度的定义和共识调整算法这两个方面。关于共识性测度的定义主要有两种：第一种是通过度量任意两个决策者之间的偏好相似度定义共识性测度；另外一种是通过度量决策者偏好与群体偏好之间的相似度来定义共识性测度。关于共识性调整算法，莱勒和瓦格纳（Lehrer K，Wagner C，1981）认为“一个合理的共识性调整过程不仅仅是信息的集成，还是一个通过理性推动个体偏好发生变化的过程”。吴志彬和徐玖平（2016）利用犹豫模糊语言数据均值定义了犹豫模糊语言数据的相似测度。针对犹豫模糊语言偏好关系决策问题，通过定义任意两个决策者之间的相似测度给出了犹豫模糊语言偏好关系共识性测度的定义。对于共识性水平较低的情况，又提出了一种具

---

① 吴志彬．群体共识决策理论与方法［M］．北京：科学出版社，2018；Dong Y C，Xu J P. Consensus Building in Group Decision Making［M］．Singapore：Springer，2016.

有局部反馈修正机制的共识性调整算法。利用β标准化准则，许叶军等（Xu Y J，Wen X W，Sun H et al.，2018）定义了基于下标非对称的语言术语集的犹豫模糊语言偏好关系的距离测度。然后根据该距离测度，通过计算个体犹豫模糊语言偏好关系和群体犹豫模糊语言偏好关系之间的距离定义了个体共识性测度和群体共识性测度，并构造了一种迭代的共识性调整算法。有学者根据概率语言投影模型，犹豫模糊语言投影模型和矩阵的内积，定义了犹豫模糊语言偏好关系共识性测度（Liu N N，He Y，Xu Z S，2019）。有学者通过优化模型求得群体犹豫模糊语言偏好关系的排序向量，并通过计算该排序向量与个体犹豫模糊语言偏好关系之间的距离定义了群体共识性测度。对于群体共识性水平较低的情况，又构建了一种具有全局修正机制的共识性调整算法（Zhang Z M，Chen S M，2019）。

（3）排序向量求解方法。偏好关系的排序向量事关最终最优决策方案的选取。基于定量评价信息的偏好关系，许多学者研究了犹豫模糊语言偏好关系排序向量的求解方法。[42]通过构建一个犹豫目标规划模型从犹豫模糊语言偏好关系中找出一致性水平最高的语言偏好关系，并将该语言偏好关系的排序向量看作犹豫模糊语言偏好关系的排序向量（Feng X Q，Zhang L，Wei C P，2018）。根据犹豫模糊语言数据包络的概念将犹豫模糊语言偏好关系转化成区间语言偏好关系，并将区间语言数据信息看成服从正态分布的随机变量，构建了一个基于目标规划的机会约束优化模型用以求解犹豫模糊语言偏好关系的排序向量。[46]

1.2.2 残缺犹豫模糊语言偏好关系群体决策研究现状

在实际的决策问题中，决策者需要在某一特定的属性下通过对备选方案进行两两比较给出自己的判断。决策者往往对某些决策问题缺乏专业的背景知识和决策经验，因此决策者通常很难给出所有方案中的偏好。此外，对于一个含有n个备选方案的决策问题，决策者需要进行$\frac{n(n-1)}{2}$次比较判断。当决策方案个数n很大时，决策者就会面临很大的工作负荷，这也导致决策者很难给出所有方案之间的偏好。基于以上原因，决策者在实际的决策问题中可能会给出信息缺失的偏好关系，这样的偏好关系又被称作残缺偏好关系。针对残缺偏好关系，大多数学者主要研究了残缺信息的补全方法和残缺偏好关系的排序向量的求解方法。对于残缺信息，埃雷拉·维埃德玛等（Herrera-Viedma E，Chiclana F，Herrera F et al.，2007）认为：度量一个残缺偏好关系的一致性水平的时候，应该重点考虑把残缺信息进行补全。[53]关于残缺偏好关系的补全方法和基于残缺偏好关系的决策方法已经得到了深入的研究。其中关于残缺信息的补全方法主要有直接构造法和最优化模型。直接构造法是根据残缺偏好关系的一致性定义直接对残缺信息进行补全。最优化模型是以一致性偏差最小为目标和残缺偏好关系的性质为约束对残缺信息进行补全。关于残缺偏好关系的排序向量的求解方法主要包括各种最优化模型，例如对数最小二乘法、最小二乘法、目标规划、卡方法、特征值法等。唐明等（Tang M，Liao H C，Li Z M et al.，2018）首次给出了残缺犹豫模糊语言偏好关系的定义。为了补全残缺犹豫模糊语言偏好关系中的缺失信息，根据犹豫模糊语言偏好关系的加性一致性定义，给出了三个补全残缺信息的方法，基于提出的补全算法给出了一种基于残缺犹豫模糊语言偏好关系的决策方法用于处理残缺犹豫模糊语言偏好关系的群体决策问题。通过求解残缺犹豫模糊语言偏好关系中一致性最高和一致性最低的语言偏好关系，给出了一种残缺信息的补全方法，进而给出了一种一致性调整算法。[97]最后，基于以上工作，学者们给出了一种基于残缺犹豫模糊语言偏好关系的决策方法（Liu H B，Ma Y，Jiang L，2019）。首先定义了残缺犹豫模糊语言偏好关系的乘性一致性，然后通过研究该语言偏好关系乘性一致性与模糊偏好关系乘性一致性之间的等价关系，构建了一个数学规划模型用以处理残缺犹豫模糊语言偏好关系，给出了一种用来处理群体决策问题的残缺犹豫模糊语言偏好关系的决策方法（Song Y M，Hu J，2017）。[131]

1.2.3 犹豫模糊语言数据多属性群体决策研究现状

近年来，犹豫模糊语言数据信息在多属性决策问题中已经取得了广泛的应用。[67][61][73][117][198][217][218]基于犹豫模糊语言数据的决策过程主要包括两个阶段：（1）信息融合阶段；（2）信息开发阶段。① 信息融合阶段主

① Chiclana F，Herrera F，Herrera-Viedma E. Integrating Three Representation Models in Fuzzy Multipurpose Decision Making Based on Fuzzy Preference Relations［J］. Fuzzy Sets and Systems，1998，97：33-48.

要是利用决策者的权重，根据某种集结方法或决策函数把每个决策者给出的犹豫模糊语言数据决策矩阵集结成综合犹豫模糊语言数据决策矩阵。信息开发阶段主要是根据备选方案的属性权重，通过某种信息融合方法或决策函数把综合犹豫模糊语言数据决策矩阵的各个备选方案在每一个属性下的评价值融合成一个综合方案值。最后根据每个方案的综合方案值对备选方案进行排序和择优。显然，在犹豫模糊语言数据的决策过程中决策者权重和属性权重起到至关重要的作用，测度理论是确定决策者权重和属性权重的基础。下面将从测度理论、决策方法、属性权重和决策者权重这四个方面对基于犹豫模糊语言数据的多属性群体决策研究现状进行总结。

（1）测度理论。基于关联测度，廖虎昌等（2015）提出了犹豫模糊语言关联系数和犹豫模糊语言加权关联系数。廖虎昌等（2014）提出了一系列的犹豫模糊语言数据的距离测度和犹豫模糊语言数据的相似测度，主要包括犹豫模糊语言数据的海明距离、欧式距离、广义距离、豪斯多夫距离（Hausdorff Distance）和它们的混合距离，并将这些距离推广到加权形式和连续形式。接下来，廖虎昌和徐泽水（2015）又提出了一系列的基于余弦的犹豫模糊语言数据的距离测度和相似测度。学者们定义了单个语言术语与犹豫模糊语言数据之间的距离测度，然后提出了两种广义的犹豫模糊语言数据的加权距离测度。[109] 吴志彬和徐玖平（2016）利用犹豫模糊语言数据的均值定义了犹豫模糊语言数据的相似测度，根据犹豫模糊语言数据的犹豫度定义了多种犹豫模糊语言数据的距离测度，[211] 定义了犹豫模糊语言数据的 Hausdorff 距离。[144]

（2）决策方法。廖虎昌和徐泽水等（2014）首先提出了一系列基于余弦的犹豫模糊语言数据的距离测度和相似测度，然后基于这些测度提出了犹豫模糊语言 VIKOR 决策方法和犹豫模糊语言 TOPSIS 决策方法。为了把每个决策者给出的犹豫模糊语言数据决策矩阵集结成综合犹豫模糊语言数据决策矩阵，吴志彬和徐玖平（2016）首先定义了犹豫模糊语言数据的概率分布，然后给出了一种犹豫模糊语言数据的决策方法。学者们利用犹豫模糊语言数据包络的概念将犹豫模糊语言数据转化成区间型语言数据，进而将传统的 TOPSIS 决策方法扩展到基于犹豫模糊语言数据的决策问题中（Beg I，Rashid T，2013）。

廖虎昌等（2015）首先定义了犹豫模糊语言群体效用测度和犹豫模糊语言个体后悔测度，然后提出了犹豫模糊语言 VIKOR 决策方法。廖虎昌等（2018）将定量数据转换为犹豫模糊语言数据，然后，受 ORESTE 方法[①]的启示，提出了一个新的全局偏好得分函数来集结属性权重和属性值。为了得到备选方案之间的真实关系，提出了三种偏好强度公式，并引入了犹豫模糊语言数据无差异阈值。在这些工作的基础上，针对多属性决策问题提出了一种新的犹豫模糊语言 ORESTE 决策方法。廖虎昌等（2018）研究了犹豫模糊语言数据信息的 ELECTRE Ⅱ决策方法，并提出了两种新的决策方法：基于得分－偏差的 ELECTRE Ⅱ决策方法和基于正负理想犹豫模糊语言数据的 ELECTRE Ⅱ决策方法。廖虎昌等（2019）将犹豫模糊语言 ORESTE 决策方法扩充到多属性群体决策问题中并将其应用到优先选择手术患者入住三甲医院的多属性群体决策问题中。有学者根据占优排序法和 ELECTRE 决策法提出了一种基于犹豫模糊语言数据的占优排序法（Wang J Q，Wang J，Chen Q H et al.，2014）。谭倩云等（2016）提出了将传统的 PROMETHEE 方法与犹豫模糊语言数据相结合提出了一种新的犹豫模糊语言 PROMETHEE 决策方法。廖虎昌等（2019）提出了一种改进的犹豫模糊语言 PROMETHEE 决策方法并将其应用到川酒评价的多属性决策问题中。有文献将传统的 MACBETH（measuring attractiveness by a categorical-based evaluation technique）方法扩展到犹豫模糊语言数据信息环境中，[②] 通过定义新的犹豫模糊语言数据的距离测度构建了一个多目标群体优化模型，在此基础上提出了犹豫模糊语言 VIKOR 决策方法。[③] 采用犹豫模糊语言可能度对传统的偏好顺序结构评估法（preference ranking organization method for enrichment evaluations，PROMETHEE）进行了改进，提出了犹豫模糊语言 PROMETHEE Ⅱ决策方法。[④] 考虑决策过程中的风险，将前景理论应用到犹豫模糊语言数据的决策问题中并给出了具体的决策方法。[⑤] 学者们基于传统的距离测

---

① Roubens M. Preference Relations an Actions and Criteria in Multicriteria Decision Making [J]. European Journal of Operational Research，1982，10（1）：51－55.

② 徐泽水，潘玲，廖虎昌．基于 MACBETH 方法的犹豫模糊语言多准则决策方法［J］．控制与决策，2017，32（7）：1266－1272.

③ 杨欣蓉，钱钢，冯向前．基于犹豫模糊语言多属性群决策的 VIKOR 扩展方法［J］．计算机工程与应用，2017，53（11）：39－43.

④ 耿秀丽，邱华清．基于犹豫模糊 PROMETHEE Ⅱ的设计方案群决策方法［J］．计算机应用研究，2018，35（10）：3020－3024.

⑤ 徐海军，田晓丽，徐泽水．基于犹豫模糊语言信息的前景决策方法［J］．中国管理科学，2018，26（8）：179－185.

度，定义了犹豫模糊语言数据的距离测度，并利用这些测度对传统的TOPSIS决策方法进行了改进，提出了基于犹豫模糊语言数据的决策方法。[87]吴志彬等（Wu Z B，Xu J P，Jiang X L et al.，2019）基于犹豫模糊语言数据的概率分布提出了犹豫模糊语言VIKOR决策方法和犹豫模糊语言TOPSIS决策方法。田章朋等（Tian Z P，Wang J，Wang J Q et al.，2016）将传统的QUALIFLEX决策方法扩展到犹豫模糊语言数据环境中，提出了犹豫模糊语言QUALIFLEX决策方法。后有学者将传统的TODIM决策方法应用到犹豫模糊语言数据的决策问题中，提出了基于犹豫模糊语言TODIM决策方法。[86]

（3）属性权重。廖虎昌等（Liao H C，Wu X L，Mi X M et al.，2020）首先基于决策者主观和客观意见提出了一种组合权重确定模型用以求解属性权重。然后针对多属性决策问题，利用Borda规则提出了犹豫模糊语言ELECTRE Ⅲ决策方法。廖虎昌等（Liao H C，Qin R，Gao C Y et al.，2019）通过定义犹豫模糊语言数据的犹豫度给出了属性权重的求解方法。塞拉克等（Sellak H，Ouhbi B，Frikh B et al.，2019）给出了一种组合权重方法用来求解属性权重。[130]法哈迪尼亚（Farhadinia B，2016）利用熵的概念提出了一种基于信息熵的属性权重确定方法。[41]侯迅志等（Gou X J，Xu Z S，Liao H C，2017）提出了基于交叉熵的属性权重求解方法。学者们基于偏差最小化原则构建了犹豫模糊语言数据的属性权重确定模型，[99]根据主观偏好与客观偏好最小化规则构建了属性权重确定模型（Zhao H，Xu Z S，Wang H et al.，2017）。彭新东等（2015）针对属性权重提出一种组合权重确定方法。根据极大偏差法，刘勇等（2015）构建了线性规划模型用以确定属性权重。多篇文献采用主观赋权法给出了属性权重。[9][16][19][25][71][87][197]基于质量功能展开的思想求解属性权重（耿秀丽和邱华清，2018），根据最好最差法求解属性权重（Mi X M，Liao H C，2019）。

（4）决策者权重。廖虎昌等（2019）通过定义犹豫模糊语言数据的犹豫度的概念给出了决策者权重的求解方法。此外，多篇文献通过主观赋权法给出了决策者权重。[16][99][145][197]

1.2.4　已有研究中存在的不足

基于以上文献综述，针对犹豫模糊语言数据的群体决策和多属性决策问题的决策方法虽然已经取得了丰富的研究成果，但是它们仍然存在如下不足之处。

（1）由于犹豫模糊语言数据自身犹豫性的特点，往往可能会出现不同的犹豫模糊语言数据会包含不同数量的语言术语。然而，具有相同长度的犹豫模糊语言数据是保证犹豫模糊语言数据运算合理性的前提条件（Zhu B，Xu Z S，2014）。为了处理这种情况，提出了 α 标准化准则和 β 标准化准则。对于任意两个长度不同的犹豫模糊语言数据，α 标准化准则通过删除长度较长的犹豫模糊语言数据中的语言术语来保证这两个长度不同的犹豫模糊语言数据具有相同的长度。相反，β 标准化准则通过往长度较短的犹豫模糊语言数据中增加语言术语来实现这两个长度不同的犹豫模糊语言数据具有相同的长度。两种准则通过引入态度参数 ζ 来确定具体删除或者增加的语言术语。但是这两种准则都会改变初始的犹豫模糊语言数据的均值、方差和概率分布。同时，α 标准化准则通过删除语言术语可能会造成初始的犹豫模糊语言数据信息流失，β 标准化准则通过增加语言术语可能会造成初始的犹豫模糊语言数据出现冗余信息。因此，有必要对犹豫模糊语言数据标准化准则进行深入研究，并提出新的犹豫模糊语言数据扩充准则。

（2）已有的文献研究了犹豫模糊语言偏好关系的加性一致性和乘性一致性。它们首先通过 β 标准化准则对初始的犹豫模糊语言偏好关系进行规范化处理得到规范化犹豫模糊语言偏好关系。该偏好关系中每个位置上的犹豫模糊语言数据具有相同的长度。其次，构建一个具有完全加性一致性或完全乘性一致性的犹豫模糊语言偏好关系。最后，通过计算规范化犹豫模糊语言偏好关系与完全一致性的犹豫模糊语言偏好关系之间的距离来定义犹豫模糊语言偏好关系的加性一致性或乘性一致性。对于同一个犹豫模糊语言偏好关系，采用不同的方法求得的完全一致性的犹豫模糊语言偏好关系可能会不同。这样可能会导致同一个犹豫模糊语言偏好关系具有不同的加性一致性指数或乘性一致性指数，即这些加性一致性指数或乘性一致性指数具有不稳定性。针对不具有可接受加性一致性和乘性一致性的犹豫模糊语言偏好关系，已有文献构建的一致性调整方法会导致调整后的犹豫模糊语言偏好关系中含有虚拟语言。针对残缺犹豫模糊语言偏好关系的决策问题，已有的残缺信息补全方法得到的补全信息往往是虚拟语言。在实际的问题中，决策者往往很难接受虚拟语言作为他们的偏好信息。同时，虚拟语言也使得实际的决策的问题难以理解。现有的关于犹豫模糊语言偏好关系排序向量确定方法往往会忽略大量的决策信息。因此，为了进一步研究基于犹豫模糊语言偏好关系的决策方法，有必要更深入地研究犹豫模糊语言偏好关系的加性一致性测度、乘性一致性测度、一致性调整算法、排序权重确定方法和残缺信息补全方法。

（3）决策过程中，群体决策高度的共识性可以保证最终决策结果被决策者们接受。虽然提出了一种迭代的具有局部修正策略的共识性调整算法，① 但是该算法并没有给出具体的调整尺度。有文献通过构建优化模型对群体犹豫模糊语言偏好关系的共识性进行调整，但是该模型中的取整函数会导致犹豫模糊语言数据信息损失。② 因此，有必要对基于犹豫模糊语言偏好关系的共识性调整算法进行研究，并提出新的共识性调整算法。

（4）针对犹豫模糊语言数据的多属性群体决策问题的决策方法的研究主要集中在犹豫模糊语言数据的测度、属性权重和决策者权重的确定方法。已有文献深入研究了犹豫模糊语言数据的测度（距离测度和相似测度）。其中一些距离测度的构建是建立在任意两个犹豫模糊语言数据具有相同的长度这一假设基础上的。但是在实际的问题中，这一假设往往很难成立。另外一些测度是基于 β 标准化准则给出的。但是这些测度会导致信息损失（Rodríguez R M，Bedregal B，Bustince H et al.，2016）。主观给出的属性权重和决策者权重往往会导致决策结果的不稳定性和不合理性。因此，有必要定义新的犹豫模糊语言数据的距离测度和相似测度。同时，也需要给出属性权重和决策者权重的客观求解方法。

1.3 主要研究内容和创新性

1.3.1 技术路线图

本书的内容框架如图 1－1 所示。

---

① Wu Z B，Xu J P. Managing Consistency and Consensus in Group Decision Making with Hesitant Fuzzy Linguistic Preference Relations［J］. Omega，2016，65（3）：28－40.

② Xu Y J，Wen X W，Sun H et al. Consistency and Consensus Models with Local Adjustment Strategy for Hesitant Fuzzy Linguistic Preference Relations［J］. International Journal of Fuzzy Systems，2018，20（7）：2216－2233.

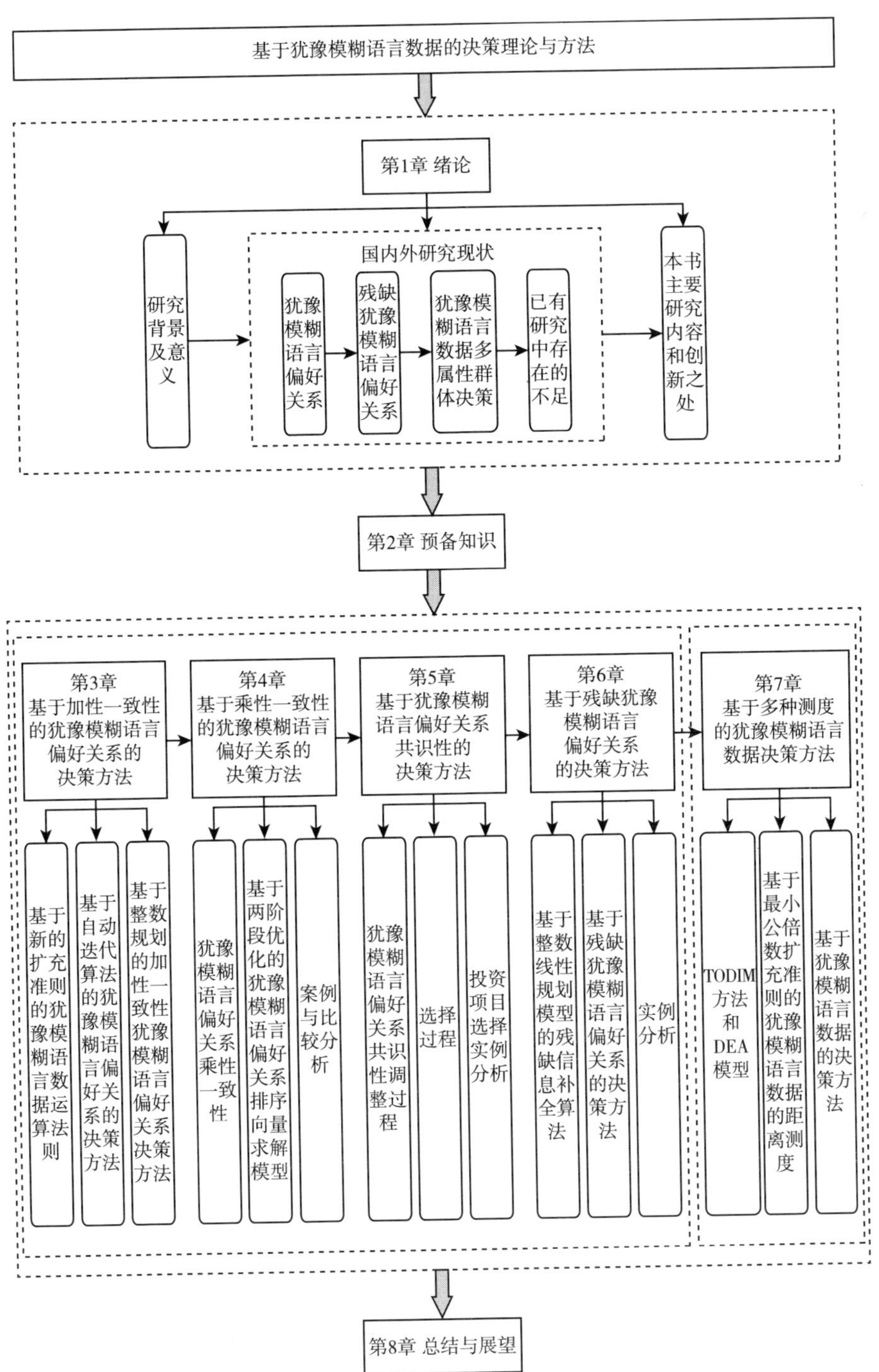
基于犹豫模糊语言数据的决策理论与方法
第1章 绪论
研究背景及意义
国内外研究现状
犹豫模糊语言偏好关系
残缺犹豫模糊语言偏好关系
犹豫模糊语言数据多属性群体决策
已有研究中存在的不足
本书主要研究内容和创新之处
第2章 预备知识
第3章 基于加性一致性的犹豫模糊语言偏好关系的决策方法
第4章 基于乘性一致性的犹豫模糊语言偏好关系的决策方法
第5章 基于犹豫模糊语言偏好关系共识性的决策方法
第6章 基于残缺犹豫模糊语言偏好关系的决策方法
第7章 基于多种测度的犹豫模糊语言数据决策方法
基于新的扩充准则的犹豫模糊语言数据运算法则
基于自动迭代算法的犹豫模糊语言偏好关系的决策方法
基于整数规划的加性一致性犹豫模糊语言偏好关系决策方法
犹豫模糊语言偏好关系乘性一致性
基于两阶段优化的犹豫模糊语言偏好关系排序向量求解模型
案例与比较分析
犹豫模糊语言偏好关系共识性调整过程
选择过程
投资项目选择实例分析
基于整数线性规划模型的残缺信息补全算法
基于残缺犹豫模糊语言偏好关系的决策方法
实例分析
TODIM方法和DEA模型
基于最小公倍数扩充准则的犹豫模糊语言数据的距离测度
基于犹豫模糊语言数据的决策方法
第8章 总结与展望

图 1-1　本书内容框架

1.3.2　本书的主要研究内容

本书主要分为 8 章，每章的具体内容如下。

第 1 章，绪论。首先阐述了本书的相关研究背景及意义。其次，主要对犹豫模糊语言偏好关系的群体决策、残缺犹豫模糊语言偏好关系的群体决策和犹豫模糊语言数据信息的多属性群体决策问题的现有的决策方法的研究现状进行了综述，并总结了已有工作的不足。最后，叙述了本书的主要研究内容和创新性。

第 2 章，对已有关于语言术语集、二元语义术语、犹豫模糊语言数据，犹豫模糊语言偏好关系、残缺犹豫模糊语言偏好关系和犹豫二元语义数据的相关定义进行回顾。

第 3 章，主要针对犹豫模糊语言偏好关系的群体决策问题提出基于加性一致性的犹豫模糊语言偏好关系的决策方法。该方法包括基于自动迭代算法的犹豫模糊语言偏好关系的决策方法和基于整数规划的加性一致性犹豫模糊语言偏好关系的决策方法。针对已有犹豫模糊语言数据扩充准则的不足，提出犹豫模糊语言数据最小公倍数扩充准则，并定义犹豫模糊语言数据的均值和方差，基于该扩充规则又定义了犹豫模糊语言数据的运算法则。针对单一决策者的犹豫模糊语言偏好关系决策问题，定义犹豫模糊语言偏好关系的加性一致性指数。针对不具有可接受加性一致性的犹豫模糊语言偏好关系，构建一种自动迭代的一致性调整算法。基于以上工作，提出基于自动迭代算法的犹豫模糊语言偏好关系的决策方法，并通过算例分析说明该方法的可行性。此外，针对多个决策者的犹豫模糊语言偏好关系群体决策问题，根据最小公倍数扩充准则和犹豫模糊语言偏好关系自身的决策信息定义另外一种加性一致性指数。为了调整一致性水平较低的犹豫模糊语言偏好关系一致性水平，又构建一种基于整数规划模型的加性一致性调整算法，同时提出一种基于相似测度的决策者权重确定方法，进而提出基于整数规划的加性一致性的犹豫模糊语言偏好关系的决策方法，并将其应用到算例分析中。

第 4 章，主要针对犹豫模糊语言偏好关系的群体决策问题提出基于乘性一致性的犹豫模糊语言偏好关系的决策方法。首先，考虑决策者的风险态度将 sigmoid 函数作为语言型数据与实值型数据之间的转换函数。同时，采用犹豫模糊语言数据最小公倍数扩充准则，定义犹豫模糊语言偏好关系的乘性一致性指数，并研究乘性一致性的相关性质。其次，针对不具有可接受乘性一致性的犹豫模糊语言偏好关系，构建一个目标规划模型用以调整该犹豫模糊语言偏好关系的乘性一致性使其满足可接受乘性一致性。再次，定义犹豫模糊语言偏好关系一致性水平最高的语言偏好关系和一致性水平最低的语言偏好关系的概念。在此基础上，构建两阶段优化模型并根据赫维克兹准则（Hurwicz decision criterion）给出求解犹豫模糊语言偏好关系的排序向量求解方法。基于以上工作，提出一种多阶段优化模型的犹豫模糊语言偏好关系的决策方法。最后，通过案例和比较分析说明本章提出的犹豫模糊语言偏好关系的决策方法的可行性和有效性。

第5章，主要研究犹豫模糊语言偏好关系的决策过程中的群体决策的共识性问题，并提出一种基于犹豫模糊语言偏好关系共识性的决策方法。首先采用犹豫模糊语言数据最小公倍数扩充准则定义决策者之间的共识性测度。对于共识性不满足预先给定的共识性阈值的犹豫模糊语言偏好关系，构建一种一致性驱动的具有局部反馈机制的共识性调整过程。其次，针对决策过程中的选择阶段，又构建一个混合0-1规划模型用以求解犹豫模糊语言偏好关系的排序向量，根据排序向量的大小完成对备选方案的排序。最后，通过案例和比较分析说明该方法的可行性和有效性。

第6章，主要针对残缺犹豫模糊语言偏好关系的群体决策问题提出基于残缺犹豫模糊语言偏好关系的决策方法。首先，基于下标非对称的语言术语集的犹豫模糊语言偏好关系的加性一致性，构建一个整数线性规划模型用于补全残缺犹豫模糊语言偏好关系中的缺失值。其次，根据本章提出的补全方法和第5章提出的犹豫模糊语言偏好关系排序权重求解模型，给出一种基于残缺犹豫模糊语言偏好关系的决策方法。最后，通过案例分析说明该方法的可行性和有效性。

第7章，主要针对犹豫模糊语言数据的多属性群体决策问题提出基于多种测度的犹豫模糊语言数据决策方法。首先，采用犹豫模糊语言数据最小公倍数扩充准则定义新的犹豫模糊语言数据的距离测度，并讨论该距离测度的相关性质。其次，依据该距离测度定义个体共识性测度和群体共识性测度，同时，为了求解决策者权重，构建群体共识性优化模型。再次，采用DEA模型用以求解属性权重，提出基于DEA模型的TODIM决策方法。根据群体共识性优化模型和基于DEA模型的TODIM决策方法，提出一种基于多种测度的犹豫模糊语言数据决策方法。最后，将该决策方法应用到健康管理中心选址问题中。

第 8 章，结论与展望。总结全书的研究内容，并展望未来的主要研究方向。

1.3.3　本书的创新性

本书针对已有犹豫模糊语言数据的决策方法的不足，提出相应的解决方法，主要创新性可以总结为以下几点。

（1）针对任意两个长度不同的犹豫模糊语言数据，提出最小公倍数扩充准则。该犹豫模糊语言数据扩充准则不仅不会改变初始的犹豫模糊语言数据的均值、方差和概率分布，还不会造成信息流失和增加冗余信息。在此基础上提出新的犹豫模糊语言数据运算法则，并给出犹豫模糊语言数据的比较方法。

（2）针对不具有可接受加性一致性的犹豫模糊语言偏好关系，为了尽可能地保留其初始的决策信息，构建一种自动迭代的具有局部修正策略的一致性调整算法。根据犹豫模糊语言偏好关系自身的决策信息，定义新的加性一致性指数。相比于传统的加性一致性指数，本书提出的加性一致性测度具有很好的稳定性。针对不具有可接受加性一致性的犹豫模糊语言偏好关系，为了避免调整后的决策信息中出现虚拟语言信息，构建一种基于整数规划模型的一致性调整算法。

（3）针对不具有可接受乘性一致性的犹豫模糊语言偏好关系，根据犹豫模糊语言偏好关系自身的信息构建新的乘性一致性指数和一个目标规划模型用以调整犹豫模糊语言偏好关系的乘性一致性。同时构建两阶段优化模型并根据 Hurwicz 准则给出求解犹豫模糊语言偏好关系的排序向量的方法。相比于现存的犹豫模糊语言偏好关系乘性一致性指数和排序向量求解方法，本书提出的乘性一致性指数和排序权重求解方法更加合理。

（4）针对犹豫模糊语言偏好关系共识性问题，基于最小公倍数扩充准则定义新的犹豫模糊语言偏好关系的共识性测度。针对群体共识性水平较低的情况，构建一种一致性驱动的具有局部修正策略的共识性调整算法。该算法克服了已有共识性调整算法在每次循环过程中未能给出具体的调整尺度的不足。

（5）针对残缺犹豫模糊语言偏好关系，构建一种新的残缺信息补全方法。通过该方法得到的补全后的信息可以避免出现虚拟语言信息。

（6）对于犹豫模糊语言数据的多属性群体决策问题，给出新的犹豫模糊语言数据的距离测度和两种客观赋权法。该犹豫模糊语言数据的距离测度克服现存犹豫模糊语言数据的距离测度基于 β 扩充准则和假设长度相同的不足。同时，这两种客观赋权方法分别是基于群体共识模型的决策者权重确定模型和基于 DEA 模型的属性权重确定方法。通过这些模型得到的属性权重和决策者权重可以避免主观赋权法带来的不足。

预备知识

2.1 语言术语

2.1.1 下标对称的语言术语

定义 2.1 设集合 $S=\{s_l \mid l=-\tau,\cdots,-1,0,1,\cdots,\tau\}$ 是一个势为 $2\tau+1$ 的下标对称的语言术语集，其中 s_l 为具体的语言术语。语言术语集 S 满足如下性质①：

（1）有序性：如果 s_α，$s_\beta \in S$ 并且 $\alpha>\beta$，则 $s_\alpha>s_\beta$；

（2）负算子：$neg(s_\alpha)=s_{-\alpha}$。

例 2.1 评价两个方案的重要性程度时，决策者可以依据下面的语言术语集给出自己的偏好，该语言术语集可以表示为：

$$S^{例}=\{s_{-4},s_{-3},s_{-2},s_{-1},s_0,s_1,s_2,s_3,s_4\}$$

其中，s_{-4}表示绝对不重要；s_{-3}表示非常不重要；s_{-2}表示很不重要；s_{-1}表示不重要；s_0 同等重要；s_1 表示重要；s_2 表示很重要；s_3 表示非常重

① Xu Z S. EOWA and EOWG Operators for Aggregating Linguistic Labels Based on Linguistic Preference Relations [J]. International Journal of Uncertainty, Fuzziness and Knowledge-Based Systems, 2004, 12 (6): 791-810.

要；s_4 表示绝对重要。

为了保持所给语言信息的完整性，徐泽水将上述下标对称的语言术语集 S 扩充为连续的语言术语集 $\tilde{S} = \{s_\alpha \mid \alpha \in [-q, q]\}$，其中 q 表示为一个充分大的正整数。然后，考虑任意两个语言术语 $s_\alpha, s_\beta \in \tilde{S}$，给出了语言术语的如下运算法则：①

（1）$s_\alpha \oplus s_\beta = s_{\alpha+\beta}$；

（2）$s_\alpha \oplus s_\beta = s_\beta \oplus s_\alpha$；

（3）$\lambda_1 \otimes s_\alpha = s_{\lambda_1 \times \alpha}$，$\lambda_1 \in [0,1]$；

（4）$(\lambda_1 + \lambda_2) \otimes s_\alpha = s_{\lambda_1 \times \alpha} \oplus s_{\lambda_2 \times \alpha}$，$\lambda_1, \lambda_2 \in [0,1]$；

（5）$\lambda_3 \otimes (s_\alpha \oplus s_\beta) = (\lambda_3 \otimes s_\alpha) \oplus (\lambda_3 \otimes s_\beta)$，$\lambda_3 \in [0,1]$。

为了方便起见，记 $I(s_\alpha)$ 为语言术语 s_α 的下标，则有 $I(s_\alpha) = \alpha$。

2.1.2　下标非对称的语言术语

定义 2.2　设集合 $\bar{S} = \{s_0, s_1, \cdots, s_g\}$ 是一个势为 $g+1$ 的下标非对称的语言术语集，其中 g 为偶数，s_i 为具体的语言术语。$\bar{S}$ 满足如下性质。②

（1）有序性：如果 $s_i, s_j \in \bar{S}$ 并且 $i > j$，则 $s_i > s_j$；

（2）负算子：$neg(s_i) = s_{g-i}$；

（3）最大算子：如果 $s_i > s_j$，则 $\max\{s_i, s_j\} = s_i$；

（4）最小算子：如果 $s_i > s_j$，则 $\min\{s_i, s_j\} = s_j$。

徐泽水（2009）指出，g 的取值一般为 6 或 8，上限为 10。通常来说，语言术语集 $\bar{S}$ 的势太大则会超出人类评价的认知范围，势太小则又无法给出准确的区分度。

2.2　二元语义表示模型

2000 年，两位学者（Herrera and Martínez）指出语言术语集在

① Xu Z S. Deviation Measures of Linguistic Preference Relations in Group Decision Making [J]. Omega, 2005, 33 (3): 249－254.

② Zadeh L A. The Concept of a Linguistic Variable and Its Application to Approximate Reasoning—Part I [J]. Information Sciences, 1975, 8 (3): 199－249.

实际的应用中会造成信息的流失。为此，他们提出了二元语义表示模型①，如下所示：

定义 2.3　设 $\bar{S}=\{s_0,s_1,\cdots,s_g\}$ 为下标非对称的语言术语集。实数 $\beta\in[0,g]$ 为 $\bar{S}$ 中的语言术语经过符号聚集运算得到的结果，则二元语义与 β 之间存在一个映射 Δ，使得：

$$\Delta:[0,g]\rightarrow\bar{S}\times[-0.5,0.5),\ \Delta(\beta)=(s_i,\alpha),$$

其中 $\begin{cases}s_i,i=round(\beta)\\ \alpha=\beta-i,\alpha\in[-0.5,0.5)\end{cases}$，函数 $round(\bullet)$ 起到四舍五入取整的作用。

相反，对于任意一个二元语义 (s_i,α)，则存在一个逆函数 Δ^{-1}，使得

$$\Delta^{-1}:(s_i,\alpha)\rightarrow[0,g]$$

能将二元语义 (s_i,α) 转化成与之对应的实数 $\beta\in[0,g]$，即：

$$\Delta^{-1}(s_i,\alpha)=i+\alpha=\beta$$

当 $\alpha=0$ 时，二元语义 (s_i,α) 退化成一个简单的语言术语。

二元语义表示模型具有以下性质：

（Ⅰ）比较法则：设 (s_i,α_i) 和 (s_j,α_j) 是两个二元语义，则

（1）如果 $i<j$，则 (s_i,α_i) 比 (s_j,α_j) 小；

（2）如果 $i=j$，则

（a）如果 $\alpha_i=\alpha_j$，则 $(s_i,\alpha_i)=(s_j,\alpha_j)$，它们表示相同的语义信息。

（b）如果 $\alpha_i<\alpha_j$，(s_i,α_i) 比 (s_j,α_j) 小；

（Ⅱ）负运算：$neg((s_i,\alpha))=\Delta(g-(\Delta^{-1}(s_i,\alpha)))$。

2.3　语言偏好关系

设 $X=\{x_1,x_2,\cdots,x_n\}$ 是有限的方案集。根据语言术语集 S，决策者通过语言偏好关系给出其关于方案集 X 的评价信息。语言偏好关系的定义②

---

① Herrera F, Martínez L. A 2-tuple Fuzzy Linguistic Representation Model for Computing with Words [J]. IEEE Transactions on Fuzzy Systems, 2000, 8 (6): 746-752.

② Xu Z S. EOWA and EOWG Operators for Aggregating Linguistic Labels Based on Linguistic Preference Relations [J]. International Journal of Uncertainty, Fuzziness and Knowledge-Based Systems, 2004, 12 (6): 791-810.

如下所示：

定义 2.4　设 $L=(l_{ij})_{n\times n}$ 是一个语言矩阵。对任意的 $i,j=1,2,\cdots,n$，若 L 满足：

$$l_{ij}\in S,\ l_{ij}\oplus l_{ji}=s_0,\ l_{ii}=s_0,$$

则称 $L=(l_{ij})_{n\times n}$ 是语言偏好关系。其中，l_{ij} 表示方案 x_i 相对于方案 x_j 的偏好程度。$l_{ij}=s_0$ 表示方案 x_i 等价于方案 x_j，$l_{ij}>s_0$ 表示方案 x_i 优于方案 x_j，$l_{ij}<s_0$ 表示方案 x_j 优于方案 x_i。

定义 2.5　设 $L=(l_{ij})_{n\times n}$ 是一个语言偏好关系。如果 L 满足性质：

$$l_{ij}=l_{ik}\oplus l_{kj}(i,j,k=1,2,\cdots,n)$$

则称语言偏好关系 L 具有完全加性一致性。

根据定义 2.5，语言偏好关系 $L=(l_{ij})_{n\times n}$ 的加性一致性指数可以定义为

$$ACI(L)=\frac{2}{\tau n(n-1)(n-2)}\sum_{i=1}^{n-2}\sum_{j=i+1}^{n-1}\sum_{k=j+1}^{n}\left|I(l_{ij})+I(l_{jk})-I(l_{ik})\right|$$

定义 2.6　设 $L=(l_{ij})_{n\times n}$ 是一个语言偏好关系。如果 L 满足性质：

$$I(l_{ji})I(l_{ik})I(l_{kj})=I(l_{ij})I(l_{jk})I(l_{ki}),\ i,j,k=1,2,\cdots,n$$

则称语言偏好关系 L 具有完全乘性一致性。①

语言偏好关系的排序向量事关方案的最终排序。对于语言偏好关系 $L=(l_{ij})_{n\times n}$ 而言，其排序向量 $w=(w_1,w_2,\cdots,w_n)^T$ 可根据优化模型（M2-1）求得：

$$\min obj_1=\sum_{i=1}^{n-1}\sum_{j=i+1}^{n}\left|(1-f(l_{ij}))w_i-f(l_{ij})w_j\right|$$
$$s.t.\begin{cases}\sum_{i=1}^{n}w_i=1\\ w_i\geqslant 0\end{cases}\qquad (M2-1)$$

其中，f 是语言术语到实数型数据之间的数值标度函数且 $f(l_{ij})\in[0,1]$。

① Zhang G Q, Dong Y C, Xu Y F. Consistency and Consensus Measures for Linguistic Preference Relations Based on Distribution Assessments [J]. Information Fusion, 2014, 17: 46-55.

2.4 犹豫模糊语言信息

2.4.1 犹豫模糊语言数据

传统上通过单一的语言术语来表达人们的定性的决策信息，不能有效处理人们的犹豫的决策信息。针对这一不足，罗德里格斯（Redríguez, 2012）等提出了犹豫模糊语言数据的概念。①

定义 2.7 设集合 $\bar{S}=\{s_0,s_1,\cdots,s_g\}$ 为一个势为 $g+1$ 的下标非对称语言术语集。若 $H_{\bar{S}}$ 是关于 $\bar{S}$ 的一个有序，有限且连续的子集，则 $H_{\bar{S}}$ 是 $\bar{S}$ 上的一个犹豫模糊语言数据。

$\ell_{H_{\bar{S}}}$ 表示犹豫模糊语言数据 $H_{\bar{S}}$ 的长度。

定义 2.8 犹豫模糊语言数据 $H_{\bar{S}}$ 的上界 $H_{\bar{S}}^{+}$ 和下界 $H_{\bar{S}}^{-}$ 分别定义为：

$$H_{\bar{S}}^{+}=\max_{i=1,\cdots,\ell_{H_{\bar{S}}}}(s_i)$$

和

$$H_{\bar{S}}^{-}=\min_{i=1,\cdots,\ell_{H_{\bar{S}}}}(s_i)$$

根据犹豫模糊语言数据的定义可知，任意一个犹豫模糊语言数据都是语言术语集 $\bar{S}$ 的子集，这样会导致不同的犹豫模糊语言数据包含不同数量的语言术语。这种情况导致对犹豫模糊语言数据的比较变得困难。为了更好地比较犹豫模糊语言数据的大小，罗德里格斯等（2012）提出了关于犹豫模糊语言数据包络的概念。

定义 2.9 设 $H_{\bar{S}}$ 是 $\bar{S}$ 上的一个犹豫模糊语言数据，则 $H_{\bar{S}}$ 的包络 $\mathrm{env}(H_{\bar{S}})$ 可以定义为：

$$\mathrm{env}(H_S)=[H_{\bar{S}}^{-},H_{\bar{S}}^{+}]$$

其中 $H_{\bar{S}}^{-}$ 和 $H_{\bar{S}}^{+}$ 由定义 2.8 给出，它们分别表示 $H_{\bar{S}}$ 的下界和上界。

例 2.2 设 $S^{例}$是例 2.1 中定义的语言术语集，$H_{S例}=\{s_1,s_2,s_3\}$ 是 $S^{例}$ 上的一个犹豫模糊语言数据。根据定义 2.8，可得 $H_{S例}^{-}=s_1$ 和 $H_{S例}^{+}=s_3$，则

① Rodríguez R M, Martínez L, Herrera F. Hesitant Fuzzy Linguistic Term Sets for Decision Making [J]. IEEE Transactions on Fuzzy Systems, 2012, 20 (1): 109－119.

$\text{env}(H_{S例}) = [H_{S例}^-, H_{S例}^+] = [s_1, s_3]$。

根据犹豫模糊语言数据包络，Redríguez 等（2012）给出了关于犹豫模糊语言数据的比较方法。

定义 2.10　设 θ_1 和 θ_2 为 $\bar{S}$ 上的两个犹豫模糊语言数据，$\text{env}(\theta_1) = [\theta_1^-, \theta_1^+]$ 和 $\text{env}(\theta_2) = [\theta_2^-, \theta_2^+]$ 分别是 θ_1 和 θ_2 所对应的包络。如果：

（1）$\text{env}(\theta_1) > \text{env}(\theta_2) \Leftrightarrow \theta_1 > \theta_2$；

（2）$\text{env}(\theta_1) = \text{env}(\theta_2) \Leftrightarrow \theta_1 = \theta_2$。

将其中 $\text{env}(\theta_1) > \text{env}(\theta_2)$ 定义为

$$P(\text{env}(\theta_1) > \text{env}(\theta_2)) = \frac{\max(0, \theta_1^+ - \theta_2^-) - \max(0, \theta_1^- - \theta_2^+)}{\ell_{\theta_1} + \ell_{\theta_2}}$$

该犹豫模糊语言数据比较方法本质上利用犹豫模糊语言数据包络将不同长度的犹豫模糊语言数据转化成不同的区间语言数据，然后，根据区间数的比较方法来比较犹豫模糊语言数据的大小。犹豫模糊语言数据包络还可以用来规范化不同长度的犹豫模糊语言数据。

根据下标对称的语言术语集，廖虎昌等（2015）重新定义了犹豫模糊语言数据，① 如下所示。

定义 2.11　设 $S = \{s_l \mid l = -\tau, \cdots, -1, 0, 1, \cdots, \tau\}$ 为一个下标对称的语言术语集，$X = \{x_1, x_2, \cdots, x_n\}$ 为方案集，则 X 上的犹豫模糊语言数据可以定义为：

$$H_S = \{< x_i, h_S(x_i) > \mid x_i \in X\}$$

其中，$h_S(x_i)$ 是 S 中可能的取值，表示为：

$$h_S(x_i) = \{s_{\phi_t}(x_i) \mid s_{\phi_t}(x_i) \in S, t = 1, \cdots, \ell_{h_S(x_i)}\}$$

其中，$\ell_{h_S(x_i)}$ 为中语言术语的个数。

为了方便起见，记 $H(S)$ 为 S 上所有犹豫模糊语言数据构成的集合。

定义 2.12　设 $H_i(i = 1, 2, \cdots, n)$ 是 n 个犹豫模糊语言数据，若

$$HFLWA(H_1, H_2, \cdots, H_n) = \bigoplus_{i=1}^{n} (\lambda_i H_i) = \bigcup_{\substack{s_{\alpha_1} \in H_1 \\ \cdots \\ s_{\alpha_n} \in H_n}} \{s_{\sum_{i=1}^{n} \lambda_i \alpha_i}\}$$

① Liao H C, Xu Z S, Zeng X J et al. Qualitative Decision Making with Correlation Coefficients of Hesitant Fuzzy Linguistic Term Sets [J]. Knowledge-Based Systems, 2015, 76: 127 - 138.

则称 $HFLWA$ 为犹豫模糊语言加权平均算子,① 其中 $0 \leqslant \lambda_i \leqslant 1$ 且 $\sum_{i=1}^{n} \lambda_i = 1$。特别地，当 $\lambda_1 = \lambda_2 = \cdots = \lambda_n = \frac{1}{n}$，犹豫模糊语言加权平均算子退化为犹豫模糊语言平均算子。

2.4.2 犹豫模糊语言偏好关系

为了丰富偏好关系的信息表达形式，朱文武和徐泽水（2014）将犹豫模糊语言数据引入到偏好关系中，并给出了犹豫模糊语言偏好关系的定义，如下所示：

定义 2.13 记 $H = (h_{ij})_{n \times n}$ 为一个矩阵，其中 $h_{ij} = \{h_{ij,t} \mid t = 1,2,\cdots,\ell_{h_{ij}}\} \in S$，$\ell_{h_{ij}}$ 为 h_{ij} 中语言术语的个数。若 H 满足：

$$h_{ij}^{\rho(t)} \oplus h_{ji}^{\rho(t)} = s_0, h_{ii} = s_0, \ell_{h_{ij}} = \ell_{h_{ji}}, \forall i < j, i, j = 1,2,\cdots,n$$

和

$$h_{ij}^{\rho(t)} < h_{ij}^{\rho(t+1)}, h_{ji}^{\rho(t+1)} < h_{ji}^{\rho(t)}$$

则称 $H = (h_{ij})_{n \times n}$ 为犹豫模糊语言偏好关系，其中 $h_{ij}^{\rho(t)}$ 是 h_{ij} 的第 t 个语言术语。

为了更好地研究犹豫模糊语言偏好关系的加性一致性，朱文武和徐泽水（2014）定义了犹豫模糊语言数据的加法和数乘运算。

定义 2.14 设 $\alpha = \{\alpha^{\rho(i)} \mid i = 1,2,\cdots,\ell_\alpha\}$，$\beta = \{\beta^{\rho(i)} \mid i = 1,2,\cdots,\ell_\beta\}$，（$\ell_\alpha = \ell_\beta$）为 S 上的两个长度相同的犹豫模糊语言数据。

加法：$\alpha \oplus \beta = \cup_{\alpha^{\rho(i)} \in \alpha, \beta^{\rho(i)} \in \beta} \{\beta^{\rho(i)} \oplus \alpha^{\rho(i)}\}$；

数乘：$\lambda\alpha = \cup_{\alpha^{\rho(i)} \in \alpha} \{\lambda\alpha^{\rho(i)}\} (\lambda > 0)$。

由定义 2.14 可知，对于任意两个犹豫模糊语言数据，二者长度相同是保证其精确运算的前提条件。为了更准确地定义犹豫模糊语言数据的运算法则，对于任意两个长度不同的犹豫模糊语言数据，朱文武和徐泽水（2014）提出了两种相反的标准化准则用于规范犹豫模糊语言数据，它们分别为：

（1）α 标准化准则：对于长度较长的犹豫模糊语言数据，在其原有的

---

① Zhang Z M, Wu C. Hesitant Fuzzy Linguistic Aggregation Operators and Their Applications to Multiple Attribute Group Decision Making [J]. Journal of Intelligent Fuzzy Systems, 2014, 26 (5): 2185-2202.

语言术语基础上删除一些语言术语；

(2) β 标准化准则：对于长度较短的犹豫模糊语言数据，在其原有的语言术语基础上增加一些语言术语。

根据 β 标准化准则，朱文武和徐泽水给出了增加语言术语的方法。

定义 2.15　设 $h = \{h_1, h_2, \cdots, h_{\ell_h}\}$ 是一个犹豫模糊语言数据，则 $h' = \varsigma h_{\ell_h} \oplus (1-\varsigma) h_1$ 是添加到 h 中的语言术语。其中，h_1 是 h 的下界，h_{ℓ_h} 是 h 的上界，$0 \leqslant \varsigma \leqslant 1$ 是一个优化参数，反映决策者的风险偏好。

例 2.3　设 $h_1 = \{s_1, s_2\} \in H(S^{例})$ 和 $h_2 = \{s_2, s_3, s_4\} \in H(S^{例})$ 是两个犹豫模糊语言数据。为了使二者长度相同，根据定义 2.15，取 $\varsigma = 0.5$，对 h_1 进行规范化，得到 $h_1^{Nor} = \{s_1, s_{1.5}, s_2\}$。

为了定义犹豫模糊语言偏好关系的加性一致性，朱文武和徐泽水（2014）根据 β 标准化准则给出了规范化犹豫模糊语言偏好关系的定义。

定义 2.16　设 $H = (h_{ij})_{n \times n}$ 是一个犹豫模糊语言偏好关系，ς 是优化参数且满足 $\varsigma \in [0,1]$。根据 ς，对 $h_{ij}(i<j)$ 添加语言术语；根据 $1-\varsigma$，对 $h_{ij}(i>j)$ 添加语言术语。基于上述处理，可得 $\bar{H} = (\bar{h}_{ij})_{n \times n}$ 且满足：

$$\ell_{\bar{h}_{ij}} = \max\{\ell_{\bar{h}_{ij}} \mid i,j = 1,2,\cdots,n\} \ (i,j = 1,2,\cdots,n; i \neq j)$$

则称 $\bar{H} = (\bar{h}_{ij})_{n \times n}$ 是一个关于参数 ς 的规范化犹豫模糊语言偏好关系。其中，$\ell_{\bar{h}_{ij}}$ 表示犹豫模糊语言数据 $\bar{h}_{ij}$ 中语言术语的个数。

例 2.4　设犹豫模糊语言偏好关系

$$H = \begin{pmatrix} \{s_0\} & \{s_3\} & \{s_3, s_4\} & \{s_1\} \\ \{s_{-3}\} & \{s_0\} & \{s_1, s_2\} & \{s_2\} \\ \{s_{-3}, s_{-4}\} & \{s_{-1}, s_{-2}\} & \{s_0\} & \{s_{-2}, s_{-1}\} \\ \{s_{-1}\} & \{s_{-2}\} & \{s_2, s_1\} & \{s_0\} \end{pmatrix}$$

取 $\varsigma = 1$，得到一个关于 $\varsigma = 1$ 的规范化犹豫模糊语言偏好关系

$$\bar{H} = \begin{pmatrix} \{s_0\} & \{s_3, s_3\} & \{s_3, s_4\} & \{s_1, s_1\} \\ \{s_{-3}, s_{-3}\} & \{s_0\} & \{s_1, s_2\} & \{s_2, s_2\} \\ \{s_{-3}, s_{-4}\} & \{s_{-1}, s_{-2}\} & \{s_0\} & \{s_{-2}, s_{-1}\} \\ \{s_{-1}, s_{-1}\} & \{s_{-2}, s_{-2}\} & \{s_2, s_1\} & \{s_0\} \end{pmatrix}$$

然后，朱文武和徐泽水（2014）定义了犹豫模糊语言偏好关系加性一

致性的概念。

定义 2.17 设 $H=(h_{ij})_{n\times n}$ 是一个犹豫模糊语言偏好关系，$\bar{H}=(\bar{h}_{ij})_{n\times n}$ 是关于 H 的规范化犹豫模糊语言偏好关系。如果 $\bar{H}$ 满足条件：

$$\bar{h}_{ik}=\bar{h}_{ij}\oplus\bar{h}_{jk}(i,j,k=1,2,\cdots,n;i\neq j\neq k)$$

则称 H 是一个关于 ς 的具有完全加性一致性犹豫模糊语言偏好关系。

根据定义 2.17，朱文武和徐泽水（2014）定义了关于犹豫模糊语言偏好关系 $H=(h_{ij})_{n\times n}$ 的具有完全加性一致性的规范化犹豫模糊语言偏好关系。

定义 2.18 设 $H=(h_{ij})_{n\times n}$ 是一个犹豫模糊语言偏好关系，$\bar{H}=(\bar{h}_{ij})_{n\times n}$ 是关于 H 的规范化犹豫模糊语言偏好关系。如果：

$$h_{ij}^{c}=\frac{1}{n}\bigoplus_{k=1}^{n}(\bar{h}_{ik}\oplus\bar{h}_{kj})$$

则矩阵 $H^{c}=(h_{ij}^{c})_{n\times n}$ 是一个具有完全加性一致性的规范化犹豫模糊语言偏好关系。

例 2.5 设犹豫模糊语言偏好关系

$$H_1=\begin{pmatrix}\{s_0\} & \{s_2\} & \{s_3,s_4\} & \{s_3\}\\ \{s_{-2}\} & \{s_0\} & \{s_{-2},s_{-1}\} & \{s_1\}\\ \{s_{-3},s_{-4}\} & \{s_2,s_1\} & \{s_0\} & \{s_{-4},s_{-3}\}\\ \{s_{-3}\} & \{s_{-1}\} & \{s_4,s_3\} & \{s_0\}\end{pmatrix}$$

取 $\varsigma=1$，得到关于 $\varsigma=1$ 的规范化犹豫模糊语言偏好关系

$$\bar{H}_1=\begin{pmatrix}\{s_0\} & \{s_2,s_2\} & \{s_3,s_4\} & \{s_3,s_3\}\\ \{s_{-2},s_{-2}\} & \{s_0\} & \{s_{-2},s_{-1}\} & \{s_1,s_1\}\\ \{s_{-3},s_{-4}\} & \{s_2,s_1\} & \{s_0\} & \{s_{-4},s_{-3}\}\\ \{s_{-3},s_{-3}\} & \{s_{-1},s_{-1}\} & \{s_4,s_3\} & \{s_0\}\end{pmatrix}$$

再根据定义 2.18，得到一个具有完全加性一致性的规范化犹豫模糊语言偏好关系

$$H_1^{c}=\begin{pmatrix}\{s_0\} & \{s_{2.75},s_{2.75}\} & \{s_{3.25},s_{3.75}\} & \{s_2,s_{2.5}\}\\ \{s_{-2.75},s_{-2.75}\} & \{s_0\} & \{s_{0.5},s_1\} & \{s_{-0.75},s_{-0.25}\}\\ \{s_{-3.25},s_{-3.75}\} & \{s_{-0.5},s_{-1}\} & \{s_0\} & \{s_{-1.25},s_{-1.25}\}\\ \{s_{-2},s_{-2.5}\} & \{s_{0.75},s_{0.25}\} & \{s_{1.25},s_{1.25}\} & \{s_0\}\end{pmatrix}$$

事实上，任意一个犹豫模糊语言偏好关系可以看作多个语言偏好关系的有序组合。于是，给出了关于犹豫模糊语言偏好关系的定义（Li et al.，2018）。

定义 2.19　设 $H=(h_{ij})_{n\times n}$ 是一个犹豫模糊语言偏好关系。如果语言矩阵 $L=(l_{ij})_{n\times n}$ 满足：

$$l_{ij}\in h_{ij},\ l_{ji}=neg(l_{ij})$$

则称 L 是关于 H 的语言偏好关系。

例 2.6　设 H_1 是例 2.5 中定义的犹豫模糊语言偏好关系，则

$$L_1=\begin{pmatrix} s_0 & s_2 & s_3 & s_3 \\ s_{-2} & s_0 & s_{-1} & s_1 \\ s_{-3} & s_1 & s_0 & s_{-4} \\ s_{-3} & s_{-1} & s_4 & s_0 \end{pmatrix}$$

是关于 H_1 的一个语言偏好关系。

针对 n 个备选方案，如果决策者给出一个完整的犹豫模糊语言偏好关系，需要其对任意两个方案至少给出 $\frac{n(n-1)}{2}$ 次比较。然而，当 n 很大或者决策者对于复杂的决策问题缺乏决策经验时，决策者往往不能提供全部的偏好信息。为此，Tang 等（2018）给出了残缺犹豫模糊语言偏好关系的定义，如下所示：

定义 2.20　设 $\mathcal{H}^I=(h_{ij}^I)_{n\times n}$ 是 $\bar{S}$ 上的矩阵。如果 $\mathcal{H}^I$ 满足：

$$h_{ij}^I\in H(\bar{S}),\ neg(h_{ij}^I)\in h_{ji}^I,\ h_{ii}^I=s_{\frac{g}{2}}$$

则称 $\mathcal{H}^I=(h_{ij}^I)_{n\times n}$ 是一个残缺犹豫模糊语言偏好关系。

为了方便起见，$\mathcal{H}^I$ 中残缺信息的位置集合记为 $\Omega_1=\{(i,j)\mid h_{ij}^I\text{ 未知}\}$，$\mathcal{H}^I$ 中已知信息的位置集合记为 $\Omega_2=\{(i,j)\mid h_{ij}^I\text{ 已知}\}$。

2.4.3　犹豫二元语义数据

为了避免在处理犹豫模糊语言数据时造成信息损失，魏翠萍和廖虎昌（2016）提出了犹豫二元语义数据的概念，如下所示。

定义 2.21　设集合 $\bar{S}=\{s_0,s_1,\cdots,s_g\}$ 为一个势为 $g+1$ 的非对称语言术语集，$(b_i,\alpha_i)(i=1,2,\cdots,n)$ 是 $\bar{S}$ 上的二元语义。对于任意的 $i<j$，若 $(b_i,\alpha_i)<(b_j,\alpha_j)$，则称 $T_{\bar{S}}=\{(b_1,\alpha_1),(b_2,\alpha_2),\cdots,(b_n,\alpha_n)\}$ 是 $\bar{S}$ 上的犹豫二元语义数据。

定义 2.22　对于语言术语集 $\bar{S}$ 上的犹豫二元语义数据 $T_{\bar{S}}=\{(b_1,\alpha_1),(b_2,\alpha_2),\cdots,(b_n,\alpha_n)\}$，其得分函数和方差函数分别定义为：

（1）得分函数：$s(T_{\bar{S}})=\dfrac{1}{l(T_{\bar{S}})}\sum\limits_{i=1}^{l(T_{\bar{S}})}\Delta^{-1}(b_i,\alpha_i)$；

（2）方差函数：$v(T_{\bar{S}})=\sqrt{\dfrac{1}{l(T_{\bar{S}})}\sum\limits_{i=1}^{l(T_{\bar{S}})}(\Delta^{-1}(b_i,\alpha_i)-s(T_{\bar{S}}))^2}$。

其中，$l(T_{\bar{S}})$ 表示 $T_{\bar{S}}$ 的长度。

定义 2.23　设 $T_{\bar{S}}^1$ 和 $T_{\bar{S}}^2$ 是 $\bar{S}$ 上的两个犹豫二元语义数据，则

（1）若 $s(T_{\bar{S}}^1)<s(T_{\bar{S}}^2)$，则 $T_{\bar{S}}^2$ 比 $T_{\bar{S}}^1$ 大；

（2）若 $s(T_{\bar{S}}^1)=s(T_{\bar{S}}^2)$，则

若 $v(T_{\bar{S}}^1)<v(T_{\bar{S}}^2)$，则 $T_{\bar{S}}^2$ 比 $T_{\bar{S}}^1$ 大；

若 $v(T_{\bar{S}}^1)>v(T_{\bar{S}}^2)$，则 $T_{\bar{S}}^2$ 比 $T_{\bar{S}}^1$ 小；

若 $v(T_{\bar{S}}^1)=v(T_{\bar{S}}^2)$，则 $T_{\bar{S}}^2$ 和 $T_{\bar{S}}^1$ 无差别。

定义 2.24　设 $T_{\bar{S}}^i(i=1,2,\cdots,n)$ 为 n 个犹豫二元语义数据，若

$$HTWA(T_{\bar{S}}^1,T_{\bar{S}}^2,\cdots,T_{\bar{S}}^n)=\Delta\left(\sum_{i=1}^{n}w_i\Delta^{-1}(T_{\bar{S}}^i)\right)$$

则称 $HTWA$ 为犹豫二元语义加权平均算子，其中 $0\leqslant w_i\leqslant 1$ 且 $\sum\limits_{i=1}^{n}w_i=1$。

2.5　本章小结

本章主要回顾了下标对称的语言术语集、下标非对称的语言术语集和二元语义表示模型的概念；语言偏好关系、语言偏好关系的加性一致性和乘性一致性的定义以及语言偏好关系排序向量求解模型；犹豫模糊语言数据、犹豫模糊语言数据的包络的概念和犹豫模糊语言数据标准化准则；犹豫模糊语言偏好关系、犹豫模糊语言偏好关系加性一致性以及犹豫二元语义数据等相关理论知识。这些理论知识将为后续章节奠定一定的理论基础。

基于加性一致性的犹豫模糊语言偏好关系的决策方法

目前常用的犹豫模糊语言数据的规范化方法主要有 α 标准化准则和 β 标准化准则。但是这两种标准化准则尚存在不足：（1）增加冗余信息；（2）导致信息损失；（3）改变初始的犹豫模糊语言数据中语言术语的概率分布。

当决策者对方案进行两两比较时，犹豫模糊语言偏好关系作为一种新的数据信息表达形式可以用来表征决策者的犹豫且定性的心理偏好。由于加性一致性能反映决策者心理偏好的线性传递性，因此加性一致性间接反映了决策者给出的心理偏好的合理性。此外，加性一致性还关乎最终决策结果的科学性。目前，关于犹豫模糊语言偏好关系的研究主要集中在一致性和一致性调整算法两方面。一致性调整算法还存在一些不足之处：（1）未能明确给出犹豫模糊语言数据信息的调整尺度；（2）未能尽可能地保留初始的犹豫模糊语言数据信息。

本章基于以上不足首先提出一种新的犹豫模糊语言数据扩充准则，并采用该扩充准则定义新的犹豫模糊语言数据运算法则。其次，给出两种新的犹豫模糊语言偏好关系的决策方法。针对单一决策者的犹豫模糊语言偏好关系决策问题，通过计算犹豫模糊语言偏好关系与其对应的规范化犹豫模糊语言偏好关系之间的偏差定义犹豫模糊语言偏好关系加性一致性指数。对于不具有可接受加性一致性的犹豫模糊语言偏好关系，构建一种自动迭代具有局部调整策略的加性一致性调整算法，并给出基于自动迭代算法的犹豫模糊语言偏好关系决策方法。针对犹豫模糊语言偏好关系的群体决策问题，根据犹豫模糊语言偏好关系自身提供的偏好信息定义犹豫模糊语言偏好关系的加性一致性指数。对于不具有可接受加性一致性的犹豫模糊语言偏好关系，构建一种整数规划模型用于调整犹豫模糊语言偏好关系的加性一致性水平。基于定义的犹豫模糊语言偏好关系相似测度给出决策者权重求解方法，并提出基于整数规划的加性一致性犹豫模糊语言偏好关系决策方法。最后，通过算例分析说明本章提出的决策方法的可行性和有效性。

3.1 基于新的扩充准则的犹豫模糊语言数据运算法则

3.1.1 最小公倍数扩充准则

定义 3.1 设 $Z=\{z_1,z_2,\cdots,z_n\}$ 是一个含有 n 个元素的有序集合，$r\in\mathbb{N}^+$，称

$$Z^r=\{\underbrace{z_1,\cdots,z_1}_{r},\underbrace{z_2,\cdots,z_2}_{r},\cdots,\underbrace{z_n,\cdots,z_n}_{r}\} \tag{3-1}$$

是一个包含 $r\times n$ 个元素的有序集合。

定义 3.2 设 $h=\{h_1,h_2,\cdots,h_{l_h}\}$ 是一个含有 ℓ_h 个语言术语的犹豫模糊语言数据，$r\in\mathbb{N}^+$，称

$$h^r=\{\underbrace{h_1,\cdots,h_1}_{r},\underbrace{h_2,\cdots,h_2}_{r},\cdots,\underbrace{h_{\ell_h},\cdots,h_{\ell_h}}_{r}\} \tag{3-2}$$

是一个包含 $r\ell_h$ 个语言术语的犹豫模糊语言数据。

根据定义 3.2 可知，对于任意的犹豫模糊语言数据都可以扩充为一个新的犹豫模糊语言数据。下面给出犹豫模糊语言数据的最小公倍数扩充准则。

定义 3.3 设 $\vartheta=\{\vartheta_1,\vartheta_2,\cdots,\vartheta_{\ell_\vartheta}\}$ 和 $\boldsymbol{\kappa}=\{\kappa_1,\kappa_2,\cdots,\kappa_{\ell_\kappa}\}$ 是 S 上的长度分别是 ℓ_ϑ 和 ℓ_κ 的两个犹豫模糊语言数据，则有

$$\vartheta^{\frac{lcm(\ell_\vartheta,\ell_\kappa)}{\ell_\vartheta}} = \{\underbrace{\vartheta_1,\cdots,\vartheta_1}_{\frac{lcm(\ell_\vartheta,\ell_\kappa)}{\ell_\vartheta}},\underbrace{\vartheta_2,\cdots,\vartheta_2}_{\frac{lcm(\ell_\vartheta,\ell_\kappa)}{\ell_\vartheta}},\cdots,\underbrace{\vartheta_{\ell_\vartheta},\cdots,\vartheta_{\ell_\vartheta}}_{\frac{lcm(\ell_\vartheta,\ell_\kappa)}{\ell_\vartheta}}\} \tag{3-3}$$

和

$$\kappa^{\frac{lcm(\ell_\vartheta,\ell_\kappa)}{\ell_\kappa}} = \{\underbrace{\kappa_1,\cdots,\kappa_1}_{\frac{lcm(\ell_\vartheta,\ell_\kappa)}{\ell_\kappa}},\underbrace{\kappa_2,\cdots,\kappa_2}_{\frac{lcm(\ell_\vartheta,\ell_\kappa)}{\ell_\kappa}},\cdots,\underbrace{\kappa_{\ell_\kappa},\cdots,\kappa_{\ell_\kappa}}_{\frac{lcm(\ell_\vartheta,\ell_\kappa)}{\ell_\kappa}}\} \tag{3-4}$$

是两个长度为 $lcm(\ell_\vartheta,\ell_\kappa)$ 的犹豫模糊语言数据。其中，$lcm(\ell_\vartheta,\ell_\kappa)$ 是 ℓ_ϑ 和 ℓ_κ 的最小公倍数。

例 3.1　设 $S^{例}$是例 2.1 中定义的语言术语集。考虑 $S^{例}$上的两个犹豫模糊语言数据 $h_1 = \{s_{-2},s_{-1}\}$ 和 $h_2 = \{s_1,s_2,s_3\}$，它们的长度分别是 $\ell_{h_1} = 2$ 和 $\ell_{h_2} = 3$。根据犹豫模糊语言数据最小公倍数扩充准则，有 $lcm(\ell_{h_1},\ell_{h_2}) = 6$，可得

$$h_1^3 = \{s_{-2},s_{-2},s_{-2},s_{-1},s_{-1},s_{-1}\},\ h_2^2 = \{s_1,s_1,s_2,s_2,s_3,s_3\}$$

基于犹豫模糊语言数据包络的排序方法将初始的犹豫模糊语言数据转化成连续型的区间语言数据。这种处理方式不仅改变了初始的犹豫模糊语言数据的信息形式，而且还会带来一些冗余信息，因此，基于犹豫模糊语言数据包络的排序方法在一定程度上可能会导致排序结果具有不合理性。为此，根据统计学均值和方差的概念，本节提出一种新的犹豫模糊语言数据的排序方法。先给出犹豫模糊语言数据均值和方差的定义。

定义 3.4　设 $h = \{h_1,h_2,\cdots,h_{l_h}\} \in H(S)$，则 h 的均值可以定义为：

$$E(h) = s_\alpha \tag{3-5}$$

其中，$s_\alpha \in \tilde{S}$，$\alpha = \frac{1}{\ell_h}\sum_{k=1}^{\ell_h} I(h_k)$，$h_k$ 表示 h 中的第 k 个语言术语。

定义 3.5　设 h 和 $E(h)$ 分别是定义 3.4 中的犹豫模糊语言数据和其对应的均值，则 h 的方差可以定义为：

$$Var(h) = s_\beta \tag{3-6}$$

其中，$s_\beta \in \tilde{S}$，$\beta = \frac{1}{\ell_h}\sum_{k=1}^{\ell_h}[I(h_k) - E(h)]^2$，$h_k$ 表示 h 中的第 k 个语言术语。

根据定义 3.4 和定义 3.5，提出如下犹豫模糊语言数据的排序方法。

定义 3.6 对于任意两个犹豫模糊语言数据 $h_1 \in H(S)$ 和 $h_2 \in H(S)$，设 $E(h_1)$ 和 $E(h_2)$ 分别表示 h_1 和 h_2 的均值，$Var(h_1)$ 和 $Var(h_2)$ 分别表示 h_1 和 h_2 的方差。对于 h_1 和 h_2，有：

(1) 若 $E(h_1) < E(h_2)$，则 $h_1 < h_2$；

(2) 若 $E(h_1) = E(h_2)$，则

若 $Var(h_1) < Var(h_2)$，则 $h_1 > h_2$；

若 $Var(h_1) > Var(h_2)$，则 $h_1 < h_2$；

若 $Var(h_1) = Var(h_2)$，则 $h_1 = h_2$。

定理 3.1 设 h 和 h^r 是定义 3.2 给出的两个犹豫模糊语言数据，则 $E(h) = E(h^r)$。

证明：根据定义 3.2 和定义 3.4 可得

$$E(h^r) = s_{\frac{\sum_{k=1}^{r\ell_h} I(h_k^r)}{r\ell_h}} = s_{\frac{\sum_{k=1}^{\ell_h} rI(h_k^r)}{r\ell_h}} = s_{\frac{\sum_{k=1}^{\ell_h} I(h_k^r)}{\ell_h}} = E(h)$$

证毕。

定理 3.2 设 h 和 h^r 是定义 3.2 给出的两个犹豫模糊语言数据，则 $Var(h) = Var(h^r)$。

证明：根据定义 3.2 和定义 3.5 可得

$$Var(h^r) = s_{\frac{\sum_{k=1}^{r\ell_h} [I(h_k^r)-E(h^r)]^2}{r\ell_h}} = s_{\frac{\sum_{k=1}^{\ell_h} r[I(h_k)-E(h)]^2}{r\ell_h}} = s_{\frac{\sum_{k=1}^{\ell_h} [I(h_k)-E(h)]^2}{\ell_h}} = Var(h)$$

证毕。

定理 3.1 和定理 3.2 表明对于任意的犹豫模糊语言数据，采用最小公倍数扩充准则规范化后其均值和方差保持不变。也就是说，最小公倍数扩充准则不会破坏初始的犹豫模糊语言数据信息的完整性。

例 3.2 设 $S^{例}$ 是例 2.1 中定义的语言术语集。考虑 $S^{例}$ 上的犹豫模糊语言数据 $h_1 = \{s_0, s_1\}$，令 $r = 3$，根据定义 3.2，得 $h_1^3 = \{s_0, s_0, s_0, s_1, s_1, s_1\}$，再根据定义 3.4 和定义 3.5，有：

$$E(h_1) = E(h_1^3) = s_{0.5}, Var(h_1) = Var(h_1^3) = s_{0.25}$$

3.1.2 犹豫模糊语言数据的新的运算法则

根据语言术语的运算法则和最小公倍数扩充准则，下面给出新的犹豫

模糊语言数据运算法则。

定义3.7　设$\vartheta=\{\vartheta_1,\vartheta_2,\cdots,\vartheta_{\ell_\vartheta}\}$和$\kappa=\{\kappa_1,\kappa_2,\cdots,\kappa_{\ell_\kappa}\}$是$S$上的长度分别是$\ell_\vartheta$和$\ell_\kappa$的两个犹豫模糊语言数据，则$\vartheta$和$\kappa$之间的加法运算可以定义为：

$$\vartheta\oplus\kappa=\vartheta^{\frac{lcm(\ell_\vartheta,\ell_\kappa)}{\ell_\vartheta}}\oplus\kappa^{\frac{lcm(\ell_\vartheta,\ell_\kappa)}{\ell_\kappa}}=\left\{\vartheta_i^{\frac{lcm(\ell_\vartheta,\ell_\kappa)}{\ell_\vartheta}}\oplus\kappa_i^{\frac{lcm(\ell_\vartheta,\ell_\kappa)}{\ell_\kappa}}\mid i=1,2,\cdots,lcm(\ell_\vartheta,\ell_\kappa)\right\} \tag{3-7}$$

其中，$lcm(\ell_\vartheta,\ell_\kappa)$是$\ell_\vartheta$和$\ell_\kappa$的最小公倍数，$\vartheta_i^{\frac{lcm(\ell_\vartheta,\ell_\kappa)}{\ell_\vartheta}}$和$\kappa_i^{\frac{lcm(\ell_\vartheta,\ell_\kappa)}{\ell_\kappa}}$分别表示$\vartheta^{\frac{lcm(\ell_\vartheta,\ell_\kappa)}{\ell_\vartheta}}$和$\kappa^{\frac{lcm(\ell_\vartheta,\ell_\kappa)}{\ell_\kappa}}$的第$i$个语言术语。

引理3.1①　设a_1，a_2，…，a_k，a_{k+1}，…，a_r是r个整数，则：

(1) $lcm(a_1,a_2,\cdots,a_r)=lcm(lcm(a_1,a_2),a_3,\cdots,a_r)$；

(2) $lcm(a_1,a_2,\cdots,a_r)=lcm(lcm(a_1,a_2,\cdots,a_k),lcm(a_{k+1},\cdots,a_r))$。

引理3.1说明最小公倍数运算符合结合律。

下面讨论该运算的基本性质。

定理3.3　设$h_1\in H(S)$、$h_2\in H(S)$和$h_3\in H(S)$是三个犹豫模糊语言数据，$\mu_i(i=1,2,3)$，则：

(1) $h_1\oplus h_2=h_2\oplus h_1$；

(2) $(h_1\oplus h_2)\oplus h_3=h_1\oplus(h_2\oplus h_3)$；

(3) $\mu_1(h_1\oplus h_2)=\mu_1h_1\oplus\mu_1h_2$；

(4) $(\mu_2+\mu_3)h_1=\mu_2h_1\oplus\mu_3h_1$。

证明：(1) 根据定义3.7可知

$$\begin{aligned}h_1\oplus h_2&=h_1^{\frac{lcm(\ell_{h_1},\ell_{h_2})}{\ell_{h_1}}}\oplus h_2^{\frac{lcm(\ell_{h_1},\ell_{h_2})}{\ell_{h_2}}}\\&=h_2^{\frac{lcm(\ell_{h_1},\ell_{h_2})}{\ell_{h_2}}}\oplus h_1^{\frac{lcm(\ell_{h_1},\ell_{h_2})}{\ell_{h_1}}}=h_2\oplus h_1\end{aligned}$$

(2) 根据引理3.1，得$lcm(lcm(h_1,h_2),h_3)=lcm(h_1,lcm(h_2,h_3))$，因此，根据定义3.7，有$(h_1\oplus h_2)\oplus h_3=h_1\oplus(h_2\oplus h_3)$。

(3) 因为$\ell_{\mu_1h_1}=\ell_{h_1}$，$\ell_{\mu_1h_2}=\ell_{h_2}$，根据定义3.7可知

$$\mu_1h_1\oplus\mu_1h_2=(\mu_1h_1)^{\frac{lcm(\ell_{\mu_1h_1},\ell_{\mu_1h_2})}{\ell_{\mu_1h_1}}}\oplus(\mu_1h_2)^{\frac{lcm(\ell_{\mu_1h_1},\ell_{\mu_1h_2})}{\ell_{\mu_1h_2}}}$$

① 潘承洞，潘承彪. 初等数论［M］. 北京：北京大学出版社，2003.

$$= \mu_1(h_1^{\frac{lcm(\ell_{h_1},\ell_{h_2})}{\ell_{h_1}}} \oplus h_2^{\frac{lcm(\ell_{h_1},\ell_{h_2})}{\ell_{h_2}}}) = \mu_1(h_1 \oplus h_2)$$

（4）根据定义 3.7 可知

$$\begin{aligned}(\mu_2+\mu_3)h_1 &= \{(\mu_2+\mu_3)h_{1,i} \mid i=1,\cdots,\ell_{h_1}\} \\ &= \{\mu_2 h_{1,i} \oplus \mu_3 h_{1,i} \mid i=1,\cdots,\ell_{h_1}\} = \mu_2 h_1 \oplus \mu_3 h_1\end{aligned}$$

3.2 基于自动迭代算法的犹豫模糊语言偏好关系的决策方法

3.2.1 犹豫模糊语言偏好关系加性一致性测度

一致性测度在决策过程中起着重要的作用。如果偏好关系的一致性水平较低，易得出不合理的决策结果。在实际的决策问题中，如果决策者使用犹豫模糊语言数据来表达自己犹豫且定性的偏好信息，那么这些犹豫模糊语言数据往往含有不同数量的语言术语。也就是说，任意一个犹豫模糊语言偏好关系中的元素可能含有不同数量的语言术语。因此，在定义犹豫模糊语言偏好关系一致性之前，需要对犹豫模糊语言偏好关系中的犹豫模糊语言数据进行规范化处理。本节基于最小公倍数扩充准则，分别定义规范化犹豫模糊语言偏好关系，期望犹豫模糊语言偏好关系，犹豫模糊语言偏好关系加性一致性和犹豫模糊语言偏好关系加性一致性指数。

定义 3.8 设 $A=(a_{ij})_{n\times n}$ 是一个犹豫模糊语言偏好关系。若矩阵 $A_{Nor}=(\bar{a}_{ij})_{n\times n}$ 满足

$$\bar{a}_{ij}^{\sigma(k)} \oplus \bar{a}_{ji}^{\sigma(k)} = s_0, \bar{a}_{ii} = s_0, \ell_{\bar{a}_{ij}} = \ell_{\bar{a}_{ji}} \tag{3-8}$$

和

$$\bar{a}_{ij}^{\sigma(k)} \leqslant \bar{a}_{ij}^{\sigma(k+1)}, \bar{a}_{ji}^{\sigma(k+1)} \leqslant \bar{a}_{ji}^{\sigma(k)} \tag{3-9}$$

则 A_{Nor} 是 A 的规范化犹豫模糊语言偏好关系，其中 $\ell_{\bar{a}_{ij}} = lcm(\ell_{a_{ij}} \mid i,j=1,2,\cdots,n;i<j)$，$\bar{a}_{ji} = neg(\bar{a}_{ij})(i<j)$，$\bar{a}_{ij}^{\sigma(k)}$ 为 $\bar{a}_{ij}$ 的第 k 个语言术语。

定义 3.9 设 $A_{Nor}=(\bar{a}_{ij})_{n\times n}$ 是犹豫模糊语言偏好关系 $A=(a_{ij})_{n\times n}$ 的规范化犹豫模糊语言偏好关系。若 A_{Nor} 满足

$$\bar{a}_{ik} = \bar{a}_{ij} \oplus \bar{a}_{jk}, i,j,k=1,2,\cdots,n, i\neq j\neq k \tag{3-10}$$

则犹豫模糊语言偏好关系 $A=(a_{ij})_{n\times n}$ 具有完全加性一致性。

为了更好地刻画犹豫模糊语言偏好关系的加性一致性测度，受朱文武和徐泽水（2014）启发，我们重新定义期望犹豫模糊语言偏好关系如下。

定义 3.10　设 $A_{Nor}=(\bar{a}_{ij})_{n\times n}$ 是犹豫模糊语言偏好关系 $A=(a_{ij})_{n\times n}$ 的规范化犹豫模糊语言偏好关系。若

$$e_{ij}=\frac{1}{n}\overset{n}{\underset{k=1}{\oplus}}(\bar{a}_{ik}\oplus\bar{a}_{kj}) \tag{3-11}$$

则矩阵 $E=(e_{ij})_{n\times n}$ 是犹豫模糊语言偏好关系 $A=(a_{ij})_{n\times n}$ 的基于最小公倍数扩充准则的期望犹豫模糊语言偏好关系。

定理 3.4　设矩阵 $E=(e_{ij})_{n\times n}$ 是犹豫模糊语言偏好关系 $A=(a_{ij})_{n\times n}$ 的期望犹豫模糊语言偏好关系。则有：

(1) $E=(e_{ij})_{n\times n}$ 是规范化犹豫模糊语言偏好关系；

(2) $E=(e_{ij})_{n\times n}$ 具有完全加性一致性。

证明：(1) 根据定义 3.8 可知 $E=(e_{ij})_{n\times n}$ 是一个规范化犹豫模糊语言偏好关系。

(2) 根据式 (3-11) 可得：

$$e_{ij}=\frac{1}{n}\overset{n}{\underset{k=1}{\oplus}}(\bar{a}_{ik}\oplus\bar{a}_{kj}),e_{jt}=\frac{1}{n}\overset{n}{\underset{k=1}{\oplus}}(\bar{a}_{jk}\oplus\bar{a}_{kt}),e_{it}=\frac{1}{n}\overset{n}{\underset{k=1}{\oplus}}(\bar{a}_{ik}\oplus\bar{a}_{kt})$$

根据 $\bar{a}_{kj}\oplus\bar{a}_{jk}=s_0$，有：

$$\begin{aligned}e_{ij}\oplus e_{jt}&=\left(\frac{1}{n}\overset{n}{\underset{k=1}{\oplus}}(\bar{a}_{ik}\oplus\bar{a}_{kj})\right)\oplus\left(\frac{1}{n}\overset{n}{\underset{k=1}{\oplus}}(\bar{a}_{jk}\oplus\bar{a}_{kt})\right)\\&=\frac{1}{n}\overset{n}{\underset{k=1}{\oplus}}(\bar{a}_{ik}\oplus\bar{a}_{kj}\oplus\bar{a}_{jk}\oplus\bar{a}_{kt})\\&=\frac{1}{n}\overset{n}{\underset{k=1}{\oplus}}(\bar{a}_{ik}\oplus s_0\oplus\bar{a}_{kt})\\&=\frac{1}{n}\overset{n}{\underset{k=1}{\oplus}}(\bar{a}_{ik}\oplus\bar{a}_{kt})=e_{it}\end{aligned}$$

因此，根据定义 3-9 证得期望犹豫模糊语言偏好关系 $E=(e_{ij})_{n\times n}$ 具有完全加性一致性。

为了求解期望犹豫模糊语言偏好关系，本节提出算法 3.1，如下所示。

算法 3.1　求解期望犹豫模糊语言偏好关系

输入： 犹豫模糊语言偏好关系 $A = (a_{ij})_{n \times n}$

输出： 期望犹豫模糊语言偏好关系 $E = (e_{ij})_{n \times n}$

开始：

步骤 1　输入一个犹豫模糊语言偏好关系 $A = (a_{ij})_{n \times n}$

步骤 2　对于所有的 $a_{ij} \in A$

if $\ell_{a_{ij}} = \ell_{a_{kl}}, \forall i,j,k,l$

$A = A_{Nor} = (\bar{a}_{ij})_{n \times n}$

else

do $\ell_{\bar{a}_{ij}} = lcm(\ell_{a_{ij}} | i,j = 1,2,\cdots,n; i < j)$

$A_{Nor} = (\bar{a}_{ij})_{n \times n}$

end if

步骤 3　设 $e_{ij} = \frac{1}{n} \bigoplus_{k=1}^{n} (\bar{a}_{ik} \oplus \bar{a}_{kj})$，有

$E = (e_{ij})_{n \times n}$

结束

例 3.3　设 A 是下标对称的语言术语集 $S_{Example}$ 上的犹豫模糊语言偏好关系：

$$A = \begin{pmatrix} \{s_0\} & \{s_1\} & \{s_2, s_3\} & \{s_1\} \\ \{s_{-1}\} & \{s_0\} & \{s_{-4}, s_{-3}\} & \{s_2\} \\ \{s_{-2}, s_{-3}\} & \{s_4, s_3\} & \{s_0\} & \{s_{-3}, s_{-2}\} \\ \{s_{-1}\} & \{s_{-2}\} & \{s_3, s_2\} & \{s_0\} \end{pmatrix}$$

其中 $S_{Example} = \begin{cases} s_{-4} = \text{非常差}, s_{-3} = \text{很差}, s_{-2} = \text{差}, s_{-1} = \text{稍差}, \\ s_0 = \text{一般}, s_1 = \text{稍好}, s_2 = \text{好}, s_7 = \text{很好}, s_8 = \text{非常好} \end{cases}$

根据算法 3.1，可以求得期望犹豫模糊语言偏好关系。具体步骤如下：

步骤 1　犹豫模糊语言偏好关系 A

$$A=\begin{pmatrix}\{s_0\} & \{s_1\} & \{s_2,s_3\} & \{s_1\}\\ \{s_{-1}\} & \{s_0\} & \{s_{-4},s_{-3}\} & \{s_2\}\\ \{s_{-2},s_{-3}\} & \{s_4,s_3\} & \{s_0\} & \{s_{-3},s_{-2}\}\\ \{s_{-1}\} & \{s_{-2}\} & \{s_3,s_2\} & \{s_0\}\end{pmatrix}$$

步骤 2　根据定义 3.8 可得 A 的规范化犹豫模糊语言偏好关系 A_{Nor}

$$A_{Nor}=\begin{pmatrix}\{s_0,s_0\} & \{s_1,s_1\} & \{s_2,s_3\} & \{s_1,s_1\}\\ \{s_{-1},s_{-1}\} & \{s_0,s_0\} & \{s_{-4},s_{-3}\} & \{s_2,s_2\}\\ \{s_{-2},s_{-3}\} & \{s_4,s_3\} & \{s_0,s_0\} & \{s_{-3},s_{-2}\}\\ \{s_{-1},s_{-1}\} & \{s_{-2},s_{-2}\} & \{s_3,s_2\} & \{s_0,s_0\}\end{pmatrix}$$

步骤 3　根据定义 3.10，可得 A 的期望犹豫模糊语言偏好关系

$$E=\begin{pmatrix}\{s_0\} & \{s_{1.750},s_{1.750}\} & \{s_{1.250},s_{1.750}\} & \{s_{1.000},s_{1.500}\}\\ \{s_{-1.750},s_{-1.750}\} & \{s_0\} & \{s_{-0.500},s_0\} & \{s_{-0.750},s_{-0.250}\}\\ \{s_{-1.250},s_{-1.750}\} & \{s_{0.500},s_0\} & \{s_0\} & \{s_{-0.250},s_{-0.250}\}\\ \{s_{-1.000},s_{-1.500}\} & \{s_{0.750},s_{0.250}\} & \{s_{0.250},s_{0.250}\} & \{s_0\}\end{pmatrix}$$

接下来给出任意两个犹豫模糊语言偏好关系的距离测度的定义。

定义 3.11　设 $A_{Nor}=(\bar{a}_{ij})_{n\times n}$，$B_{Nor}=(\bar{b}_{ij})_{n\times n}$ 是犹豫模糊语言偏好关系 A 和 B 的规范化犹豫模糊语言偏好关系。则 A 和 B 之间的距离可以定义为

$$d(A,B)=\frac{1}{\tau n(n-1)}\frac{1}{lcm(\ell_{\bar{a}_{ij}},\ell_{\bar{b}_{ij}})}\sum_{i,j\in P}\sum_{t=1}^{lcm(\ell_{\bar{a}_{ij}},\ell_{\bar{b}_{ij}})}dev_{ij,t}\qquad(3-12)$$

其中，$\ell_{\bar{a}_{ij}}$ 和 $\ell_{\bar{b}_{ij}}$ 如定义 3.8 所示，$P=\{(i,j)\mid 1\leqslant i<j\leqslant n\}$，$dev_{ij,t}=\left|NS\left(\bar{a}_{ij,t}^{\frac{lcm(\ell_{\bar{a}_{ij}},\ell_{\bar{b}_{ij}})}{\ell_{\bar{a}_{ij}}}}\right)-NS\left(\bar{b}_{ij,t}^{\frac{lcm(\ell_{\bar{a}_{ij}},\ell_{\bar{b}_{ij}})}{\ell_{\bar{b}_{ij}}}}\right)\right|$。

根据式（3-12）可知，$d(A,B)$ 表示 A 和 B 之间的平均偏差，满足下面的性质。

定理 3.5　设 A 和 B 是两个犹豫模糊语言偏好关系，则：

(1) $0\leqslant d(A,B)\leqslant 1$；

(2) $d(A,B)=0$ 当且仅当 $A=B$；

(3) $d(A,B)=d(B,A)$。

定理 3.5 说明犹豫模糊语言偏好关系的距离测度具有非负性、自反性和可交换性。

根据定理 3.4，可知犹豫模糊语言偏好关系的期望犹豫模糊语言偏好关系具有完全加性一致性。根据期望犹豫模糊语言偏好关系的这一性质，可以通过计算犹豫模糊语言偏好关系和其对应的期望犹豫模糊语言偏好关系之间的偏差来度量犹豫模糊语言偏好关系的加性一致性水平。受此启发，本节提出一种基于曼哈顿距离的犹豫模糊语言偏好关系加性一致性指数。

定义 3.12　设 A_{Nor} 和 E 分别是犹豫模糊语言偏好关系 A 的规范化犹豫模糊语言偏好关系和期望犹豫模糊语言偏好关系。犹豫模糊语言偏好关系 A 的加性一致性指数可以定义为

$$CI(A) = d(A_{Nor}, E) = \frac{1}{\tau n(n-1)} \frac{1}{l_{\bar{a}_{ij}}} \sum_{i,j \in P} \sum_{t=1}^{l_{\bar{a}_{ij}}} |NS(\bar{a}_{ij,t}) - NS(e_{ij,t})| \tag{3-13}$$

可见，$CI(A) \in [0,1]$，$CI(A)$ 越小，A 的加性一致性程度就越高。

定义 3.13　设 A 是犹豫模糊语言偏好关系。若 $CI(A) = 0$，则犹豫模糊语言偏好关系 A 具有完全加性一致性。

定义 3.14　设 A 是犹豫模糊语言偏好关系。若

$$CI(A) \leqslant \varepsilon \tag{3-14}$$

则犹豫模糊语言偏好关系 A 具有可接受加性一致性，其中，ε 表示一致性阈值。

通常，一致性阈值 ε 的取值为［0，1］。一致性阈值的选取在决策中起着重要的作用。对于决策问题而言，目前尚未形成一个统一的和标准的一致性阈值的选取规则。根据具体的决策问题，决策者或协调者都可以选取具体的一致性阈值。如果决策问题的重要性程度很高，则一致性阈值的选取应尽可能地小；如果决策问题需要快速地选出最优方案，则一致性阈值的选取应尽可能地大。

四川大学董成玉教授系统地研究了一致性阈值 ε 的取值，如表 3-1 所示。针对不同的决策问题，可以选择不同的一致性阈值 ε。

表3-1　关于不同的 n 和 τ 一致性阈值 ε 的取值

τ	$n=3$	$n=4$	$n=5$	$n=6$	$n=7$	$n=8$	$n=9$
$\tau=2$	0.1765	0.2424	0.2790	0.3019	0.3176	0.3290	0.3376
$\tau=4$	0.0980	0.1347	0.1550	0.1677	0.1765	0.1828	0.1876
$\tau=8$	0.0519	0.0713	0.0821	0.0888	0.0934	0.0968	0.0093

资料来源：Dong Y C，Xu Y F，Li H Y. On Consistency Measures of Linguistic Preference Relations [J]. European Journal of Operational Research，2008，189（2）：430-444.

定理3.6　如果犹豫模糊语言偏好关系 A 具有完全加性一致性，则犹豫模糊语言偏好关系 A 具有可接受加性一致性。

证明：依据定义3.13和定义3.14可证得定理3.6。

3.2.2　基于自动迭代的犹豫模糊语言偏好关系加性一致性调整算法

受相关文献①的启发，对于不具有可接受加性一致性的犹豫模糊语言偏好关系，我们希望找到一个具有完全加性一致性的犹豫模糊语言偏好关系作为其调整的目标，同时，我们还希望它们之间的偏差随着调整次数的增加而逐渐减小。因此，本节针对不具有可接受加性一致性的犹豫模糊语言偏好关系，提出一种自动迭代的具有局部修正策略的加性一致性调整算法。这些局部修正策略使决策者在决策过程中具有很强的参与感。

基于自动迭代的犹豫模糊语言偏好关系加性一致性调整过程如图3-1所示。

假设犹豫模糊语言偏好关系 $A=(a_{ij})_{n\times n}$ 不具有可接受加性一致性。采用该算法不仅能提高 $A=(a_{ij})_{n\times n}$ 的加性一致性水平，而且调整过程中还能尽可能多地保留决策者提供的初始的决策信息。下面给出自动迭代算法（算法3.2）的具体流程。

---

① Xu Z S，Cai X Q. Group Consensus Algorithms Based on Preference Relations [J]. Information Sciences，2011，181：150-162.

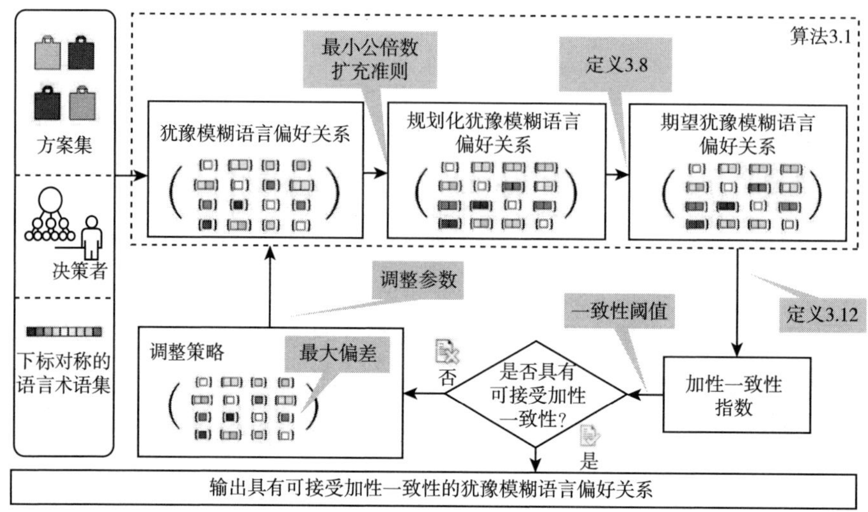

图 3-1　一致性调整过程

算法 3.2　自动迭代算法

输入　初始的犹豫模糊语言偏好关系 $A=(a_{ij})_{n\times n}$，一致性阈值 ε 和调整参数 $\theta\in[0,1]$

输出　调整后的犹豫模糊语言偏好关系 $\hat{A}=(\hat{a}_{ij})_{n\times n}$

步骤 1　设 $A_z=(a_{ij}^z)_{n\times n}$（初始 $z=0$，用来记录迭代次数）

步骤 2　根据定义 3.8，可得规范化犹豫模糊语言偏好关系 $A_{Nor,z}=(\bar{a}_{ij}^z)_{n\times n}$，然后，利用算法 3.1 求得期望犹豫模糊语言偏好关系 E_z

步骤 3　设置一致性阈值 ε

步骤 4　根据式（3-13），求得 $A_z=(a_{ij}^z)_{n\times n}$ 的加性一致性指数 $CI(A_z)$，如果 $CI(A_z)\leq\varepsilon$，转到步骤 6，否则进入下一步

步骤 5　根据下面的调整策略对本次迭代的 $A_{Nor,z}=(\bar{a}_{ij}^z)_{n\times n}$ 进行调整。假设

$$\delta_{ij}^z=\frac{1}{2\tau l_{\bar{a}_{ij}}}\sum_{t=1}^{l_{\bar{a}_{ij}}}\left|NS(\bar{a}_{ij,t}^z)-NS(e_{ij,t}^z)\right|$$

设 $\delta_{i_0j_0}^z=\max\limits_{i<j}\delta_{ij}^z$，若 $i<j$，则

$$\overline{a}_{ij}^{z+1}=\begin{cases}\theta\,\overline{a}_{ij}^{z}\oplus(1-\theta)e_{ij}^{z}, & i=i_0,j=j_0\\ \overline{a}_{ij}^{z}\end{cases}$$

否则，对于 $i>j$，有 $\overline{a}_{ij}^{z+1}=neg(\overline{a}_{ji}^{z+1})$；对于 $i=j$，有 $\overline{a}_{ij}^{z+1}=\{s_0\}$，其中调整参数 $\theta\in[0,1]$。设 $z=z+1$，进入步骤4

步骤6　设 $\hat{A}=A_{Nor,z}$，输出调整后的犹豫模糊语言偏好关系 $\hat{A}=(\hat{a}_{ij})_{n\times n}$

定理3.7　设 $A=(a_{ij})_{n\times n}$ 是犹豫模糊语言偏好关系，$\theta\in[0,1]$ 是调整参数，$A_{Nor,z}=(\overline{a}_{ij}^{z})_{n\times n}$ 是利用算法3.2得到的调整后的犹豫模糊语言偏好关系。则有 $CI(A_{Nor,z+1})\leqslant CI(A_{Nor,z})$，$\lim\limits_{z\to\infty}CI(A_{Nor,z})=0$。

证明：根据式（3-11），对于 $i=i_0,j=j_0$，可得

$$\begin{aligned}e_{i_0j_0}^{z+1}&=\frac{1}{n}\bigoplus_{k=1}^{n}(\overline{a}_{i_0k}^{z+1}\oplus\overline{a}_{kj_0}^{z+1})\\&=\frac{1}{n}(\overline{a}_{i_0j_0}^{z+1}\oplus\overline{a}_{i_0j_0}^{z+1}\oplus(\bigoplus_{k\neq i_0}^{n}\overline{a}_{kj_0}^{z+1})\oplus(\bigoplus_{k\neq j_0}^{n}\overline{a}_{i_0k}^{z+1}))\\&=\frac{2}{n}\overline{a}_{i_0j_0}^{z+1}\oplus\frac{1}{n}\bigoplus_{k\neq i_0}^{n}\overline{a}_{kj_0}^{z+1}\oplus\frac{1}{n}\bigoplus_{k\neq j_0}^{n}\overline{a}_{i_0k}^{z+1}\\&=\frac{2}{n}\overline{a}_{i_0j_0}^{z+1}\oplus\frac{1}{n}\bigoplus_{k=1}^{n}(\overline{a}_{i_0k}^{z}\oplus\overline{a}_{kj_0}^{z})\,\frac{2}{n}\overline{a}_{i_0j_0}^{z}\\&=\frac{2}{n}\overline{a}_{i_0j_0}^{z+1}\oplus e_{i_0j_0}^{z}\,\frac{2}{n}\overline{a}_{i_0j_0}^{z}\end{aligned}$$

已知 $A_{Nor,z+1}$ 是利用算法3.2求得的调整后的犹豫模糊语言偏好关系。对于 $i=i_0,j=j_0$，可得 $\overline{a}_{i_0j_0}^{z+1}=\theta\,\overline{a}_{i_0j_0}^{z}+(1-\theta)e_{i_0j_0}^{z}$，于是有：

$$e_{i_0j_0}^{z+1}=\frac{2\theta}{n}\overline{a}_{i_0j_0}^{z}\oplus\frac{2(1-\theta)}{n}e_{i_0j_0}^{z}\oplus e_{i_0j_0}^{z}\,\frac{2}{n}\overline{a}_{i_0j_0}^{z}$$

设 $\hat{P}=P\setminus\{i\neq i_0,j\neq j_0\}$。已知 $\ell_{\overline{a}_{i_0j_0}^{z+1}}=\ell_{e_{i_0j_0}^{z+1}}$，根据式（3-13），有

$$\begin{aligned}CI(A_{z+1})&=\frac{1}{n(n-1)\tau}\frac{1}{l_{a_{ij}^{z+1}}}\sum_{i,j\in P}\sum_{t=1}^{l_{a_{ij}^{z+1}}}|NS(\overline{a}_{ij,t}^{z+1})-NS(e_{ij,t}^{z+1})|\\&=\frac{1}{n(n-1)\tau}\frac{1}{l_{a_{ij}^{z+1}}}\Bigg(\sum_{i,j\in\hat{P}}\sum_{t=1}^{l_{a_{ij}^{z+1}}}|NS(\overline{a}_{ij,t}^{z+1})-NS(e_{ij,t}^{z+1})|\end{aligned}$$

$$+\sum_{t=1}^{l_{a_{ij}^{z+1}}}\left|NS(\bar{a}_{i_0j_0,t}^{z+1})-NS(e_{i_0j_0,t}^{z+1})\right|\Bigg)$$

$$=\frac{1}{n(n-1)\tau}\frac{1}{l_{a_{ij}^z}}\Bigg(\sum_{i,j\in\hat{P}}\sum_{t=1}^{l_{a_{ij}^z}}\left|NS(\bar{a}_{ij,t}^z)-NS(e_{ij,t}^z)\right|$$

$$+\sum_{t=1}^{l_{a_{ij}^z}}\left|\theta NS(\bar{a}_{i_0j_0,t}^z)+(1-\theta)NS(e_{i_0j_0,t}^z)-\frac{2\theta}{n}NS(\bar{a}_{i_0j_0,t}^z)\right.$$

$$\left.-\frac{2(1-\theta)}{n}NS(e_{i_0j_0,t}^z)-NS(e_{i_0j_0,t}^z)+\frac{2}{n}NS(\bar{a}_{i_0j_0,t}^z)\right|\Bigg)$$

$$=\frac{1}{n(n-1)\tau}\frac{1}{l_{a_{ij}^z}}\Bigg(\sum_{i,j\in\hat{P}}\sum_{t=1}^{l_{a_{ij}^z}}\left|NS(\bar{a}_{ij,t}^z)-NS(e_{ij,t}^z)\right|$$

$$+\sum_{t=1}^{l_{a_{ij}^z}}\left|\left(\theta-\frac{2\theta}{n}+\frac{2}{n}\right)NS(\bar{a}_{i_0j_0,t}^z)-\left(\theta+\frac{2(1-\theta)}{n}\right)NS(e_{i_0j_0,t}^z)\right|\Bigg)$$

$$=\frac{1}{n(n-1)\tau}\frac{1}{l_{a_{ij}^z}}\Bigg(\sum_{i,j\in\hat{P}}\sum_{t=1}^{l_{a_{ij}^z}}\left|NS(\bar{a}_{ij,t}^z)-NS(e_{ij,t}^z)\right|$$

$$+\sum_{t=1}^{l_{a_{ij}^z}}\left|\left(\theta-\frac{2\theta}{n}+\frac{2}{n}\right)\times\left(NS(\bar{a}_{i_0j_0,t}^z)-NS(e_{i_0j_0,t}^z)\right)\right|\Bigg)$$

因为 $\theta\in[0,1]$，可得 $\frac{2}{n}\leqslant\theta-\frac{2\theta}{n}+\frac{2}{n}\leqslant 1$。因此，有

$$CI(A_{z+1})=\frac{1}{n(n-1)\tau}\frac{1}{l_{a_{ij}^z}}\Bigg(\sum_{i,j\in\hat{P}}\sum_{t=1}^{l_{a_{ij}^z}}\left|NS(\bar{a}_{ij,t}^z)-NS(e_{ij,t}^z)\right|$$

$$+\sum_{t=1}^{l_{a_{ij}^z}}\left|\left(\theta-\frac{2\theta}{n}+\frac{2}{n}\right)\times\left(NS(\bar{a}_{i_0j_0,t}^z)-NS(e_{i_0j_0,t}^z)\right)\right|\Bigg)$$

$$\leqslant\frac{1}{n(n-1)\tau}\frac{1}{l_{a_{ij}^z}}\Bigg(\sum_{i,j\in\hat{P}}\sum_{t=1}^{l_{a_{ij}^z}}\left|NS(\bar{a}_{ij,t}^z)-NS(e_{ij,t}^z)\right|$$

$$+\sum_{t=1}^{l_{a_{ij}^z}}\left|NS(\bar{a}_{i_0j_0,t}^z)-NS(e_{i_0j_0,t}^z)\right|\Bigg)$$

$$=\frac{1}{n(n-1)\tau}\frac{1}{l_{a_{ij}^z}}\Bigg(\sum_{i,j\in P}\sum_{t=1}^{l_{a_{ij}^z}}\left|NS(\bar{a}_{ij,t}^z)-NS(e_{ij,t}^z)\right|\Bigg)=CI(A_z)$$

于是，证得 $CI(A_{Nor,z+1})\leqslant CI(A_{Nor,z})$。根据定义 3.12 可知 $CI(A_z)\geqslant 0$，$\forall z$，因此数列 $\{CI(A_z)\}$ 是单调递减且有下界。根据数列极限存在定理，

可知 $CI(A_z)$ 存在且 $\lim_{z\to\infty} CI(A_z) = 0$。

定理3.7说明算法3.2是收敛的。

值得注意的是调整参数 θ 的选取影响算法3.2的收敛速度。参数越小，算法收敛速度越快。调整参数 θ 的选择也影响初始的信息的保留程度，也就是说，过小的 θ 会导致初始的信息丢失得过多。因此，我们通常选择一个大于0.5的数值作为调整参数 θ 的取值。

3.2.3　基于可接受加性一致性的犹豫模糊语言偏好关系方案排序方法

为了获得备选方案的排序结果，本节利用犹豫模糊语言加权集结算子（Zhang Z M，Wu C，2014）对具有可接受加性一致性的犹豫模糊语言偏好关系的每一行的信息进行集结。

考虑备选方案集 $X = \{x_1, x_2, \cdots, x_n\}$，某决策者用犹豫模糊语言数据给出自己的偏好，构成一个犹豫模糊语言偏好关系 $A = (a_{ij})_{n\times n}$。基于本书3.3.1节和3.3.2节的内容，提出基于犹豫模糊语言偏好关系的决策方法，即算法3.3。

算法3.3　基于犹豫模糊语言偏好关系的决策方法
输入　初始的犹豫模糊语言偏好关系 $A = (a_{ij})_{n\times n}$ **输出**　最优决策方案 $x_i(i \in \{1,2,\cdots,n\})$ **步骤1**　若初始的犹豫模糊语言偏好关系 $A = (a_{ij})_{n\times n}$ 具有可接受加性一致性，则根据定义3.8求得规范化犹豫模糊语言偏好关系 $A_{Nor} = (\bar{a}_{ij})_{n\times n}$。令 $\hat{A} = A_{Nor}$，若初始的犹豫模糊语言偏好关系 $A = (a_{ij})_{n\times n}$ 不具有可接受加性一致性，则利用算法3.2求得调整后的具有可接受一致性的犹豫模糊语言偏好关系 $\hat{A} = (\hat{a}_{ij})_{n\times n}$ **步骤2**　利用犹豫模糊语言加权集结算子（Zhang Z M，Wu C，2014） $$\hat{a}_i = HFLWA(\hat{a}_{i1}, \hat{a}_{i2}, \cdots, \hat{a}_{in}) = \frac{1}{n}\bigoplus_{j=1} \hat{a}_{ij}, i = 1,2,\cdots,n$$ 将每一行的偏好信息进行集结，得到所有备选方案偏好程度的平均值 $\hat{a}_i$ **步骤3**　根据定义3.6，对 $\hat{a}_i(i = 1,2,\cdots,n)$ 进行排序

步骤4 根据 $\hat{a}_i$ 排序结果，对备选方案 $x_i(i=1,2,\cdots,n)$ 进行排序，并求得最优的备选方案。

3.2.4 算例分析

本节通过算例，将3.2.3节中提出的决策方法和其他文献中的决策方法进行比较分析。

1. 算例分析Ⅰ

例3.4 考虑一个具有四个备选方案的决策问题。假设决策者基于下标对称的语言术语集

$$S_{Example}=\begin{Bmatrix}s_{-4}=非常差,s_{-3}=很差,s_{-2}=差,s_{-1}=稍差,\\ s_0=一般,s_1=稍好,s_2=好,s_3=很好,s_4=非常好\end{Bmatrix}$$

给出了如下的偏好信息：

$$A_1=\begin{pmatrix}\{s_0\} & \{s_{-2},s_{-1},s_0\} & \{s_1,s_2\} & \{s_0\}\\ \{s_2,s_1,s_0\} & \{s_0\} & \{s_{-3},s_{-2},s_{-1}\} & \{s_2,s_3\}\\ \{s_{-1},s_{-2}\} & \{s_3,s_2,s_1\} & \{s_0\} & \{s_0,s_1\}\\ \{s_0\} & \{s_{-2},s_{-3}\} & \{s_0,s_{-1}\} & \{s_0\}\end{pmatrix}$$

根据萨蒂（1980）的研究，[①] 取一致性阈值 $\varepsilon=0.1$。首先，根据算法3.1和式（3-13），可得 $CI(A)=0.1510$，则犹豫模糊语言偏好关系 $A_1=(a_{ij})_{4\times4}$ 不具有可接受加性一致性。其次，根据算法3.2，可得调整后的犹豫模糊语言偏好关系 $\hat{A}_1=(\hat{a}_{ij})_{4\times4}$ 如下。

$$\hat{A}_1=\begin{pmatrix}\{s_0,s_0,s_0,s_0,s_0,s_0\} & \{s_{-2},s_{-2},s_{-1},s_{-1},s_0,s_0\}\\ \{s_2,s_2,s_1,s_1,s_0,s_0\} & \{s_0,s_0,s_0,s_0,s_0,s_0\}\\ \{s_{-1},s_{-1},s_{-1},s_{-2},s_{-2},s_{-2}\} & \{s_{0.1306},s_{0.1306},s_{-0.0868},s_{-0.3477},s_{-0.5651},s_{-0.5651}\}\\ \{s_0,s_0,s_0,s_0,s_0,s_0\} & \{s_{-2},s_{-2},s_{-2},s_{-3},s_{-3},s_{-3}\}\end{pmatrix}$$

① Saaty T L. The Analytic Hierarchy Process [M]. New York, NY: McGraw-Hill, 1980.

$$\left.\begin{matrix} \{s_1, s_1, s_1, s_2, s_2, s_2\} & \{s_0, s_0, s_0, s_0, s_0, s_0\} \\ \{s_{-0.1306}, s_{-0.1306}, s_{0.0868}, s_{0.3477}, s_{0.5651}, s_{0.5651}\} & \{s_2, s_2, s_2, s_3, s_3, s_3\} \\ \{s_0, s_0, s_0, s_0, s_0, s_0\} & \{s_0, s_0, s_0, s_1, s_1, s_1\} \\ \{s_0, s_0, s_0, s_{-1}, s_{-1}, s_{-1}\} & \{s_0, s_0, s_0, s_0, s_0, s_0\} \end{matrix}\right)$$

最后，利用算法 3.3 求得最优的备选方案。具体的决策过程如下所示。

步骤 1　调整后的犹豫模糊语言偏好关系 $\hat{A}_1 = (\hat{a}_{ij})_{4\times4}$；

步骤 2　备选方案的偏好程度的平均值 $\hat{a}_i (i = 1,2,3,4)$：

$$\hat{a}_1 = \{s_{-1}, s_{-1}, s_0, s_1, s_2, s_2\}$$

$$\hat{a}_2 = \{s_{3.0868}, s_{3.5651}, s_{3.5651}, s_{3.8694.}, s_{3.8694.}, s_{4.3477}\}$$

$$\hat{a}_3 = \{s_{-1.5651}, s_{-1.5651}, s_{-1.3477}, s_{-1.0868}, s_{-0.8694}, s_{-0.8694}\}$$

$$\hat{a}_4 = \{s_{-4}, s_{-4}, s_{-4}, s_{-2}, s_{-2}, s_{-2}\}$$

步骤 3　利用式（3－5），求得 $\hat{a}_i (i = 1,2,3,4)$ 的均值 $E(\hat{a}_i)$：

$$E(\hat{a}_1) = s_{0.5000}$$

$$E(\hat{a}_2) = s_{3.7172}$$

$$E(\hat{a}_3) = s_{-1.2172}$$

$$E(\hat{a}_4) = s_{-3.0000}$$

再根据定义 3.6，可得

$$\hat{a}_2 > \hat{a}_1 > \hat{a}_3 > \hat{a}_4$$

步骤 4　根据 $\hat{a}_i$ 排序结果，可得备选方案 $x_i (i = 1,2,\cdots,n)$ 排序结果为

$$x_2 > x_1 > x_3 > x_4$$

则最优方案为 x_2。

表 3－2 给出了不同决策方法得到的决策结果。可以看出，利用决策方法一[①]得到的决策结果与本节提出的决策方法得到的决策结果略有不同，

① Zhang Z M, Wu C. On The Use of Multiplicative Consistency in Hesitant Fuzzy Linguistic Preference Relations [J]. Knowledge-Based Systems, 2014, 72: 13－27.

利用决策方法二[①]得到的决策结果与本节提出的决策方法得到的决策结果完全不同。

表 3-2 不同决策方法得到的决策结果

决策方法	决策结果
本节提出的方法	$x_2 > x_1 > x_3 > x_4$
决策方法一	$x_2 > x_3 > x_1 > x_4$
决策方法二	$x_1 > x_2 > x_4 > x_3$

造成这些差异的主要原因总结如下。

（1）与决策方法一相比。决策方法一采用β规范化准则对犹豫模糊语言数据进行规范化，而β规范化准则可能会造成初始的犹豫模糊语言数据中出现冗余信息。然而，本节提出的决策方法采用最小公倍数扩充准则对犹豫模糊语言数据进行规范化。此外，决策方法一中提出了一种自动全局的一致性调整算法，该算法每次迭代会调整犹豫模糊语言偏好关系中所有的偏好信息。相比而言，本节提出的自动迭代算法在每次迭代中对加性一致性影响最大的偏好信息进行调整。这样可以尽可能多地保留初始的决策信息。

（2）与决策方法二相比：决策方法二提出了一些犹豫模糊语言集成算子，并将它们应用到决策问题，但没有讨论犹豫模糊语言偏好关系的一致性，而是只使用犹豫模糊语言集成算子对犹豫模糊语言偏好关系模型中的决策信息进行集结，以获得备选方案的平均偏好程度。与此相比，本章提出的决策方法不仅定义了犹豫模糊语言偏好关系的加性一致性，还提出了一种自动迭代的加性一致性调整算法，该算法对不满足可接受一致性的犹豫模糊语言偏好关系进行调整，使得其满足可接受加性一致性。

2. 算例分析Ⅱ

相关文献定义了犹豫模糊语言偏好关系，并针对不具有可接受加性一致的犹豫模糊语言偏好关系构建了两种加性一致性调整算法（Zhu B，Xu Z S，2014）。一种是基于优化模型构建的加性一致性调整算法，另外一种是基于反馈优化算法构建的加性一致性调整算法。基于二元语义数据信

① Zhang Z M，Wu C. Hesitant Fuzzy Linguistic Aggregation Operators and Their Applications to Multiple Attribute Group Decision Making [J]. Journal of Intelligent Fuzzy Systems，2014，26（5）：2185-2202.

息，学者们构建了一种局部交互算法来调整不具有可接受加性一致性的犹豫模糊语言偏好关系的加性一致性水平（Wu Z B，Xu J P，2016）。本节针对不具有可接受加性一致性的犹豫模糊语言偏好关系，提出了一种自动迭代的加性一致性调整算法。下面通过一个具体的算例来说明本节提出的加性一致性调整算法的优点。

例 3.5　设 $S_{Example}$ 为例 3.4 中定义语言术语集。考虑如下犹豫模糊语言偏好关系：

$$A_2 = \begin{pmatrix} \{s_0\} & \{s_1\} & \{s_2, s_3\} & \{s_1\} \\ \{s_{-1}\} & \{s_0\} & \{s_{-4}, s_{-3}\} & \{s_2\} \\ \{s_{-2}, s_{-3}\} & \{s_4, s_3\} & \{s_0\} & \{s_{-3}, s_{-2}\} \\ \{s_{-1}\} & \{s_{-2}\} & \{s_3, s_2\} & \{s_0\} \end{pmatrix}$$

根据式（3-13）可得

$$CI(A_2) = \frac{1}{n(n-1)} \sum_{i,j \in P} \sum_{t=1}^{2} \frac{1}{2\tau} \left| NS\left(\overline{a}_{ij,t}^{\frac{2}{l_{\overline{a}_{ij}}}}\right) - NS\left(e_{ij,t}^{\frac{2}{l_{e_{ij}}}}\right) \right|$$

$$= \frac{2}{3} \sum_{i,j \in P} \sum_{t=1}^{2} \left| NS(\overline{a}_{ij,t}) - NS(\overline{b}_{ij,t}) \right| = 0.2083$$

取一致性的阈值 $\varepsilon = 0.1$。①显然，有 $CI(A_2) = 0.2083 > 0.1$，这说明犹豫模糊语言偏好关系 A_2 不具有可接受加性一致性。因此，需要对 A_2 进行一致性调整使其满足可接受加性一致性。取算法调整参数 $\theta = 0.8$，算法 3.2 经过 10 次迭代后终止。迭代过程的结果如表 3-3 所示。

表 3-3　A_2 的加性一致性调整过程的迭代结果

迭代次数 z	一致性指数 CI	$CI(A) \leqslant \varepsilon$
0	0.2083	否
1	0.1880	否
2	0.1697	否
3	0.1533	否
4	0.1385	否
5	0.1252	否

① Saaty T L. The Analytic Hierarchy Process［M］. New York，NY：McGraw-Hill，1980.

续表

迭代次数 z	一致性指数 CI	$CI(A) \leqslant \varepsilon$
6	0.1161	否
7	0.1098	否
8	0.1051	否
9	0.1008	否
10	0.0970	是

同时可得调整后的犹豫模糊语言偏好关系 $\hat{A}_2 = (\hat{a}_{ij})_{4\times4}$ 如下。

$$\hat{A}_2 = \begin{pmatrix} \{s_0\} & \{s_1\} & \{s_2, s_3\} & \{s_1\} \\ \{s_{-1}\} & \{s_0\} & \{s_{0.5593}, s_{0.9079}\} & \{s_2\} \\ \{s_{-2}, s_{-3}\} & \{s_{-0.5593}, s_{-0.9079}\} & \{s_0\} & \{s_{-3}, s_{-2}\} \\ \{s_{-1}\} & \{s_{-2}\} & \{s_3, s_2\} & \{s_0\} \end{pmatrix}$$

根据式（3－13）可得到调整后的犹豫模糊语言偏好关系 $\hat{A}_2 = (\hat{a}_{ij})_{4\times4}$ 的加性一致性指数 $CI(\hat{A}_2) = 0.0970 < 0.1$，这说明调整后的犹豫模糊语言偏好关系具有可接受加性一致性。此外，若取一致性的阈值 $\varepsilon = 0.1347$，则算法 3.2 经过 5 次迭代就会终止。

此外，根据算法 3.2 可知调整参数 θ 事关最终调整后的犹豫模糊语言偏好关系的加性一致性水平和算法的迭代次数。为了更好地了解调整参数 θ 与加性一致性之间的关系，我们对调整参数 θ 进行灵敏度分析，结果如图 3－2 所示。从图 3－2 可以看出，最终的加性一致性指数随着调整参数 θ 的增大而逐渐增大。在实际的决策问题中，为了尽可能地保留原始的犹豫模糊语言数据信息，我们通常会选择 $\theta > 0.5$。

同时，也得到调整参数 θ 与算法迭代次数之间的关系，如图 3－3 所示。从图 3－3 中可以看出，迭代次数随着调整参数 θ 的增大而逐渐增加。

采用朱斌等（Zhu B，Xu Z S，2014）构建的优化模型对 A_2 进行调整，得到调整后的犹豫模糊语言偏好关系 A_{auto} 如下：

$$A_{auto} = \begin{pmatrix} \{s_0\} & \{s_{1.737}, s_{1.737}\} & \{s_{1.263}, s_{1.772}\} & \{s_{1.000}, s_{1.491}\} \\ \{s_{-1.737}, s_{-1.737}\} & \{s_0\} & \{s_{-0.561}, s_{-0.052}\} & \{s_{-0.702}, s_{-0.211}\} \\ \{s_{-1.263}, s_{-1.772}\} & \{s_{0.561}, s_{0.052}\} & \{s_0\} & \{s_{-0.298}, s_{-0.280}\} \\ \{s_{-1.000}, s_{-1.491}\} & \{s_{-2}, s_{-3}\} & \{s_{0.298}, s_{0.280}\} & \{s_0\} \end{pmatrix}$$

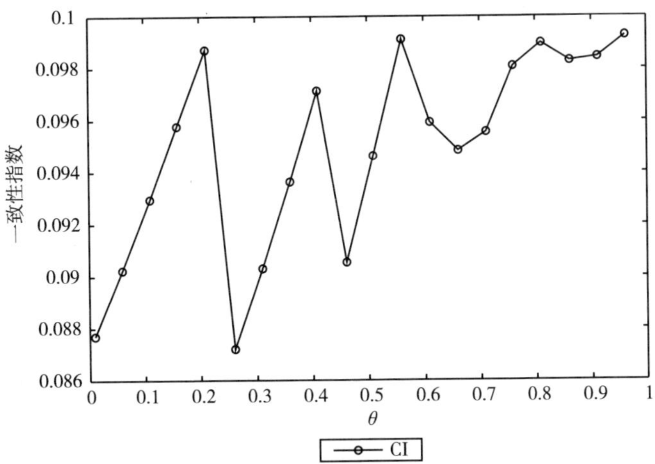

图3-2　一致性指数与调整参数 θ 之间的关系

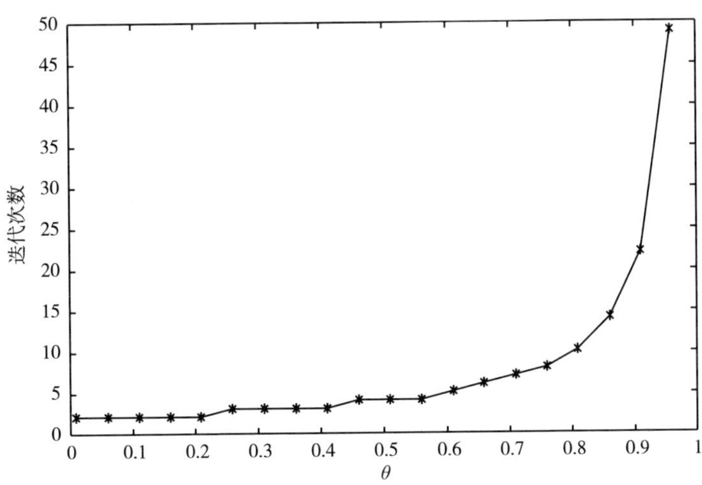

图3-3　迭代次数与调整参数 θ 之间的关系

采用朱斌、徐泽水（Zhu B，Xu Z S，2014）构建的反馈优化算法对 A_2 进行调整，可以得到调整后的犹豫模糊语言偏好关系 A_{feed} 如下：

$$A_{feed}=\begin{pmatrix} \{s_0\} & \{s_1,s_1\} & \{s_2,s_2\} & \{s_1,s_1\} \\ \{s_{-1},s_{-1}\} & \{s_0\} & \{s_{-1},s_0\} & \{s_0,s_1\} \\ \{s_2,s_2\} & \{s_1,s_0\} & \{s_0\} & \{s_{-1},s_{-1}\} \\ \{s_{-1},s_{-1}\} & \{s_0,s_{-1}\} & \{s_1,s_1\} & \{s_0\} \end{pmatrix}$$

采用吴志彬等（Wu Z B，Xu J P，2016）提出的交互优化算法，可以得到调整后的犹豫模糊语言偏好关系 A_{inter} 如下：

$$A_{inter} = \begin{pmatrix} \{s_0\} & \{s_1\} & \{s_2, s_3\} & \{s_1\} \\ \{s_{-1}\} & \{s_0\} & \{s_{-2}, s_{-1}\} & \{s_0, s_1\} \\ \{s_{-2}, s_{-3}\} & \{s_2, s_1\} & \{s_0\} & \{s_{-2}, s_{-1}\} \\ \{s_{-1}\} & \{s_0, s_{-1}\} & \{s_2, s_1\} & \{s_0\} \end{pmatrix}$$

值得注意的是，这些调整后的犹豫模糊语言偏好关系是不同的。造成这样的差异主要是因为采用优化模型，A_2 的上三角元素都得到调整；采用反馈优化模型，A_2 的上三角元素中有四个元素得到调整；采用交互优化算法，A_2 的上三角元素中有三个元素得到调整；而采用本章提出的自动迭代算法只调整了 A_2 的上三角元素中的一个元素，在这种情况下，本章提出的自动迭代算法可以更多地保留初始的犹豫模糊语言数据信息。

3.2.5 一致性调整算法对比分析

诸多研究通过一致性调整算法来处理犹豫模糊语言偏好关系的一致性。针对不同的决策问题，这些一致性调整算法能够满足各自的最终决策目的。

从相关性出发，我们概括不同的一致性调整算法的本质特征。这些一致性调整算法的调整策略主要包括自动、交互、全局和局部四个方面。接下来，我们概括出这些一致性调整算法的不同之处如下。

（1）有学者利用犹豫模糊语言数据包络将犹豫模糊语言偏好关系转换为二元语义偏好关系，然后用二元语义偏好关系的一致性来度量犹豫模糊语言偏好关系的一致性，针对不具有可接受一致性的犹豫模糊语言偏好关系，提出了一种交互式且具有局部调整策略的一致性调整算法。① 该算法给出了最大调整次数，并在每次调整中对所有决策信息进行了调整。有学者提出了一种交互式且具有局部改进策略的一致性调整算法，在该调整算法中，在每次迭代中只调整对一致性影响最大的决策信息。② 两种一致性

---

① Liu H B, Cai J F, Jiang L. On Improving the Additive Consistency of the Fuzzy Preference Relations Based on Comparative Linguistic Expressions [J]. International Journal of Intelligent Systems, 2014, 29 (6): 544－559.

② Wu Z B, Xu J P. Managing Consistency and Consensus in Group Decision Making with Hesitant Fuzzy Linguistic Preference Relations [J]. Omega, 2016, 65 (3): 28－40.

调整算法虽然给出了调整的方向和范围，但并没有给出具体的调整尺度，因此，这两种一致性调整算法会造成调整结果的不确定性和随机性。

（2）有学者提出的一致性调整算法采用了两种调整机制。① 第一种调整机制是全局的和自动的，另外一种调整机制是局部的和交互式的。由于第一种调整机制没有与决策者产生信息调整的交互机制，因此该种调整机制具有很高的调整效率。另外一种调整机制则为决策者提供了一些调整建议，并指导他们调整自己的犹豫模糊语言数据信息。然而，第一种调整机制不能够最大限度地保留决策者提供的初始的犹豫模糊语言数据信息，另外一种调整机制没有给出具体的调整尺度。

（3）对于不具有可接受加性一致性的犹豫模糊语言偏好关系，学者们构建了一种迭代优化模型来调整其加性一致性水平。② 该模型的调整机制每次迭代都会调整整个犹豫模糊语言偏好关系中的偏好信息。有学者通过将犹豫模糊语言偏好关系转化为概率语言偏好关系，提出了一种优化模型用来调整犹豫模糊语言偏好关系的一致性水平。③ 采用该模型得到的调整后的偏好关系中会出现概率语言数据，这样就会改变初始的偏好信息的数据形式。

（4）有文献研究了犹豫模糊语言偏好关系的乘性一致性，并构造了一种自动的具有全局调整策略的一致性调整算法用来调整不具有可接受的一致性的犹豫模糊语言偏好关系的一致性水平。④ 由于该算法每次调整都会调整所有偏好信息且不存在与决策者之间的交互，所以该算法一定程度上可以节省调整的时间，但也可能会导致大部分初始的犹豫模糊语言数据信息没有被保留下来。

3.3　基于整数规划的加性一致性犹豫模糊语言偏好关系决策方法

目前关于犹豫模糊语言偏好关系加性一致性调整算法得到了一定的研

---

① Zhu B, Xu Z S. Consistency Measures for Hesitant Fuzzy Linguistic Preference Relations [J]. IEEE Transactions on Fuzzy Systems, 2014, 22 (1): 35 -45.

② Feng X Q, Zhang L, Wei C P. The Consistency Measures and Priority Weights of Hesitant Fuzzy Linguistic Preference Relations [J]. Applied Soft Computing, 2018, 65: 79 -90.

③ Liu N N, He Y, Xu Z S. A New Approach to Deal with Consistency and Consensus Issues for Hesitant Fuzzy Linguistic Preference Relations [J]. Applied Soft Computing, 2019, 76: 400 -415.

④ Zhang Z M, Wu C. On The Use of Multiplicative Consistency in Hesitant Fuzzy Linguistic Preference Relations [J]. Knowledge-Based Systems, 2014, 72: 13 -27.

究。根据犹豫模糊语言数据包络，Liu 等（2014）提出了一种迭代的局部修正的一致性调整算法。朱斌和徐泽水（2014）提出了两种一致性调整算法。一种是自动的全局修正的一致性调整算法，另外一种是迭代的局部修正的一致性调整算法。吴志彬和徐玖平（2016）提出了一种迭代的局部修正的一致性调整算法。然而，这些调整算法还存在一些不足之处：（1）一致性调整算法没有明确给出调整的尺度；（2）一致性调整算法可能会导致调整后的犹豫模糊语言数据中包含虚拟语言术语。这些不足之处会使得决策问题更加复杂和难以理解。本节针对以上不足定义新的犹豫模糊语言偏好关系的加性一致性测度，并针对不具有可接受加性一致的犹豫模糊语言偏好关系构建一种新的加性一致性调整模型。基于以上工作，提出一种新的犹豫模糊语言偏好关系的决策方法，然后通过案例分析说明该方法的可行性和有效性。

3.3.1　犹豫模糊语言偏好关系加性一致性

本节基于最小公倍数扩充准则和犹豫模糊语言偏好关系自身的信息，首先，定义犹豫模糊语言偏好关系加性一致性指数。其次，针对不具有可接受加性一致性的犹豫模糊语言偏好关系，构建一个纯整数规划模型用以调整犹豫模糊语言偏好关系的加性一致性水平。

一致性事关最终决策结果的合理性。为了研究犹豫模糊语言偏好关系的加性一致性，朱斌和徐泽水（2014）基于犹豫模糊语言偏好关系构造了其对应的具有完全加性一致性的犹豫模糊语言偏好关系，通过度量二者之间的偏差给出了犹豫模糊语言偏好关系加性一致性指数的定义。但是，关于构造具有完全加性一致性的犹豫模糊语言偏好关系的方法尚存在一定的不足。以下通过例子说明该方法的不足。

例 3.6　设犹豫模糊语言偏好关系

$$A=\begin{pmatrix}\{s_0\} & \{s_1,s_2,s_3\} & \{s_{-2},s_{-1}\} & \{s_2\}\\ \{s_{-1},s_{-2},s_{-3}\} & \{s_0\} & \{s_{-2}\} & \{s_0,s_1\}\\ \{s_2,s_1\} & \{s_2\} & \{s_0\} & \{s_2,s_3\}\\ \{s_{-2}\} & \{s_0,s_{-1}\} & \{s_{-2},s_{-3}\} & \{s_0\}\end{pmatrix}$$

令 $\varsigma=1$，根据 β 标准化准则和定义 2.16 得

$$\overline{A}=\begin{pmatrix} \{s_0\} & \{s_1,s_2,s_3\} & \{s_{-2},s_{-1},s_{-1}\} & \{s_2,s_2,s_2\} \\ \{s_{-1},s_{-2},s_{-3}\} & \{s_0\} & \{s_{-2},s_{-2},s_{-2}\} & \{s_0,s_1,s_1\} \\ \{s_2,s_1,s_1\} & \{s_2,s_2,s_2\} & \{s_0\} & \{s_2,s_3,s_3\} \\ \{s_{-2},s_{-2},s_{-2}\} & \{s_0,s_{-1},s_{-1}\} & \{s_{-2},s_{-3},s_{-3}\} & \{s_0\} \end{pmatrix}$$

再根据定义 2.18 可得

$$A^c=\begin{pmatrix} \{s_0\} & \{s_1,s_{1.5},s_2\} & \{s_{-1.25},s_{-0.75},s_{-0.5}\} & \{s_{1.25},s_{2.25},s_{2.5}\} \\ \{s_{-1},s_{-1.5},s_{-2}\} & \{s_0\} & \{s_{-2.25},s_{-2.25},s_{-2.5}\} & \{s_{0.25},s_{0.75},s_{0.5}\} \\ \{s_{1.25},s_{0.75},s_{0.5}\} & \{s_{2.25},s_{2.25},s_{2.5}\} & \{s_0\} & \{s_{2.5},s_3,s_3\} \\ \{s_{-1.25},s_{-2.25},s_{-2.5}\} & \{s_{-0.25},s_{-0.75},s_{-0.5}\} & \{s_{-2.5},s_{-3},s_{-3}\} & \{s_0\} \end{pmatrix}$$

显然，$a_{24}^c=\{s_{0.25},s_{0.75},s_{0.5}\}$ 满足 $a_{24}^{c,\rho(1)}<a_{24}^{c,\rho(2)}$ 和 $a_{24}^{c,\rho(2)}>a_{24}^{c,\rho(3)}$，这与犹豫模糊语言偏好关系的定义相矛盾。因此，为了更准确地度量犹豫模糊语言偏好关系的加性一致性水平，我们定义一个新的犹豫模糊语言偏好关系的加性一致性指数。首先，基于定义 3.8、定义 3.9、定义 3.13 和定义 3.14 给出一些基本的概念。

定义 3.15　设 $H=(h_{ij})_{n\times n}$ 是一个犹豫模糊语言偏好关系。若矩阵 $\overline{H}_{Ind}=(\overline{h}_{ij})_{n\times n}$ 满足

$$\overline{h}_{ij}^{\sigma(t)}\oplus\overline{h}_{ji}^{\sigma(t)}=s_0,\overline{h}_{ii}=\{\underbrace{s_0,\cdots,s_0}_{\ell_{\overline{h}_{ij}}}\},\ell_{\overline{h}_{ij}}=\ell_{\overline{h}_{ji}} \tag{3-15}$$

和

$$h_{ij}^{\sigma(t)}\leqslant h_{ij}^{\sigma(t+1)},h_{ji}^{\sigma(t+1)}\leqslant h_{ji}^{\sigma(t)} \tag{3-16}$$

则 $\overline{H}_{Ind}$ 是 H 的个体规范化犹豫模糊语言偏好关系，其中 $\ell_{\overline{h}_{ij}}=lcm(\ell_{h_{ij}}\mid i,j=1,2,\cdots,n;i<j)$，$\overline{h}_{ji}=neg(\overline{h}_{ij})(i<j)$，$\overline{h}_{ij}^{\sigma(t)}$ 为犹豫模糊语言数据 $\overline{h}_{ij}$ 中的第 t 个语言术语。

犹豫模糊语言偏好关系加性一致性的定义如下。

定义 3.16　设 $H=(h_{ij})_{n\times n}$ 是一个犹豫模糊语言偏好关系，$\overline{H}_{Ind}=(\overline{h}_{ij})_{n\times n}$ 是 H 的个体规范化犹豫模糊语言偏好关系。若 $\overline{H}_{Ind}$ 满足

$$\overline{h}_{ik}=\overline{h}_{ij}\oplus\overline{h}_{jk}(i,j,k=1,2,\cdots,n;i\neq j\neq k) \tag{3-17}$$

则称 H 是一个具有完全加性一致性的犹豫模糊语言偏好关系。

注 3.1　一般来说，决策者对于方案的评价往往会以不同长度的犹豫

模糊语言数据作为其偏好信息。与定义 2. 16 和定义 2. 17 不同的是，定义 3. 15 和定义 3. 16 是基于最小公倍数扩充准则给出个体规范化犹豫模糊语言偏好关系和犹豫模糊语言偏好关系加性一致性的定义。

对于朱斌和徐泽水（2014）定义的犹豫模糊语言偏好关系加性一致性指数，如果构造完全加性一致性的犹豫模糊语言偏好关系的方法不同，可能会导致同一个犹豫模糊语言偏好关系具有不同的加性一致性水平。这样会造成犹豫模糊语言偏好关系加性一致性水平具有不稳定性。因此，为了构建一个稳定的犹豫模糊语言偏好关系的加性一致性指数，根据定义 3. 16，可以通过计算 $\bar{h}_{ij} \oplus \bar{h}_{jk}$ 和 $\bar{h}_{ik}$ 之间的偏差来度量犹豫模糊语言偏好关系 $H = (h_{ij})_{n \times n}$ 的加性一致性水平。

定义 3. 17 设 $H = (h_{ij})_{n \times n}$ 是一个犹豫模糊语言偏好关系，$\bar{H}_{Ind} = (\bar{h}_{ij})_{n \times n}$ 是 H 的个体规范化犹豫模糊语言偏好关系。则

$$ACI(H) = \frac{2}{n(n-1)(n-2)} \frac{1}{\ell_{\bar{h}_{ij}}} \frac{1}{\tau} \sum_{i<j<k}^{n} \sum_{t=1}^{\ell_{\bar{h}_{ij}}} |\delta_{ijk,t}| \tag{3-18}$$

为 H 的加性一致性指数。其中，$\delta_{ijk,t} = I(\bar{h}_{ij,t}) + I(\bar{h}_{jk,t}) - I(\bar{h}_{ik,t})$，$\bar{h}_{ij,t} \in S$，$\bar{h}_{ij} = \{\bar{h}_{ij,1}, \bar{h}_{ij,2}, \cdots, \bar{h}_{ij,\ell_{\bar{h}_{ij}}}\}$ 是犹豫模糊语言数据，τ 是语言术语集 S 的上界 s_τ 所对应的下标。

易知 $0 \leqslant ACI(H) \leqslant 1$，加性一致性指数 $ACI(H)$ 反映了决策者给出的决策信息的可靠性。显然，$ACI(H)$ 越小，犹豫模糊语言偏好关系 H 所包含的决策信息越可靠。

定义 3. 18 设 $H = (h_{ij})_{n \times n}$ 是一个犹豫模糊语言偏好关系。若 $ACI(H) = 0$，则称 H 是一个具有完全加性一致性的犹豫模糊语言偏好关系。

定义 3. 19 若 $ACI(H) \leqslant \overline{CI}$，则称犹豫模糊语言偏好关系 H 具有可接受加性一致性；否则，称犹豫模糊语言偏好关系 H 不具有可接受加性一致性。其中 $\overline{CI}$ 为一致性阈值。关于的一致性阈值 $\overline{CI}$ 的取值，参考表 3 - 1。

3. 3. 2 犹豫模糊语言偏好关系加性一致性调整模型

对于不具有可接受加性一致性的犹豫模糊语言偏好关系 $H = (h_{ij})_{n \times n}$，我们希望找到一个具有可接受加性一致性的犹豫模糊语言偏好关系 $\bar{H}^* = (\bar{h}_{ij}^*)_{n \times n}$ 使其与 $H = (h_{ij})_{n \times n}$ 的偏差尽可能地小。为了求解 $\bar{H}^* = (\bar{h}_{ij}^*)_{n \times n}$，我们以 $\bar{H}^*$ 与 H

之间的绝对偏差之和最小作为目标函数，同时以 $\overline{H}^*$ 具有可接受加性一致性和犹豫模糊语言偏好关系的性质作为约束条件，构建数学优化模型（M3－1）。

$$\min \frac{2}{n(n-1)} \frac{1}{\ell_{\bar{h}_{ij}}} \frac{1}{2\tau+1} \sum_{i=1}^{n} \sum_{j=i+1}^{n} \sum_{t=1}^{\ell_{\bar{h}_{ij}}} |\varepsilon_{ij,t}| \qquad (M3-1)$$

$$s.t. \begin{cases} \dfrac{2}{n(n-1)(n-2)} \dfrac{1}{\ell_{\bar{h}_{ij}}} \dfrac{1}{\tau} \sum\limits_{i<j<k} \sum\limits_{t=1}^{\ell_{\bar{h}_{ij}}} |\delta_{ij,t}| \leqslant \overline{CI} \\ \delta_{ijk,t} = I(\bar{h}_{ij,t}) + I(\bar{h}_{jk,t}) - I(\bar{h}_{ik,t}) \\ s_{-\tau} \leqslant \bar{h}^*_{ij,t} \leqslant \bar{h}^*_{ij,t+1} \leqslant S \\ i,j = 1,2,\cdots,n; i < j \end{cases}$$

其中 $\varepsilon_{ij,t} = I(\bar{h}_{ij,t}) - I(\bar{h}^*_{ij,t})$，$\ell_{\bar{h}_{ij}}$ 如定义3.15所示，$\bar{h}^*_{ij,t}$ 是决策变量，$\bar{h}_{ij,t}$ 是 H 的个体规范化犹豫模糊语言偏好关系 $\overline{H}_{\text{Ind}}$ 中的元素。

对于模型（M3－1），设

$$\varepsilon^+_{ij,t} = \begin{cases} \varepsilon_{ij,t}, \varepsilon_{ij,t} \geqslant 0 \\ 0, \varepsilon_{ij,t} < 0 \end{cases}$$

$$\varepsilon^-_{ij,t} = \begin{cases} 0, \varepsilon_{ij,t} \geqslant 0 \\ -\varepsilon_{ij,t}, \varepsilon_{ij,t} < 0 \end{cases}$$

$$\delta^+_{ijk,t} = \begin{cases} \delta_{ijk,t}, \delta_{ijk,t} \geqslant 0 \\ 0, \delta_{ijk,t} < 0 \end{cases}$$

$$\delta^-_{ijk,t} = \begin{cases} 0, \delta_{ijk,t} \geqslant 0 \\ -\delta_{ijk,t}, \delta_{ijk,t} < 0 \end{cases}$$

则模型（M3－1）可以改写成模型（M3－2）。

$$\min \frac{2}{n(n-1)} \frac{1}{\ell_{\bar{h}_{ij}}} \frac{1}{2\tau+1} \sum_{i=1}^{n} \sum_{j=i+1}^{n} \sum_{t=1}^{\ell_{\bar{h}_{ij}}} (\varepsilon^+_{ij,t} + \varepsilon^-_{ij,t}) \qquad (M3-2)$$

$$s.t. \begin{cases} I(h_{ij,t} - I(\bar{h}^*_{ij,t})) - \varepsilon^+_{ij,t} + \varepsilon^-_{ij,t} = 0 \\ \dfrac{2}{n(n-1)(n-2)} \dfrac{1}{\ell_{\bar{h}_{ij}}} \dfrac{1}{\tau} \sum\limits_{i<j<k} \sum\limits_{t=1}^{\ell_{\bar{h}_{ij}}} (\delta^+_{ijk,t} + \delta^-_{ijk,t}) \leqslant \overline{CI} \\ I(\bar{h}^*_{ij,t}) + I(\bar{h}^*_{jk,t}) - I(\bar{h}^*_{ik,t}) - \delta^+_{ijk,t} + \delta^-_{ijk,t} = 0 \\ s_{-\tau} \leqslant \bar{h}^*_{ij,t} \leqslant \bar{h}^*_{ij,t+1} \leqslant S_\tau \\ i,j = 1,2,\cdots,n \\ i < j \end{cases}$$

通过求解模型（M3－1）或模型（M3－2），可以得到 $\overline{h}_{ij,t}^{*}(i,j=1,2,\cdots,n;i<j)$。根据定义 2.13，$\overline{H}^{*}=(\overline{h}_{ij}^{*})_{n\times n}$ 可通过公式（3－19）构造。

$$\overline{h}_{ij}^{*}=\begin{cases}\overline{h}_{ij}^{*},i<j\\ \{s_0\},i=j\\ neg(\overline{h}_{ij}^{*}),i>j\end{cases} \tag{3-19}$$

例 3.7　设犹豫模糊语言偏好关系

$$H=\begin{pmatrix}\{s_0\} & \{s_1\} & \{s_2,s_3\} & \{s_1\}\\ \{s_{-1}\} & \{s_0\} & \{s_{-4},s_{-3}\} & \{s_2\}\\ \{s_{-2},s_{-3}\} & \{s_4,s_3\} & \{s_0\} & \{s_{-3},s_{-2}\}\\ \{s_{-1}\} & \{s_{-2}\} & \{s_3,s_2\} & \{s_0\}\end{pmatrix}$$

根据最小公倍数扩充准则，可以求得个体规范化犹豫模糊语言偏好关系

$$\overline{H}_{Ind}=\begin{pmatrix}\{s_0\} & \{s_1,s_1\} & \{s_2,s_3\} & \{s_1,s_1\}\\ \{s_{-1},s_{-1}\} & \{s_0\} & \{s_{-4},s_{-3}\} & \{s_2,s_2\}\\ \{s_{-2},s_{-3}\} & \{s_4,s_3\} & \{s_0\} & \{s_{-3},s_{-2}\}\\ \{s_{-1},s_{-1}\} & \{s_{-2},s_{-2}\} & \{s_3,s_2\} & \{s_0\}\end{pmatrix}$$

取一致性阈值 $\overline{CI}=0.1347$. 根据式（3－18），可以求得 $ACI(H)=0.3300$，这说明犹豫模糊语言偏好关系 H 不具有可接受加性一致性。根据模型（M3－2）和式（3－19），可得具有可接受加性一致性的犹豫模糊语言偏好关系：

$$\overline{H}^{*}=\begin{pmatrix}\{s_0\} & \{s_1,s_1\} & \{s_2,s_3\} & \{s_{1.2672},s_{1,2672}\}\\ \{s_{-1},s_{-1}\} & \{s_0\} & \{s_0,s_0\} & \{s_2,s_2\}\\ \{s_{-2},s_{-3}\} & \{s_0,s_0\} & \{s_0\} & \{s_0,s_0\}\\ \{s_{-1.2672},s_{-1,2672}\} & \{s_{-2},s_{-2}\} & \{s_0,s_0\} & \{s_0\}\end{pmatrix}$$

显然，在 $\overline{H}^{*}$ 中，$s_{1.2672}$ 和 $s_{-1.2672}$ 是虚拟语言数据并且它们都不属于初始的评价语言术语集 S。因此，在实际的决策问题中，决策者很难接受 $\overline{H}^{*}$ 作为其调整后的偏好信息。为了克服这一不足，我们将模型（M3－2）进行改进，得到一个整数规划模型（M3－3）。

$$\min \frac{2}{n(n-1)} \frac{1}{\ell_{\bar{h}_{ij}}} \frac{1}{2\tau+1} \sum_{i=1}^{n} \sum_{j=i+1}^{n} \sum_{t=1}^{\ell_{\bar{h}_{ij}}} (\varepsilon_{ij,t}^{+} + \varepsilon_{ij,t}^{-}) \qquad (M3-3)$$

$$s.t. \begin{cases} I(h_{ij,t} - I(\bar{h}_{ij,t}^{*})), -\varepsilon_{ij,t}^{+} + \varepsilon_{ij,t}^{-} = 0 \\ \dfrac{2}{n(n-1)(n-2)} \dfrac{1}{\ell_{\bar{h}_{ij}}} \dfrac{1}{\tau} \sum_{i<j<k}^{n} \sum_{t=1}^{\ell_{\bar{h}_{ij}}} (\delta_{ijk,t}^{+} + \delta_{ijk,t}^{-}) \leqslant \overline{CI} \\ I(\bar{h}_{ij,t}^{*}) + I(\bar{h}_{jk,t}^{*}) - I(\bar{h}_{ik,t}^{*}) - \delta_{ijk,t}^{+} + \delta_{ijk,t}^{-} = 0 \\ s_{-\tau} \leqslant \bar{h}_{ij,t}^{*} \leqslant \bar{h}_{ij,t+1}^{*} \leqslant s_{\tau}, i < j \\ I(\bar{h}_{ij,t}^{*}) \in \{-\tau, \cdots, 0, \cdots, \tau\} \\ i,j = 1,2,\cdots,n \end{cases}$$

根据模型（M3－3）中的第4个约束条件，可知模型（M3－3）是一个纯整数规划模型。该模型可以利用 LINGO 和 MATLAB 优化软件求解。

例 3.8　设 H 是例 3.7 中定义的犹豫模糊语言偏好关系，根据模型（M3－3）和式（3－19）可得：

$$\bar{H}^{*} = \begin{pmatrix} \{s_0\} & \{s_1,s_1\} & \{s_1,s_3\} & \{s_1,s_1\} \\ \{s_{-1},s_{-1}\} & \{s_0\} & \{s_0,s_0\} & \{s_2,s_2\} \\ \{s_{-1},s_{-3}\} & \{s_0,s_0\} & \{s_0\} & \{s_0,s_0\} \\ \{s_{-1},s_{-1}\} & \{s_{-2},s_{-2}\} & \{s_0,s_0\} & \{s_0\} \end{pmatrix}$$

可知，犹豫模糊语言数据 $\bar{h}_{ij}^{*}$ 中所有的元素都不是虚拟语言术语。

3.3.3　基于犹豫模糊语言偏好关系决策方法

针对犹豫模糊语言偏好关系的决策问题，本节提出基于相似测度的专家权重确定模型，基于该权重确定模型提出一种新的犹豫模糊语言偏好关系的决策方法。

1. 基于犹豫模糊语言偏好关系的决策问题描述

在一个决策问题中，设 $X=\{x_1,x_2,\cdots,x_n\}$ 是待评估的方案集，$D=\{d_1,d_2,\cdots,d_m\}$ 是专家集，$v=(v_1,v_2,\cdots,v_m)^T$ 是决策者权重向量，其中 $v_k \geqslant 0 (k=1,2,\cdots m)$ 且 $\sum_{k=1}^{m} v_k = 1$。根据下标对称的语言数据集 $S=\{s_{-\tau},\cdots,s_0,\cdots,s_{\tau}\}$，决策者 d_k 给出其个体犹豫模糊语言偏好关系 $H^{(k)}=(h_{ij}^{(k)})_{n\times n}$，其

中 $h_{ij}^{(k)}$ 表示决策者 d_k 关于方案 x_i 对方案 x_j 的偏好程度。

对于不具有可接受加性一致性的个体犹豫模糊语言偏好关系，可以利用模型（M3－3）将其调整为具有可接受加性一致性的犹豫模糊语言偏好关系。然后，根据决策者的权重将所有的具有可接受加性一致性的个体犹豫模糊语言偏好关系集结成一个综合犹豫模糊语言偏好关系，再根据综合犹豫模糊语言偏好关系进行排序和择优。

对于犹豫模糊语言偏好关系的决策问题，对于同样两个方案不同的决策者会给出不同的偏好信息，这样会导致不同的个体犹豫模糊语言偏好关系在同一位置上会出现长度不同的犹豫模糊语言数据信息。为了更精确地集结个体犹豫模糊语言偏好关系，必须保证个体犹豫模糊语言偏好关系在同一位置上的犹豫模糊语言数据信息具有相同的长度。

定义 3.20 设决策者 $d_k(k=1,2,\cdots,m)$ 给出犹豫语言偏好关系 $H^{(k)}=(h_{ij}^{(k)})_{n\times n}$，对 $\forall i,j=1,2,\cdots n$，若矩阵 $\overline{H}_{Gro}^{(k)}=(\overline{h}_{ij}^{(k)})_{n\times n}$ 满足：

$$\ell_{\overline{h}_{ij}^{(k)}}=lcm\{\ell_{h_{11}^{(1)}},\cdots,\ell_{h_{nn}^{(1)}},\cdots,\ell_{h_{11}^{(m)}},\cdots,\ell_{h_{nn}^{(m)}}\} \tag{3-20}$$

则 $\overline{H}_{Gro}^{(k)}$ 是一个群体规范化犹豫模糊语言偏好关系。

定义 3.21 设 $\overline{H}_{Gro}^{(k)}=(\overline{h}_{ij}^{(k)})_{n\times n}$ 是个体犹豫模糊语言偏好关系 $H^{(k)}=(h_{ij}^{(k)})_{n\times n}$ 的群体规范化犹豫模糊语言偏好关系。若矩阵 $\overline{H}^{s}=(\overline{h}_{ij}^{s})_{n\times n}$ 满足：

$$\overline{h}_{ij}^{s}=v_1\,\overline{h}_{ij}^{(1)}\oplus v_2\,\overline{h}_{ij}^{(2)}\oplus\cdots\oplus v_m\,\overline{h}_{ij}^{(m)} \tag{3-21}$$

则 $\overline{H}^{s}$ 是群体综合矩阵。

定理 3.8 群体综合矩阵 $\overline{H}^{s}=(\overline{h}_{ij}^{s})_{n\times n}$ 满足下面的性质：

（1）$\overline{H}^{s}=(\overline{h}_{ij}^{s})_{n\times n}$ 是规范化犹豫模糊语言偏好关系；

（2）对于 $k=1,2,\cdots m$，如果 $\overline{H}_{Gro}^{(k)}=(\overline{h}_{ij}^{(k)})_{n\times n}$ 具有完全加性一致性，则 $\overline{H}^{s}=(\overline{h}_{ij}^{s})_{n\times n}$ 也具有完全加性一致性。

证明：（1）根据定义 3.20，可得：

$$\ell_{\overline{h}_{ij}^{(s)}}=\ell_{\overline{h}_{ij}^{(1)}}=\cdots=\ell_{\overline{h}_{ij}^{(k)}}=\cdots=\ell_{\overline{h}_{ij}^{(m)}}$$

对于 $i\neq j$，$t=\{1,2,\cdots\ell_{\overline{h}_{ij}^{s}}\}$，根据定义 3.21 得

$$\overline{h}_{ij,t}^{s}=v_1\,\overline{h}_{ij,t}^{(1)}\oplus v_2\,\overline{h}_{ij,t}^{(2)}\oplus\cdots\oplus v_m\,\overline{h}_{ij,t}^{(m)}$$

和

$$\bar{h}_{ji,t}^{s} = v_1 \bar{h}_{ji,t}^{(1)} \oplus v_2 \bar{h}_{ji,t}^{(2)} \oplus \cdots \oplus v_m \bar{h}_{ji,t}^{(m)}$$

因此，对于 $i \neq j$，有

$$\bar{h}_{ij,t}^{s} \oplus \bar{h}_{ji,t}^{s} = v_1(\bar{h}_{ij,t}^{(1)} \oplus \bar{h}_{ji,t}^{(1)}) \oplus v_2(\bar{h}_{ij,t}^{(2)} \oplus \bar{h}_{ji,t}^{(2)}) \oplus \cdots \oplus v_m(\bar{h}_{ij,t}^{(m)} \oplus \bar{h}_{ji,t}^{(m)})$$

对于 $k = 1,2,\cdots m$，有 $\bar{h}_{ij,t}^{(k)} \oplus \bar{h}_{ji,t}^{(k)} = s_0$。因此，可得 $\bar{h}_{ij,t}^{s} \oplus \bar{h}_{ji,t}^{s} = s_0$，同时，对于 $\forall i,j = 1,2,\cdots n$，$\bar{h}_{ij}^{s}$ 满足

$$\bar{h}_{ij}^{s,\sigma(l)} \leqslant \bar{h}_{ij}^{s,\sigma(l+1)},\ \bar{h}_{ji}^{s,\sigma(l+1)} \leqslant \bar{h}_{ji}^{s,\sigma(l)},\ \ell_{\bar{h}_{ij}^{s}} = \ell_{\bar{h}_{ji}^{s}}$$

对于 $i = j$，$\bar{h}_{ii}^{s} = \{s_0\}$，$\bar{H}^{s} = (\bar{h}_{ij}^{s})_{n\times n}$ 是规范化犹豫模糊语言偏好关系。

（2）根据定义 3.21，可知

$$\bar{h}_{ij,t}^{s} \oplus \bar{h}_{jk,t}^{s} = v_1(\bar{h}_{ij,t}^{(1)} \oplus \bar{h}_{jk,t}^{(1)}) \oplus v_2(\bar{h}_{ij,t}^{(2)} \oplus \bar{h}_{jk,t}^{(2)}) \oplus \cdots \oplus v_m(\bar{h}_{ij,t}^{(m)} \oplus \bar{h}_{jk,t}^{(m)})$$

已知 $\bar{H}_{Gro}^{(k)} = (\bar{h}_{ij}^{(k)})_{n\times n}$ 具有完全加性一致性，可得

$$\bar{h}_{ij,t}^{(k)} \oplus \bar{h}_{jk,t}^{(k)} = \bar{h}_{ik,t}^{(k)},\ k = 1,2,\cdots m$$

因此，$\bar{h}_{ij,t}^{s} \oplus \bar{h}_{jk,t}^{s} = v_1\bar{h}_{ik,t}^{(1)} \oplus v_2\bar{h}_{ik,t}^{(2)} \oplus \cdots \oplus v_m\bar{h}_{ik,t}^{(m)} = \bar{h}_{ik,t}^{s}$。根据定义 3.16，群体综合矩阵 $\bar{H}^{s} = (\bar{h}_{ij}^{s})_{n\times n}$ 具有完全加性一致性。

定理 3.8 保证了群体决策问题中个体犹豫模糊语言偏好关系到综合犹豫模糊语言偏好关系的一致性。

基于以上分析可知，决策者权重是求解综合犹豫模糊语言偏好关系的关键。因此，下面我们将给出一种求解决策者权重的方法。

2. 基于相似测度的权重确定方法

设 $H^{(l)} = (h_{ij}^{(l)})_{n\times n}$ 和 $H^{(p)} = (h_{ij}^{(p)})_{n\times n}$ 是决策者 d_l 和 d_p 给出的犹豫模糊语言偏好关系，$\bar{H}_{\mathrm{Gro}}^{(l)}$ 和 $\bar{H}_{\mathrm{Gro}}^{(p)}$ 是对应的群体规范化犹豫模糊语言偏好关系。则 d_l 和 d_p 之间的相似测度可以定义为：

$$S_{lp} = 1 - \frac{2}{n(n-1)} \frac{1}{\ell_{\bar{h}_{ij,t}^{(l)}}} \frac{1}{2\tau+1} \sum_{i=1}^{n} \sum_{j=i+1}^{n} \sum_{t=1}^{\ell_{\bar{h}_{ij,t}^{(l)}}} \left| \bar{h}_{ij,t}^{(l)} - \bar{h}_{ij,t}^{(p)} \right| \qquad (3-22)$$

其中，$\bar{h}_{ij,t}^{(l)} = \{\bar{h}_{ij,1}^{(l)},\cdots,\bar{h}_{ij,\ell_{\bar{h}_{ij,t}^{(l)}}}^{(l)}\}$ 和 $\bar{h}_{ij,t}^{(p)} = \{\bar{h}_{ij,1}^{(p)},\cdots,\bar{h}_{ij,\ell_{\bar{h}_{ij,t}^{(p)}}}^{(p)}\}$ 分别表示 $\bar{H}_{\mathrm{Gro}}^{(l)}$ 和 $\bar{H}_{\mathrm{Gro}}^{(p)}$ 中的偏好信息，$\ell_{\bar{h}_{ij,t}^{(l)}}$ 如定义 3.20 所示。

S_{lp} 的值越大，则决策者 d_l 和 d_p 之间的相似度就越高。如果两个决策者给出完全相同的偏好信息，那么他们之间的相似测度为 1。根据式

(3－22)，可得如下定理。

定理 3.9 设决策者 d_l 和 d_p 给出的犹豫模糊语言偏好关系分别为 $H^{(l)} = (h_{ij}^{(l)})_{n\times n}$ 和 $H^{(p)} = (h_{ij}^{(p)})_{n\times n}$，则有

(1) $0 \leqslant S_{lp} \leqslant 1$；

(2) $S_{lp} = S_{pl}$；

(3) $S_{ll} = 1$。

根据该相似测度，我们给出关于决策者 d_l 的信任度 CS_l 的定义如下：

$$CS_l = \sum_{q=1,q\neq l}^{m} S_{lq} \tag{3-23}$$

信任度 CS_l 反映了其他决策者 $d_p(p \neq l)$ 对决策者 d_l 的支持度。信任度 CS_l 越高，其他决策者 $d_p(p \neq l)$ 对决策者 d_l 的支持度就越大。因此，若决策者的信任度越高，则该决策者就应该被赋予较大的权重；否则，决策者应该被赋予较小的权重。基于以上分析，决策者的权重可以定义为

$$v_l = \frac{CS_l}{\sum_{l=1}^{m} CS_l}, l = 1,2,\cdots,m \tag{3-24}$$

3. 新的犹豫模糊语言偏好关系决策方法

考虑一个决策问题，则新的犹豫模糊语言偏好关系决策方法如下。

步骤 1 根据定义 3.15 计算 $H^{(k)} = (h_{ij}^{(k)})_{n\times n}$ 的个体规范化犹豫模糊语言偏好关系 $\overline{H}_{\text{Ind}}^{(k)}$。

步骤 2 根据式（3－18）计算个体犹豫模糊语言偏好关系 $H^{(k)}(k = 1,2,\cdots,m)$ 的加性一致性 $ACI(H^{(k)})$。若 $ACI(H^{(k)}) \leqslant \overline{CI}$，则 $H^{(k)}$ 具有可接受加性一致性；否则，$H^{(k)}$ 不具有可接受加性一致性。记 DS 为给出不具有可接受加性一致性的犹豫模糊语言偏好关系的决策者构成的集合。若所有的个体犹豫模糊语言偏好关系 $H^{(k)}(k = 1,2,\cdots,m)$ 都具有可接受加性一致性，转步骤 4；否则，进入步骤 3。

步骤 3 利用模型（M3－3）和式（3－19），可得调整后的个体犹豫模糊语言偏好关系 $\overline{H}^{*(k')}(k' \in DS)$，同时令 $\overline{H}^{(k'')} = \overline{H}^{*(k'')}(k'' \notin DS)$。

步骤 4 利用定义 3.21 求解个体犹豫模糊语言偏好关系 $\overline{H}^{*(k)}(k = 1,2,\cdots,m)$ 的群体规范化犹豫模糊语言偏好关系 $\overline{H}_{Gro}^{(k)}$。

步骤 5 利用式（3－22）计算决策者 d_l 和 d_p 的相似测度 S_{lp}。

步骤 6　利用式（3－23）计算决策者 d_l 的信任度 CS_l。

步骤 7　利用式（3－24）求解决策者权重 $v_l(l=1,2,\cdots,m)$。

步骤 8　利用式（3－21）求解综合犹豫模糊语言偏好关系 $\bar{H}^s=(\bar{h}_{ij}^s)_{n\times n}$。

步骤 9　利用犹豫模糊语言数据平均算子（Zhang Z M，Wu C，2014）求解 $\bar{H}^s=(\bar{h}_{ij}^s)_{n\times n}$ 的偏好度

$$\hat{h}_i = HFLA(\bar{h}_{i1}^s,\bar{h}_{i2}^s,\cdots,\bar{h}_{in}^s) = \frac{1}{n}\bigoplus_{j=1}^{n}(\bar{h}_{ij}^s)$$

步骤 10　利用式（3－5）和式（3－6）计算 $E(\hat{h}_i)$ 和 $Var(\hat{h}_i)$。

步骤 11　根据定义 3.6 对方案 $x_i(i=1,2,\cdots,n)$ 进行排序。

图 3－4 给出了基于犹豫模糊语言偏好关系决策方法框架。

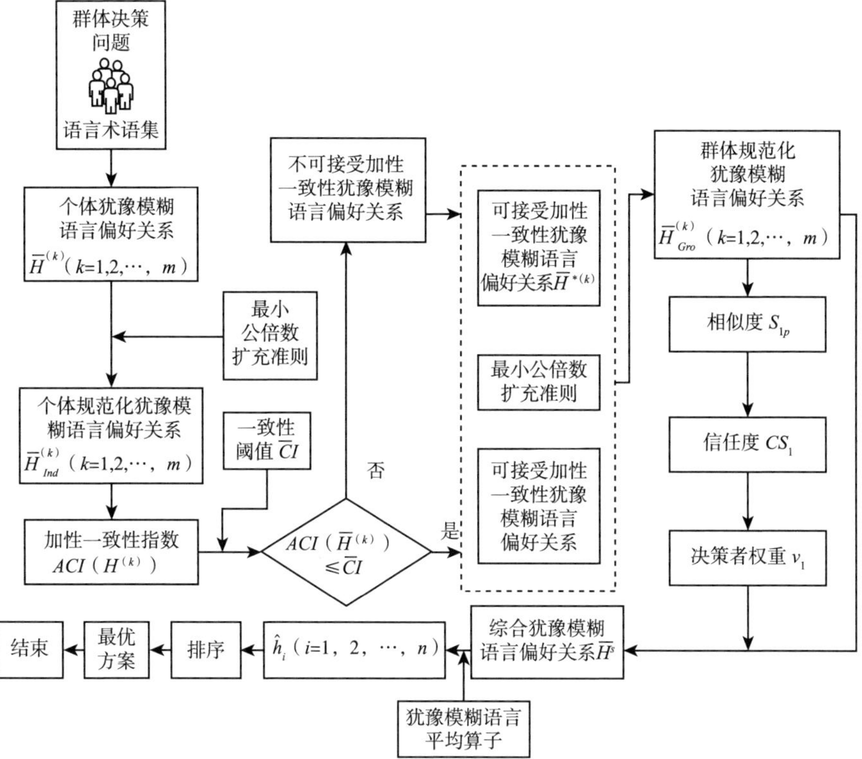

图 3－4　基于犹豫模糊语言偏好关系的决策框架

注：该决策方法可以用来处理基于犹豫模糊语言偏好关系的群体决策问题。如果决策问题中只包含单一决策者，则步骤 4 至步骤 8 在求解过程中可以省略。该决策方法不仅可以用于解决基于犹豫模糊语言偏好关系的群体决策问题，而且还可以用于解决基于单一犹豫模糊语言偏好关系的决策问题。

3.3.4 算例分析

本节考虑两种基于犹豫模糊语言偏好关系的决策问题。一种是单个决策者参与的犹豫模糊语言偏好关系的决策问题，另一种是多个决策者参与的投资选择群体决策问题。

1. 基于单个犹豫模糊语言偏好关系决策问题

该问题来源于文献（Zhang Z M，Wu C，2014）。假设一个决策问题有四个备选方案 x_1，x_2，x_3，x_4，为了评估这 4 个备选方案，基于下标非对称的语言术语集 $\bar{S}=\{s_0,s_1,s_2,s_3,s_4,s_5,s_6,s_7,s_8\}$，某决策者通过对 4 个备选方案进行两两比较，给出了自己的偏好信息如下：

$$B=\begin{pmatrix}\{s_4\} & \{s_2,s_3,s_4\} & \{s_5,s_6\} & \{s_4\}\\ \{s_6,s_5,s_4\} & \{s_4\} & \{s_1,s_2,s_3\} & \{s_6,s_7\}\\ \{s_3,s_2\} & \{s_7,s_6,s_5\} & \{s_4\} & \{s_4,s_5\}\\ \{s_4\} & \{s_2,s_1\} & \{s_4,s_3\} & \{s_4\}\end{pmatrix}$$

根据对称语言术语集 $S=\{s_{-4},s_{-3},s_{-2},s_{-1},s_0,s_1,s_2,s_3,s_4\}$，偏好信息 B 可以转化为犹豫模糊语言偏好关系 $H=(h_{ij})_{4\times4}$：

$$H=\begin{pmatrix}\{s_0\} & \{s_{-2},s_{-1},s_0\} & \{s_1,s_2\} & \{s_0\}\\ \{s_2,s_1,s_0\} & \{s_0\} & \{s_{-3},s_{-2},s_{-1}\} & \{s_2,s_3\}\\ \{s_{-1},s_{-2}\} & \{s_3,s_2,s_1\} & \{s_0\} & \{s_0,s_1\}\\ \{s_0\} & \{s_{-2},s_{-3}\} & \{s_0,s_{-1}\} & \{s_0\}\end{pmatrix}$$

利用 3.4.3 中给出的针对群体决策问题的决策方法求解上述单个犹豫模糊语言偏好关系的决策问题，求解过程如下所示：

步骤 1 根据定义 3.15，个体规范化犹豫模糊语言偏好关系 $\bar{H}_{\mathrm{Ind}}$ 如下：

$$\bar{H}_{\mathrm{Ind}}=\left(\begin{matrix}\{s_0,s_0,s_0,s_0,s_0,s_0\} & \{s_{-2},s_{-2},s_{-1},s_{-1},s_0,s_0\}\\ \{s_2,s_2,s_1,s_1,s_0,s_0\} & \{s_0,s_0,s_0,s_0,s_0,s_0\}\\ \{s_{-1},s_{-1},s_{-1},s_{-2},s_{-2},s_{-2}\} & \{s_3,s_3,s_2,s_2,s_1,s_1\}\\ \{s_0,s_0,s_0,s_0,s_0,s_0\} & \{s_{-2},s_{-2},s_{-2},s_{-3},s_{-3},s_{-3}\}\end{matrix}\right.$$

$$
\begin{matrix}
\{s_1, s_1, s_1, s_2, s_2, s_2,\} & \{s_0, s_0, s_0, s_0, s_0, s_0\} \\
\{s_{-3}, s_{-3}, s_{-2}, s_{-2}, s_{-1}, s_{-1}\} & \{s_2, s_2, s_2, s_3, s_3, s_3\} \\
\{s_0, s_0, s_0, s_0, s_0, s_0\} & \{s_0, s_0, s_0, s_1, s_1, s_1\} \\
\{s_0, s_0, s_0, s_{-1}, s_{-1}, s_{-1}\} & \{s_0, s_0, s_0, s_0, s_0, s_0\}
\end{matrix}\right)
$$

步骤2　根据式（3.18）求得犹豫模糊语言偏好关系 $H = (h_{ij})_{4\times4}$ 的加性一致性指数为 $ACI(H) = 0.25$。取加性一致性阈值 $\overline{CI} = 0.1347$，则 $H = (h_{ij})_{4\times4}$ 不具有可接受加性一致性，因此，需要对 $H = (h_{ij})_{4\times4}$ 进行加性一致性调整。

步骤3　利用模型（M3－3）和式（3－19）对 $H = (h_{ij})_{4\times4}$ 进行调整，得到调整后的具有可接受加性一致性的犹豫模糊语言偏好关系 $\overline{H}^*$ 如下：

$$
\overline{H}^* = \begin{pmatrix}
\{s_0, s_0, s_0, s_0, s_0, s_0\} & \{s_0, s_0, s_0, s_0, s_0, s_0\} & \{s_0, s_0, s_1, s_1, s_1, s_1,\} & \{s_0, s_0, s_0, s_0, s_0, s_0\} \\
\{s_0, s_0, s_0, s_0, s_0, s_0\} & \{s_0, s_0, s_0, s_0, s_0, s_0\} & \{s_0, s_0, s_0, s_0, s_0, s_0\} & \{s_2, s_2, s_2, s_3, s_3, s_3\} \\
\{s_0, s_0, s_{-1}, s_{-1}, s_{-1}, s_{-1}\} & \{s_0, s_0, s_0, s_0, s_0, s_0\} & \{s_0, s_0, s_0, s_0, s_0, s_0\} & \{s_0, s_0, s_0, s_1, s_1, s_1\} \\
\{s_0, s_0, s_0, s_0, s_0, s_0\} & \{s_{-2}, s_{-2}, s_{-2}, s_{-3}, s_{-3}, s_{-3}\} & \{s_0, s_0, s_0, s_{-1}, s_{-1}, s_{-1}\} & \{s_0, s_0, s_0, s_0, s_0, s_0\}
\end{pmatrix}
$$

步骤4　利用犹豫模糊语言数据平均算子求解 $\overline{H}^*$ 的偏好度 $\hat{h}_i(i = 1, 2,3,4)$ 如下：

$$\hat{h}_1 = \{s_0, s_0, s_{0.25}, s_{0.25}, s_{0.25}, s_{0.25}\}$$

$$\hat{h}_2 = \{s_{0.5}, s_{0.5}, s_{0.5}, s_{0.75}, s_{0.75}, s_{0.75}\}$$

$$\hat{h}_3 = \{s_{0.75}, s_{0.75}, s_{0.25}, s_{0.5}, s_{0.25}, s_{0.25}\}$$

$$\hat{h}_4 = \{s_{-0.5}, s_{-0.5}, s_{-0.5}, s_{-1}, s_{-1}, s_{-1}\}$$

步骤5　利用式（3－5）求得偏好度 $\hat{h}_i(i = 1,2,3,4)$ 的均值 $E(\hat{h}_i)$ 分别为：

$$E(\hat{h}_1) = s_{0.1667}$$

$$E(\hat{h}_2) = s_{0.6250}$$

$$E(\hat{h}_3) = s_{0.4583}$$

$$E(\hat{h}_4) = s_{-0.7500}$$

步骤 6　根据步骤 10 得到的结果，四个方案的排序结果为：

$$x_2 > x_3 > x_1 > x_4$$

这里“>”表示“优于”。

利用相关文献中提出的决策方法，可以得到四个方案的排序结果为 $x_1 > x_2 > x_4 > x_3$，这与本章计算得到的结果不同。① 此外，利用类似的决策方法，可以得到四个方案的排序结果为 $x_2 > x_3 > x_1 > x_4$，②这与本章计算得到的结果是相同的。这说明本章提出的决策方法是有效的。相关文献提出了一系列的犹豫模糊语言集成算子并将这些信息集成算子应用到犹豫模糊语言数据的决策问题中，[117]但是他们没有讨论犹豫模糊语言偏好关系的一致性。而本章提出的决策方法不仅定义了犹豫模糊语言偏好关系的加性一致性，且针对不具有加性一致性的犹豫模糊语言偏好关系，还构建了纯整数规划模型用于提高犹豫模糊语言偏好关系的加性一致性。

2. 基于犹豫模糊语言偏好关系的群体决策问题

考虑一个投资选择问题。假设有一个投资公司计划投资一笔钱到某个行业。假设有四个不同的候选行业：x_1——汽车行业；x_2——食品行业；x_3——计算机行业；x_4——武器制造行业。

根据该投资公司股东的要求，有四个决策者 $D = \{d_1, d_2, d_3, d_4\}$ 他们分别来自四个不同的部门：d_1 来自风险评估部门；d_2 来自财务部门；d_3 来自政策法规部门；d_4 来自环保部门。根据如下语言术语集：

$$S = \{s_{-4}, s_{-3}, s_{-2}, s_{-1}, s_0, s_1, s_2, s_3, s_4\}$$

其中，s_{-4} 表示极差；s_{-3} 表示很差；s_{-2} 表示差；s_{-1} 表示有点差；s_0 表示无差

---

① Zhang Z M, Wu C. On The Use of Multiplicative Consistency in Hesitant Fuzzy Linguistic Preference Relations [J]. Knowledge-Based Systems, 2014, 72: 13-27.

② Zhang Z M, Wu C. Hesitant Fuzzy Linguistic Aggregation Operators and Their Applications to Multiple Attribute Group Decision Making [J]. Journal of Intelligent Fuzzy Systems, 2014, 26 (5): 2185-2202.

别；s_1 表示好；s_2 表示有点好；s_3 表示很好；s_4 表示极好。

每个决策者给出他们的由于模糊语言偏好关系 $H^{(k)} = (h_{ij}^{(k)})_{4\times4}(k = 1,2,3,4)$，如下所示：

$$H^{(1)} = \begin{pmatrix} \{s_0\} & \{s_0,s_1\} & \{s_1,s_2\} & \{s_2,s_3\} \\ \{s_0,s_{-1}\} & \{s_0\} & \{s_0,s_1\} & \{s_1\} \\ \{s_{-1},s_{-2}\} & \{s_0,s_{-1}\} & \{s_0\} & \{s_0,s_1\} \\ \{s_{-2},s_{-3}\} & \{s_{-1}\} & \{s_0,s_{-1}\} & \{s_0\} \end{pmatrix}$$

$$H^{(2)} = \begin{pmatrix} \{s_0\} & \{s_1,s_2,s_3\} & \{s_{-2},s_{-1}\} & \{s_2\} \\ \{s_{-1},s_{-2},s_{-3}\} & \{s_0\} & \{s_{-2}\} & \{s_0,s_1\} \\ \{s_2,s_1\} & \{s_2\} & \{s_0\} & \{s_2,s_3\} \\ \{s_{-2}\} & \{s_0,s_{-1}\} & \{s_{-2},s_{-3}\} & \{s_0\} \end{pmatrix}$$

$$H^{(3)} = \begin{pmatrix} \{s_0\} & \{s_1\} & \{s_2,s_3\} & \{s_2,s_3\} \\ \{s_{-1}\} & \{s_0\} & \{s_0,s_1\} & \{s_1,s_2\} \\ \{s_{-2},s_{-3}\} & \{s_0,s_{-1}\} & \{s_0\} & \{s_1\} \\ \{s_{-2},s_{-3}\} & \{s_{-1},s_{-2}\} & \{s_{-1}\} & \{s_0\} \end{pmatrix}$$

$$H^{(4)} = \begin{pmatrix} \{s_0\} & \{s_0,s_1\} & \{s_{-1},s_0\} & \{s_{-3},s_{-2}\} \\ \{s_0,s_{-1}\} & \{s_0\} & \{s_{-3},s_{-2}\} & \{s_{-4},s_{-3}\} \\ \{s_1,s_0\} & \{s_3,s_2\} & \{s_0\} & \{s_{-1},s_0\} \\ \{s_3,s_2\} & \{s_4,s_3\} & \{s_1,s_0\} & \{s_0\} \end{pmatrix}$$

步骤 1　根据定义 3.15，得到个体规范化犹豫模糊语言偏好关系 $\overline{H}_{\text{Ind}}^{(k)}$：

$$\overline{H}_{\text{Ind}}^{(1)} = \begin{pmatrix} \{s_0,s_0\} & \{s_0,s_1\} & \{s_1,s_2\} & \{s_2,s_3\} \\ \{s_0,s_{-1}\} & \{s_0,s_0\} & \{s_0,s_1\} & \{s_1,s_1\} \\ \{s_{-1},s_{-2}\} & \{s_0,s_{-1}\} & \{s_0,s_0\} & \{s_0,s_1\} \\ \{s_{-2},s_{-3}\} & \{s_{-1},s_{-1}\} & \{s_0,s_{-1}\} & \{s_0,s_0\} \end{pmatrix}$$

$$\overline{H}_{\text{Ind}}^{(2)} = \begin{pmatrix} \{s_0,s_0,s_0,s_0,s_0,s_0\} & \{s_1,s_1,s_2,s_2,s_3,s_3\} \\ \{s_{-1},s_{-1},s_{-2},s_{-2},s_{-3},s_{-3}\} & \{s_0,s_0,s_0,s_0,s_0,s_0\} \\ \{s_2,s_2,s_2,s_1,s_1,s_1\} & \{s_2,s_2,s_2,s_2,s_2,s_2\} \\ \{s_{-2},s_{-2},s_{-2},s_{-2},s_{-2},s_{-2}\} & \{s_0,s_0,s_0,s_{-1},s_{-1},s_{-1}\} \end{pmatrix}$$

$$
\begin{array}{cc}
\{s_{-2},s_{-2},s_{-2},s_{-1},s_{-1},s_{-1}\} & \{s_{2},s_{2},s_{2},s_{2},s_{2},s_{2}\} \\
\{s_{-2},s_{-2},s_{-2},s_{-2},s_{-2},s_{-2}\} & \{s_{0},s_{0},s_{0},s_{1},s_{1},s_{1}\} \\
\{s_{0},s_{0},s_{0},s_{0},s_{0},s_{0}\} & \{s_{0},s_{0},s_{0},s_{1},s_{1},s_{1}\} \\
\{s_{-2},s_{-2},s_{-2},s_{-3},s_{-3},s_{-3}\} & \{s_{0},s_{0},s_{0},s_{0},s_{0},s_{0}\}
\end{array}\right)
$$

$$
\overline{H}_{\text{Ind}}^{(3)} = \begin{pmatrix}
\{s_0,s_0\} & \{s_1,s_1\} & \{s_2,s_3\} & \{s_2,s_3\} \\
\{s_{-1},s_{-1}\} & \{s_0,s_0\} & \{s_0,s_1\} & \{s_1,s_2\} \\
\{s_{-2},s_{-3}\} & \{s_0,s_{-1}\} & \{s_0,s_0\} & \{s_1,s_1\} \\
\{s_{-2},s_{-3}\} & \{s_{-1},s_{-2}\} & \{s_{-1},s_{-1}\} & \{s_0,s_0\}
\end{pmatrix}
$$

$$
\overline{H}_{\text{Ind}}^{(4)} = \begin{pmatrix}
\{s_0,s_0\} & \{s_0,s_1\} & \{s_{-1},s_0\} & \{s_{-3},s_{-2}\} \\
\{s_0,s_{-1}\} & \{s_0,s_0\} & \{s_{-3},s_{-2}\} & \{s_{-4},s_{-3}\} \\
\{s_1,s_0\} & \{s_3,s_2\} & \{s_0,s_0\} & \{s_{-1},s_0\} \\
\{s_3,s_2\} & \{s_4,s_3\} & \{s_1,s_0\} & \{s_0,s_0\}
\end{pmatrix}
$$

步骤 2　根据式（3－18），求得个体犹豫模糊语言偏好关系的加性一致性指数 $ACI(H^{(l)})(l=1,2,3,4)$ 为：

$$
\begin{aligned}
ACI(H^{(1)}) &= 0.0625 \\
ACI(H^{(2)}) &= 0.0764 \\
ACI(H^{(3)}) &= 0.0417 \\
ACI(H^{(4)}) &= 0.0833
\end{aligned}
$$

取 $\overline{CI}=0.1347$，对于 $k=1,2,3,4$，有 $ACI(H^{(k)})\leqslant\overline{CI}$。可知，四个决策者给出的犹豫模糊语言偏好关系都满足可接受加性一致性。因此，决策过程转至步骤 3。

步骤 3　根据定义 3.20，可以求得群体规范化犹豫模糊语言偏好关系 $\overline{H}_{\text{Gro}}^{(k)}$：

$$
H_{\text{Gro}}^{(1)} = \left(\begin{array}{cc}
\{s_{0},s_{0},s_{0},s_{0},s_{0},s_{0}\} & \{s_{0},s_{0},s_{0},s_{1},s_{1},s_{1}\} \\
\{s_{0},s_{0},s_{0},s_{-1},s_{-1},s_{-1}\} & \{s_{0},s_{0},s_{0},s_{0},s_{0},s_{0}\} \\
\{s_{-1},s_{-1},s_{-1},s_{-2},s_{-2},s_{-2}\} & \{s_{0},s_{0},s_{0},s_{-1},s_{-1},s_{-1}\} \\
\{s_{-2},s_{-2},s_{-2},s_{-3},s_{-3},s_{-3}\} & \{s_{-1},s_{-1},s_{-1},s_{-1},s_{-1},s_{-1}\}
\end{array}\right.
$$

$$
\left.\begin{matrix}
\{s_1,s_1,s_1,s_2,s_2,s_2\} & \{s_2,s_2,s_2,s_3,s_3,s_3\} \\
\{s_0,s_0,s_0,s_1,s_1,s_1\} & \{s_1,s_1,s_1,s_1,s_1,s_1\} \\
\{s_0,s_0,s_0,s_0,s_0,s_0\} & \{s_0,s_0,s_0,s_1,s_1,s_1\} \\
\{s_0,s_0,s_0,s_{-1},s_{-1},s_{-1}\} & \{s_0,s_0,s_0,s_0,s_0,s_0\}
\end{matrix}\right)
$$

$$
H_{\text{Gro}}^{(2)} = \left(\begin{matrix}
\{s_0,s_0,s_0,s_0,s_0,s_0\} & \{s_1,s_1,s_2,s_2,s_3,s_3\} \\
\{s_{-1},s_{-1},s_{-2},s_{-2},s_{-3},s_{-3}\} & \{s_0,s_0,s_0,s_0,s_0,s_0\} \\
\{s_2,s_2,s_2,s_1,s_1,s_1\} & \{s_2,s_2,s_2,s_2,s_2,s_2\} \\
\{s_{-2},s_{-2},s_{-2},s_{-2},s_{-2},s_{-2}\} & \{s_0,s_0,s_0,s_{-1},s_{-1},s_{-1}\}
\end{matrix}\right.
$$

$$
\left.\begin{matrix}
\{s_{-2},s_{-2},s_{-2},s_{-1},s_{-1},s_{-1}\} & \{s_2,s_2,s_2,s_2,s_2,s_2\} \\
\{s_{-2},s_{-2},s_{-2},s_{-2},s_{-2},s_{-2}\} & \{s_0,s_0,s_0,s_1,s_1,s_1\} \\
\{s_0,s_0,s_0,s_0,s_0,s_0\} & \{s_2,s_2,s_2,s_3,s_3,s_3\} \\
\{s_{-2},s_{-2},s_{-2},s_{-3},s_{-3},s_{-3}\} & \{s_0,s_0,s_0,s_0,s_0,s_0\}
\end{matrix}\right)
$$

$$
H_{\text{Gro}}^{(3)} = \left(\begin{matrix}
\{s_0,s_0,s_0,s_0,s_0,s_0\} & \{s_1,s_1,s_1,s_1,s_1,s_1\} \\
\{s_{-1},s_{-1},s_{-1},s_{-1},s_{-1},s_{-1}\} & \{s_0,s_0,s_0,s_0,s_0,s_0\} \\
\{s_{-2},s_{-2},s_{-2},s_{-3},s_{-3},s_{-3}\} & \{s_0,s_0,s_0,s_{-1},s_{-1},s_{-1}\} \\
\{s_{-2},s_{-2},s_{-2},s_{-3},s_{-3},s_{-3}\} & \{s_{-1},s_{-1},s_{-1},s_{-2},s_{-2},s_{-2}\}
\end{matrix}\right.
$$

$$
\left.\begin{matrix}
\{s_2,s_2,s_2,s_3,s_3,s_3\} & \{s_2,s_2,s_2,s_3,s_3,s_3\} \\
\{s_0,s_0,s_0,s_1,s_1,s_1\} & \{s_1,s_1,s_1,s_2,s_2,s_2\} \\
\{s_0,s_0,s_0,s_0,s_0,s_0\} & \{s_1,s_1,s_1,s_1,s_1,s_1\} \\
\{s_{-1},s_{-1},s_{-1},s_{-1},s_{-1},s_{-1}\} & \{s_0,s_0,s_0,s_0,s_0,s_0\}
\end{matrix}\right)
$$

$$
H_{\text{Gro}}^{(4)} = \left(\begin{matrix}
\{s_0,s_0,s_0,s_0,s_0,s_0\} & \{s_0,s_0,s_0,s_1,s_1,s_1\} \\
\{s_0,s_0,s_0,s_{-1},s_{-1},s_{-1}\} & \{s_0,s_0,s_0,s_0,s_0,s_0\} \\
\{s_1,s_1,s_1,s_0,s_0,s_0\} & \{s_3,s_3,s_3,s_2,s_2,s_2\} \\
\{s_3,s_3,s_3,s_2,s_2,s_2\} & \{s_4,s_4,s_4,s_3,s_3,s_3\}
\end{matrix}\right.
$$

$$
\left.\begin{matrix}
\{s_{-1},s_{-1},s_{-1},s_0,s_0,s_0\} & \{s_{-3},s_{-3},s_{-3},s_{-2},s_{-2},s_{-2}\} \\
\{s_{-3},s_{-3},s_{-3},s_{-2},s_{-2},s_{-2}\} & \{s_{-4},s_{-4},s_{-4},s_{-3},s_{-3},s_{-3}\} \\
\{s_0,s_0,s_0,s_0,s_0,s_0\} & \{s_{-1},s_{-1},s_{-1},s_0,s_0,s_0\} \\
\{s_1,s_1,s_1,s_0,s_0,s_0\} & \{s_0,s_0,s_0,s_0,s_0,s_0\}
\end{matrix}\right)
$$

步骤4　根据式（3－22）得到任意两个决策者之间的相似测度

$$S_{12} = S_{21} = 0.8148$$
$$S_{13} = S_{31} = 0.7222$$
$$S_{14} = S_{41} = 0.7130$$
$$S_{23} = S_{32} = 0.8056$$
$$S_{24} = S_{42} = 0.7315$$
$$S_{34} = S_{43} = 0.6667$$

步骤5　利用式（3－23）得到决策者 $d_l(l = 1,2,3,4)$ 的信任度 CS_l

$$CS_1 = 2.2500$$
$$CS_2 = 2.3519$$
$$CS_3 = 2.1944$$
$$CS_4 = 2.1111$$

步骤6　利用式（3－24）得到决策者权重 $v_l(l = 1,2,3,4)$ 为

$$v_1 = 0.2526$$
$$v_2 = 0.2640$$
$$v_3 = 0.2464$$
$$v_4 = 0.2370$$

步骤7　利用式（3－21）求解综合犹豫模糊语言偏好关系 $\overline{H}^s = (\overline{h}_{ij}^s)_{n\times n}$ 为

$$\overline{H}^s = \left(\begin{matrix} \{s_0,s_0,s_0,s_0,s_0,s_0\} & \begin{matrix}\{s_{0.5104},s_{0.5104},s_{0.7744},\\ s_{1.2640},s_{1.5281},s_{1.5281}\}\end{matrix} \\ \begin{matrix}\{s_{-0.5104},s_{-0.5104},s_{-0.7744},\\ s_{-1.2640},s_{-1.5281},s_{-1.5281}\}\end{matrix} & \{s_0,s_0,s_0,s_0,s_0,s_0\} \\ \begin{matrix}\{s_{0.0198},s_{0.0198},s_{0.0198},\\ s_{-0.9802},s_{-0.9802},s_{-0.9802}\}\end{matrix} & \begin{matrix}\{s_{1.2391},s_{1.2391},s_{1.2391},\\ s_{0.5031},s_{0.5031},s_{0.5031}\}\end{matrix} \\ \begin{matrix}\{s_{-0.8150},s_{-0.8150},s_{-0.8150},\\ s_{-1.5509},s_{-1.5509},s_{-1.5509}\}\end{matrix} & \begin{matrix}\{s_{0.4491},s_{0.4491},s_{0.4491},\\ s_{-0.2983},s_{-0.2983},s_{-0.2983}\}\end{matrix} \end{matrix}\right.$$

$$
\left.\begin{matrix}
\{s_{-0.0198},s_{-0.0198},s_{-0.0198}, & \{s_{0.8150},s_{0.8150},s_{0.8150}, \\
s_{-0.9802},S_{-0.9802},s_{-0.9802}\} & s_{1.5509},s_{1.5509},s_{1.5509}\} \\
\{s_{-1.2391},s_{-1.2391},s_{-1.2391}, & \{s_{-0.4491},s_{-0.4491},s_{-0.4491}, \\
s_{-0.5031},s_{-0.5031},s_{-0.5031}\} & s_{0.2983},s_{0.2983},s_{0.2983}\} \\
\{s_0,s_0,s_0,s_0,s_0,s_0\} & \{s_{0.5374},s_{0.5374},s_{0.5374}, \\
\{s_{-0.5374},s_{-0.5374},s_{-0.5374}, & s_{1.2911},s_{1.2911},s_{1.2911}\} \\
s_{-1.2911},s_{-1.2911},s_{-1.2911}\} & \{s_0,s_0,s_0,s_0,s_0,s_0\}
\end{matrix}\right)
$$

步骤8　利用犹豫模糊语言平均算子（Zhang Z M，Wu C，2014）得到 $\overline{H}^s$ 的偏好度为

$$\hat{h}_1 = \{s_{0.3264},s_{0.3264},s_{0.3924},s_{0.9488},s_{1.0148},s_{1.0148}\}$$

$$\hat{h}_2 = \{s_{-0.5496},s_{-0.5496},s_{-0.6156},s_{-0.3672},s_{-0.4332},s_{-0.4332}\}$$

$$\hat{h}_3 = \{s_{0.4491},s_{0.4491},s_{0.4491},s_{0.2035},s_{0.2035},s_{0.2035}\}$$

$$\hat{h}_4 = \{s_{-0.2258},s_{-0.2258},s_{-0.2258},s_{-0.7851},s_{-0.7851},s_{-0.7851}\}$$

步骤9　利用式（3－5），求得 $E(\hat{h}_i)$ 为

$$E(\hat{h}_1) = s_{0.6706}$$

$$E(\hat{h}_2) = s_{-0.4914}$$

$$E(\hat{h}_3) = s_{0.3263}$$

$$E(\hat{h}_4) = s_{0.5055}$$

步骤10　根据定义3.6对方案 $x_i(i = 1,2,3,4)$ 进行排序，可得四个备选行业的排序结果为

$$x_1 > x_3 > x_2 > x_4$$

可知，最优备选行业是汽车行业。则该投资公司应将资金投入到汽车行业。

接下来，我们将通过将本节提出的犹豫模糊语言偏好关系决策方法与已有的两种决策方法进行比较分析来说明本节提出的决策方法的有效性。

（1）依据吴志彬和徐玖平提出的犹豫模糊语言偏好关系群体决策方法[175]，四个决策者给出的犹豫模糊语言偏好关系 $H^{(k)} = (h_{ij}^{(k)})_{4\times4}(k = 1,$

2,3,4）的一致性指数分别为：

$$CI^{Wu}(H^{(1)}) = 0.0313$$
$$CI^{Wu}(H^{(2)}) = 0.0477$$
$$CI^{Wu}(H^{(3)}) = 0.0361$$
$$CI^{Wu}(H^{(4)}) = 0.0571$$

可知，每个犹豫模糊语言偏好关系都具有可接受加性一致性。

然后，利用犹豫模糊语言加权平均算子对每个犹豫模糊语言偏好关系进行集结，得到群体犹豫模糊语言偏好关系。再次，利用犹豫模糊语言加权平均算子对群体犹豫模糊语言偏好关系的每一行进行信息集成，最后得到四个备选行业的排序结果为 $x_1 > x_3 > x_2 > x_4$。

（2）利用参考文献提出的不确定语言偏好关系群体决策方法求解该投资选择问题[213]。为了保证与该文献中的信息形式相同，首先根据以往研究提出的犹豫模糊语言数据包络的概念[41]可将四个犹豫模糊语言偏好关系转化成四个不确定加性语言偏好关系，如下所示：

$$U^{(1)} = \begin{pmatrix} [s_0,s_0] & [s_0,s_1] & [s_1,s_2] & [s_2,s_3] \\ [s_0,s_{-1}] & [s_0,s_0] & \{s_0,s_1\} & [s_1,s_1] \\ [s_{-1},s_{-2}] & [s_0,s_{-1}] & [s_0,s_0] & [s_0,s_1] \\ [s_{-2},s_{-3}] & [s_{-1},s_{-1}] & [s_0,s_{-1}] & [s_0,s_0] \end{pmatrix}$$

$$U^{(2)} = \begin{pmatrix} [s_0,s_0] & [s_1,s_3] & [s_{-2},s_{-1}] & [s_2,s_2] \\ [s_{-1},s_{-3}] & [s_0,s_0] & [s_{-2},s_{-2}] & [s_0,s_1] \\ [s_2,s_1] & [s_2,s_2] & [s_0,s_0] & [s_2,s_3] \\ [s_{-2},s_{-2}] & [s_0,s_{-1}] & [s_{-2},s_{-3}] & [s_0,s_0] \end{pmatrix}$$

$$U^{(3)} = \begin{pmatrix} [s_0,s_0] & [s_1,s_1] & [s_2,s_3] & [s_2,s_3] \\ [s_{-1},s_{-1}] & [s_0,s_0] & [s_0,s_1] & [s_1,s_2] \\ [s_{-2},s_{-3}] & [s_0,s_{-1}] & [s_0,s_0] & [s_1,s_1] \\ [s_{-2},s_{-3}] & [s_{-1},s_{-2}] & [s_{-1},s_{-1}] & [s_0,s_0] \end{pmatrix}$$

$$U^{(4)} = \begin{pmatrix} [s_0,s_0] & [s_0,s_1] & [s_{-1},s_0] & [s_{-3},s_{-2}] \\ [s_0,s_{-1}] & [s_0,s_0] & [s_{-3},s_{-2}] & [s_{-4},s_{-3}] \\ [s_1,s_0] & [s_3,s_2] & [s_0,s_0] & [s_{-1},s_0] \\ [s_3,s_2] & [s_4,s_3] & [s_1,s_0] & [s_0,s_0] \end{pmatrix}$$

根据参考文献［213］定义的一致性指数，可得：

$$CI^{\text{Zhang}}(U^{(1)}) = 0.0521$$
$$CI^{\text{Zhang}}(U^{(2)}) = 0.0625$$
$$CI^{\text{Zhang}}(U^{(3)}) = 0.0208$$
$$CI^{\text{Zhang}}(U^{(4)}) = 0.0833$$

可知，每个 $U^{(k)}$ 都具有可接受一致性。

基于不确定二元语义加权平均算子可以求得综合不确定语言偏好关系。同时利用不确定二元语义平均算子对综合不确定语言偏好关系的每一行进行集结，最后得到四个备选行业的排序结果为 $x_1 > x_3 > x_2 > x_4$。

根据以上求解结果，可知利用本节提出的决策方法得到排序结果和利用其他两个文献提出的决策方法得到的排序结果相同。进而说明本节提出的基于犹豫模糊语言偏好关系的决策方法具有可行性和有效性。它们之间的区别主要如下。

参考文献［175］提出了一种迭代的具有局部调整机制的加性一致性调整算法。然而，该加性一致性调整算法在每次迭代调整的过程中没有给出明确的调整值，仅仅给出了调整的范围，这样可能会导致该加性一致性调整算法具有不确定性和随机性。

针对不确定语言偏好关系的决策问题，参考文献［213］定义了不确定语言偏好关系的一致性指数，并构建了一种迭代算法用于调整不确定语言偏好关系的一致性。

（3）本章提出的犹豫模糊语言偏好关系的决策方法主要构建了一个纯整数规划模型用于调整不具有可接受加性一致性的犹豫模糊语言偏好关系的加性一致性，使其满足可接受加性一致性。

3.4　本章小结

犹豫模糊语言偏好关系作为一种新的偏好信息形式，能够很好地表征决策者犹豫且定性的偏好信息。本章针对单一决策者的犹豫模糊语言偏好关系决策问题和犹豫模糊语言偏好关系群体决策问题，分别提出了两种决策方法。

为了克服现存犹豫模糊语言数据扩充准则的不足，首先，提出了一种新的犹豫模糊语言数据最小公倍数扩充准则，证明了该扩充准则能够保持初始的犹豫模糊语言数据信息的完整性，并且基于该扩充准则定义了新的犹豫模糊语言数据运算法则。

其次，针对单一决策者的犹豫模糊语言偏好关系决策问题，基于犹豫模糊语言偏好关系的距离测度定义了犹豫模糊语言偏好关系的加性一致性指数。对于不具有可接受加性一致性的犹豫模糊语言偏好关系，提出了一种自动迭代的具有局部调整策略的犹豫模糊语言偏好关系加性一致性调整算法。该算法可以为决策支持系统提供局部改进策略，保证了决策结果的合理性和可靠性。基于以上工作，提出了一种基于单一决策者的犹豫模糊语言偏好关系决策方法，并通过案例说明了该决策方法的可行性和有效性。

最后，基于最小公倍数扩充准则和犹豫模糊语言偏好关系自身的信息，定义了犹豫模糊语言偏好关系的加性一致性指数。针对不具有可接受加性一致性的犹豫模糊语言偏好关系，构建了一个纯整数规划模型使其具有可接受加性一致性。该规划模型不仅可以最大限度地保留初始的犹豫模糊语言数据信息，而且调整后的犹豫模糊语言数据信息更容易被决策者所接受。同时基于决策者相似测度给出了决策者权重确定方法。基于以上工作，提出了一种基于犹豫模糊语言偏好关系的决策方法用来处理群体决策问题。案例分析表明该决策方法不仅可以处理单一决策者的犹豫模糊语言偏好关系决策问题，而且可以处理犹豫模糊语言偏好关系群体决策问题。此外，案例分析和比较分析还表明了该决策方法的可行性和有效性。

基于乘性一致性的犹豫模糊语言偏好关系的决策方法

一致性反映了决策者给出的偏好关系的合理性。一致性水平越高，偏好关系越合理。此外，一致性还关系最终决策结果的科学性。乘性一致性反映了决策者决策偏好的比例传递性。

目前，基于乘性一致性的犹豫模糊语言偏好关系的决策方法的研究取得了丰硕成果。有学者基于犹豫模糊语言数据均值的概念，构建了犹豫模糊语言偏好关系的乘性一致性测度和乘性一致性指数（Liu H B，Jiang L，Xu Z S，2017）。有学者根据β标准化准则，通过构建犹豫模糊语言偏好关系和其对应的具有完全乘性一致性的犹豫模糊语言偏好关系之间的偏差，定义了犹豫模糊语言偏好关系的乘性一致性测度和乘性一致性指数（Zhang Z M，Wu C，2014）。有学者针对不具有可接受乘性一致性的犹豫模糊语言偏好关系，提出了乘性一致性调整算法（Liu H B，Jiang L，Xu Z S，2017；Zhang Z M，Wu C，2014）。此外，对于偏好关系排序向量事关最终的决策结果，学者们分别给出了犹豫模糊语言偏好关系的排序向量求解方法（Feng X Q，Zhang L，Wei C P，2018；Wang L H，Gong Z W，2017）。例如，首先通过求解一个最优化模型从犹豫模糊语言偏好关系中找到一个一致性水平最高的语言偏好关系，然后用该语言偏好关系的排序向量作为犹豫模糊语言偏好关系的排序向量（Feng X Q，Zhang L，Wei C P，2018）。有学者利用犹豫模糊语言数据包络的概念将犹豫模糊语言偏好关系转化成区间语言偏好关系，进而构建了基于目标规划的机会约束优化模型用以求解犹豫模糊语言偏好关系的排序向量（Wang L H，Gong Z W，2017）。

然而，关于犹豫模糊语言偏好关系乘性一致性测度、乘性一致性调整算法和排序向量的研究尚存在一些不足。例如，基于犹豫模糊语言偏好关系和其对应的具有完全乘性一致性的犹豫模糊语言偏好关系之间的偏差定义了犹豫模糊语言偏好关系乘性一致性测度（Liu H B，Jiang L，Xu Z S，2017；Zhang Z M，Wu C，2014），如果构建完全乘性一致性的犹豫模糊语言偏好关系的方法不同，则同一个犹豫模糊语言偏好关系会出现不同的乘性一致性测度，这样会导致犹豫模糊语言偏好关系乘性一致性测度具有不稳定性。该文献提出的乘性一致性调整算法可能会导致调整后的犹豫模糊语言偏好关系中包含虚拟语言术语，这会使决策问题更加复杂和难以理解。又如，有的文献提出的犹豫模糊语言偏好关系排序向量确定方法会导致犹豫模糊语言数据信息流失（Feng X Q，Zhang L，Wei C P，2018；Wang L H，Gong Z W，2017）。

基于以上不足，本章首先定义一种新的犹豫模糊语言偏好关系的乘性一致性测度。其次，构建一个目标规划模型用来调整不具有可接受乘性一致性的犹豫模糊语言偏好关系使其具有可接受乘性一致性，并从理论上证明该目标规划模型的性质。再次，基于统计学概率抽样的思想，定义关于犹豫模糊语言偏好关系的一致性水平最高的语言偏好关系和一致性水平最低的语言偏好关系。基于这两种语言偏好关系并考虑决策者风险态度，构建一个基于两阶段优化模型和赫维克兹准则（Hurwicz criterion）的犹豫模糊语言偏好关系排序向量求解方法。在这些工作的基础上，给出一种基于多阶段优化方法的犹豫模糊语言偏好关系决策方法。最后，通过案例分析说明该方法的可行性和有效性。

4.1 犹豫模糊语言偏好关系乘性一致性

本节根据第 3 章提出的犹豫模糊语言数据最小公倍数扩充准则和规范化犹豫模糊语言偏好关系，先定义犹豫模糊语言偏好关系乘性一致性。同时，讨论乘性一致性的相关性质。然后，针对不具有可接受乘性一致性的犹豫模糊语言偏好关系，构建一个目标规划模型用于调整该犹豫模糊语言偏好关系的乘性一致性使其满足可接受乘性一致性。

4.1.1　犹豫模糊语言偏好关系乘性一致性指数

在定性决策问题中，数量标度函数被用来将语言型数据转化成相应的数值型数据。对于语言术语集 $\bar{S}$，主要采用下标函数 $SF(s_i) = i \in [0,g]$（或者 $I(s_i) = i$）作为数量标度函数。对于语言术语集 S，采用线性函数 $LF(s_l) = \frac{l}{2\tau} + \frac{1}{2}(LF(s_l) \in [0,1])$ 作为数量标度函数。目前，对于数量标度函数的选取还没有统一的标准。

根据行为学理论，日常生活中边际效用递减规律普遍存在。实际上，对于语言术语集 $\{s_0,\cdots,s_\tau\} \subset S$，语言型数据的边际效用是逐渐递减的。对于语言术语集 $\{s_{-\tau},\cdots,s_{-1}\} \subset S$，语言型数据的边际效用也是逐渐递减的。对语言术语集 S 来说，语言数据的边际效用呈现从逐渐递增到逐渐递减的规律。Sigmoid 函数 $sigmoid(x) = \frac{1}{1+e^{-x}}$ 本质上是一个右倾斜的 S 形效用函数，如图 4 - 1 所示。因此，Sigmoid 函数可以很好地描述这一边际效用规律。相反，下标函数和线性函数都不具有该性质。因此，本章将选取 Sigmoid 函数作为数量标度函数。对于语言术语 s_l，有 $NS(s_l) = \frac{1}{1+e^{-l}}$

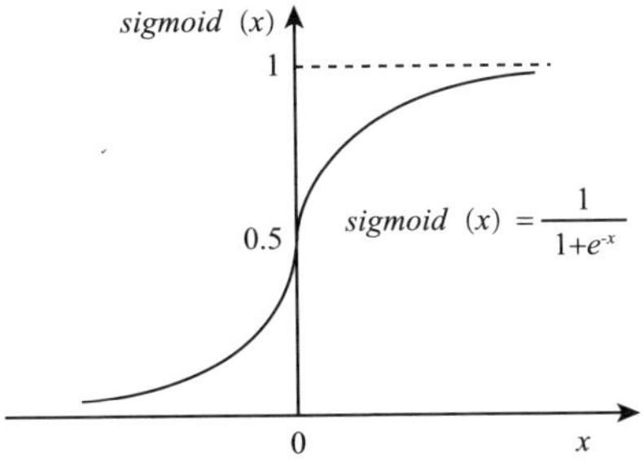

图 4 - 1　Sigmoid 函数

根据 Sigmoid 函数，我们将给出犹豫模糊语言偏好关系乘性一致性的概念。

定义 4.1　设 $H=(h_{ij})_{n\times n}$ 是犹豫模糊语言偏好关系，$\overline{H}=(\overline{h}_{ij})_{n\times n}$ 是其对应的规范化犹豫模糊语言偏好关系。若 $\overline{H}=(\overline{h}_{ij})_{n\times n}$ 满足

$$NS(\overline{h}_{ji})NS(\overline{h}_{ik})NS(\overline{h}_{kj})=NS(\overline{h}_{ij})NS(\overline{h}_{jk})NS(\overline{h}_{ki}),i,j,k=1,2,\cdots,n \tag{4-1}$$

则犹豫模糊语言偏好关系 $H=(h_{ij})_{n\times n}$ 具有完全乘性一致性。

基于定义 4.1，可以得到定理 4.1

定理 4.1　设犹豫模糊语言偏好关系 $H=(h_{ij})_{n\times n}$ 具有完全乘性一致性当且仅当 H 满足

（Ⅰ）$$NS(\overline{h}_{ji})NS(\overline{h}_{ik})NS(\overline{h}_{kj})=NS(\overline{h}_{ij})NS(\overline{h}_{jk})NS(\overline{h}_{ki}),\ i<j<k \tag{4-2}$$

（Ⅱ）$$\begin{aligned}&\ln(1-NS(\overline{h}_{ij}))+\ln NS(\overline{h}_{ik})+\ln(1-NS(\overline{h}_{jk}))\\&=\ln NS(\overline{h}_{ij})+\ln NS(\overline{h}_{jk})+\ln(1-NS(\overline{h}_{ik})),\ i<j<k\end{aligned} \tag{4-3}$$

证明：易知式（4-1）⇒式（4-2）。以下证明（4-2）⇒式（4-3）。

对任意的 x，有 $\frac{1}{1+e^{-x}}+\frac{1}{1+e^{x}}=1$。已知 $\overline{h}_{ij}^{\rho(t)}\oplus\overline{h}_{ji}^{\rho(t)}=s_0$，$\overline{h}_{jk}^{\rho(t)}\oplus\overline{h}_{kj}^{\rho(t)}=s_0$，$\overline{h}_{ik}^{\rho(t)}\oplus\overline{h}_{ki}^{\rho(t)}=s_0$，则有

$$NS(\overline{h}_{ij})+NS(\overline{h}_{ji})=1,\ NS(\overline{h}_{jk})+NS(\overline{h}_{kj})=1,\ NS(\overline{h}_{ik})+NS(\overline{h}_{ki})=1$$

对式（4-2）两边取对数，可得式（4-2）⇒式（4-3）。

于是，证得式（4-2）⇒式（4-3）。

同理，易证式（4-2）⇐式（4-3）。

则有式（4-1）⇒式（4-2）⇔式（4-3）。

以下证明式（4-1）⇐式（4-2）。根据定义 4.1 和式（4-2），可知当 i,j,k 中任意两个相等时式（4-1）都成立。因此，接下来只讨论 i,j,k 都不相等的六种情况。

(1) $i<j<k$，显然，式（4-1）⇐式（4-2）。

(2) $i<k<j$，根据式（4-2），可得：

$$NS(\overline{h}_{ki})NS(\overline{h}_{ij})NS(\overline{h}_{jk})=NS(\overline{h}_{ik})NS(\overline{h}_{kj})NS(\overline{h}_{ji})$$

即 $NS(\overline{h}_{ji})NS(\overline{h}_{ik})NS(\overline{h}_{kj})=NS(\overline{h}_{ij})NS(\overline{h}_{jk})NS(\overline{h}_{ki})$ 成立。

(3) $j<i<k$，根据式（4-2），可得：

$$NS(\bar{h}_{ij})NS(\bar{h}_{jk})NS(\bar{h}_{ki}) = NS(\bar{h}_{ji})NS(\bar{h}_{ik})NS(\bar{h}_{kj})$$

即 $NS(\bar{h}_{ji})NS(\bar{h}_{ik})NS(\bar{h}_{kj}) = NS(\bar{h}_{ij})NS(\bar{h}_{jk})NS(\bar{h}_{ki})$ 成立。

同理，当 $j < i < k$, $j < i < k$ 和 $j < i < k$, $NS(\bar{h}_{ji})NS(\bar{h}_{ik})NS(\bar{h}_{kj}) = NS(\bar{h}_{ij})NS(\bar{h}_{jk})NS(\bar{h}_{ki})$ 成立。

基于以上证明，可证得式（4-1）⇔式（4-2）⇔式（4-3）。

根据定义 4.1 和定理 4.1，可知式（4-1）、式（4-2）和式（4-3）都可以用来度量犹豫模糊语言偏好关系的乘性一致性水平。

由于决策环境的复杂性和不确定性，对于犹豫模糊语言偏好关系的决策问题，决策者往往很难给出具有完全乘性一致性的犹豫模糊语言偏好关系。相对于式（4-1），式（4-3）仅考虑了犹豫模糊语言偏好关系上三角的元素。因此，式（4-3）具有较小的计算量。同时，相对于式（4-2），式（4-3）中采用的是加法运算。因此，式（4-3）计算更加简便。

基于以上优势，采用式（4-3）来度量犹豫模糊语言偏好关系的乘性一致性水平。对于犹豫模糊语言偏好关系 $H = (h_{ij})_{n\times n}$，根据式（4-3），可以通过计算 $\ln(1 - NS(\bar{h}_{ij})) + \ln NS(\bar{h}_{ik}) + \ln(1 - NS(\bar{h}_{jk}))$ 和 $\ln NS(\bar{h}_{ij}) + \ln NS(\bar{h}_{jk}) + \ln(1 - NS(\bar{h}_{ik}))$ 之间的绝对偏差来定义 H 的乘性一致性指数，过程如下。

定义 4.2　设 $H = (h_{ij})_{n\times n}$ 是犹豫模糊语言偏好关系，$\bar{H} = (\bar{h}_{ij})_{n\times n}$ 是其对应的规范化犹豫模糊语言偏好关系。则 H 的乘性一致性指数可以定义为：

$$\begin{aligned} MCI(H) = \frac{6}{n(n-1)(n-2)} \frac{1}{\ell} \sum_{i<j<k}^{n} \sum_{t=1}^{\ell} \Big| & \ln NS(\bar{h}_{ij}^{\rho(t)}) + \ln NS(\bar{h}_{jk}^{\rho(t)}) \\ & + \ln(1 - NS(\bar{h}_{ik}^{\rho(t)})) - \ln(1 - NS(\bar{h}_{ij}^{\rho(t)})) + \ln NS(\bar{h}_{ik}^{\rho(t)}) \\ & + \ln(1 - NS(\bar{h}_{jk}^{\rho(t)})) \Big| \end{aligned} \tag{4-4}$$

其中，$\ell = lcm(\ell_{h_{ij}} | i,j = 1,2,\cdots,n; i < j)$。

显然，$MCI(H) \geq 0$。$MCI(H)$ 越小，犹豫模糊语言偏好关系的乘性一致性水平越高。如果 $MCI(H) = 0$，则说明 H 具有完全乘性一致性。

注 4.1　学者们利用犹豫模糊语言数据均值将犹豫模糊语言数据转化成实值型数据，然后通过计算犹豫模糊语言偏好关系各位置上元素的均值与其所对应的估计值之间的偏差来定义犹豫模糊语言偏好关系的乘性一致性指数（Liu et al.，2017）。基于 β 标准化准则构建了犹豫模糊语言偏好关系对应的具有完全乘性一致性的犹豫模糊语言偏好关系。然后，通过计算两者之间的偏差定义了犹豫模糊语言偏好关系的乘性一致性指数（Zhang Z M，Wu C，2014）。对于上述两种犹豫模糊语言偏好关系的乘性一致性指数而言，如果构造完全乘性一致性的犹豫模糊语言偏好关系和估计值的方法不同，可能会导致同一个犹豫模糊语言偏好关系具有不同的乘性一致性指数。这样会导致犹豫模糊语言偏好关系乘性一致性指数具有不稳定性。因此，为了构建一个稳定的犹豫模糊语言偏好关系的乘性一致性指数，本章基于犹豫模糊语言偏好关系自身的偏好信息定义了乘性一致性指数。根据该乘性一致性指数的大小来度量犹豫模糊语言偏好关系乘性一致性水平。相比于相关文献定义的乘性一致性指数，定义 4.2 给出的乘性一致性指数更加可靠和稳定。[96][209]

设 γ 是事先给定的一致性阈值，则犹豫模糊语言偏好关系可接受乘性一致性可以进行如下定义。

定义 4.3 若 $MCI(H) \leqslant \gamma$，则称 H 具有可接受乘性一致性；否则，称 H 不具有可接受乘性一致性。

根据参考文献［224］，有 $\gamma = e^{\overline{CI}}$，其中 $\overline{CI}$ 的取值参照表 3－1。

4.1.2 基于目标规划的犹豫模糊语言偏好关系乘性一致性调整模型

对于不具有可接受乘性一致性的犹豫模糊语言偏好关系，本节构建一个目标规划模型用来调整其乘性一致性水平。假设 $H=(h_{ij})_{n\times n}$ 是不具有可接受乘性一致性的犹豫模糊语言偏好关系，我们希望找到一个具有可接受乘性一致性的犹豫模糊语言偏好关系 $\hat{H}=(\hat{h}_{ij})_{n\times n}$ 使其与 $H=(h_{ij})_{n\times n}$ 的偏差尽可能地小。这样做的目的是尽可能地保留 $H=(h_{ij})_{n\times n}$ 初始的犹豫模糊语言数据信息。为了求得 $\hat{H}=(\hat{h}_{ij})_{n\times n}$，以 $\hat{H}$ 与 H 之间的绝对偏差最小为目标函数，同时以 $\hat{H}$ 具有可接受加性一致性和犹豫模糊语言偏好关系的性质作为约束条件，构建如下数学优化模型。

$$\min obj_2 = \sum_{i=1}^{n}\sum_{j=1}^{n}\sum_{t=1}^{\ell} \left| NS(\hat{h}_{ij}^{\rho(t)}) - NS(h_{ij}^{\rho(t)}) \right| \qquad (M4-1)$$

$$s.t.\begin{cases}\hat{h}_{ij}^{\rho(t)} \oplus \hat{h}_{ji}^{\rho(t)} = s_0; i,j = 1,2,\cdots,n; t = 1,2,\cdots,\ell \\ \hat{h}_{ij}^{\rho(t)} \leqslant \hat{h}_{ij}^{\rho(t+1)}; i,j = 1,2,\cdots,n; t = 1,2,\cdots,\ell - 1 \\ \hat{h}_{ij}^{\rho(t)} \in S; i,j = 1,2,\cdots,n; t = 1,2,\cdots,\ell \\ MCI(\hat{H}) \leqslant \gamma \end{cases}$$

注 4.2　第一个约束条件和第二个约束条件的作用是确保 $\hat{H}$ 满足规范化犹豫模糊语言偏好关系的性质，第三个约束条件是为了保证该模型的求得的解 $\hat{h}_{ij}^{\rho(t)}$ 属于原始的评价语言术语集 S，最后一个约束条件是为了保证求得的 $\hat{H}$ 具有可接受乘性一致性。

为了简化计算，下面引入定理 4.2。

定理 4.2　模型（M4－1）等价于模型（M4－2）。

$$\min obj_3 = \sum_{i=1}^{n-1}\sum_{j=i+1}^{n}\sum_{t=1}^{l} \left| NS(\hat{h}_{ij}^{\rho(t)}) - NS(h_{ij}^{\rho(t)}) \right| \qquad (M4-2)$$

$$s.t.\begin{cases}\dfrac{6}{n(n-1)(n-2)}\dfrac{1}{\ell}\sum_{i<j<k}^{n}\sum_{t=1}^{\ell} \left| \ln NS(\hat{h}_{ij}^{\rho(t)}) + \ln NS(\hat{h}_{jk}^{\rho(t)}) + \ln(1 - NS(\hat{h}_{ki}^{\rho(t)})) \right. \\ \left. - \ln(1 - NS(\hat{h}_{ij}^{\rho(t)})) - \ln NS(\hat{h}_{ik}^{\rho(t)}) - \ln(1 - NS(\hat{h}_{jk}^{\rho(t)})) \right| \leqslant \gamma, i < j < k \\ \hat{h}_{ij}^{\rho(t)} \in S; 1 \leqslant i < j \leqslant n; t = 1,2,\cdots\ell \\ \hat{h}_{ij}^{\rho(t)} \leqslant \hat{h}_{ij}^{\rho(t+1)}; 1 \leqslant i < j \leqslant n; t = 1,2,\cdots\ell - 1 \end{cases}$$

证明：通过求解模型（M4－2）可以求得 $\hat{H}$ 上三角的元素 $\hat{h}_{ij}^{\rho(t)}(i<j)$。根据 $\hat{H}$ 的互补性，可以得到 $\hat{H}$ 下三角的元素 $\hat{h}_{ij}^{\rho(t)}(i>j)$，即模型（M4－1）等价于模型（M4－2）。证毕。

定理 4.3　模型（M4－2）的目标函数 obj_3 是有界函数。

证明：根据绝对值不等式，可得

$$\left| \left| NS(\hat{h}_{ij}^{\rho(t)}) \right| - \left| NS(h_{ij}^{\rho(t)}) \right| \right| \leqslant \left| NS(\hat{h}_{ij}^{\rho(t)}) - NS(h_{ij}^{\rho(t)}) \right|$$
$$\leqslant \left| NS(\hat{h}_{ij}^{\rho(t)}) \right| + \left| NS(h_{ij}^{\rho(t)}) \right|$$

因为 $s_{-\tau} \leqslant \hat{h}_{ij}^{\rho(t)} \leqslant s_{\tau}$，可得

$$0 \leqslant \left| NS(\hat{h}_{ij}^{\rho(t)}) - NS(h_{ij}^{\rho(t)}) \right| \leqslant \left| NS(\hat{h}_{ij}^{\rho(t)}) - NS(h_{ij}^{\rho(t)}) \right| \leqslant NS(s_{\tau}) + NS(h_{ij}^{\rho(t)})$$

进而有

$$0 \leqslant obj_3 \leqslant \frac{2\ell}{n(n-1)} NS(s_\tau) + \sum_{i=1}^{n-1} \sum_{j=i+1}^{n} \sum_{t=1}^{\ell} NS(h_{ij}^{\rho(t)})$$

即 obj_3 是有界函数。证毕。

对任意的 i 和 j，可知 $\hat{h}_{ij}^{\rho(t)} = s_0$ 是模型（M4－2）的可行解，这说明模型（M4－2）存在可行解。根据定理 4.3 和魏尔施特拉斯（Weierstrass）定理[①]，模型（M4－2）可以得到如下性质。

性质 4.1 模型（M4－2）至少存在一个最优解。

定理 4.4 模型（M4－2）是一个凸优化。

证明：记 $\mathbf{h} = (\hat{h}_{11}^{\rho(1)}, \cdots, \hat{h}_{11}^{\rho(\ell)}, \cdots, \hat{h}_{ij}^{\rho(t)}, \cdots, \hat{h}_{n(n-1)}^{\rho(1)}, \cdots, \hat{h}_{n(n-1)}^{\rho(\ell)})$ 含有 $\ell n(n-1)/2$ 个变量，$obj_3(\mathbf{h}) = obj_3$。假设 D 是模型（M4－2）的可行域。不妨设 $\hat{\mathbf{h}} = (\hat{h}_{11}^{\rho(1)}, \cdots, \hat{h}_{11}^{\rho(\ell)}, \cdots, \hat{h}_{ij}^{\rho(t)}, \cdots, \hat{h}_{n(n-1)}^{\rho(1)}, \cdots, \hat{h}_{n(n-1)}^{\rho(\ell)}) \in D$ 和 $\breve{\mathbf{h}} = (\breve{h}_{11}^{\rho(1)}, \cdots, \breve{h}_{11}^{\rho(\ell)}, \cdots, \breve{h}_{ij}^{\rho(t)}, \cdots, \breve{h}_{n(n-1)}^{\rho(1)}, \cdots, \breve{h}_{n(n-1)}^{\rho(\ell)}) \in D$，则有

$$obj_3(\hat{\mathbf{h}}) = \sum_{i=1}^{n-1} \sum_{j=i+1}^{n} \sum_{t=1}^{\ell} \left| NS(\hat{h}_{ij}^{\rho(t)}) - NS(h_{ij}^{\rho(t)}) \right|$$

$$obj_3(\breve{\mathbf{h}}) = \sum_{i=1}^{n-1} \sum_{j=i+1}^{n} \sum_{t=1}^{\ell} \left| NS(\breve{h}_{ij}^{\rho(t)}) - NS(h_{ij}^{\rho(t)}) \right|$$

记 $f(\mathbf{h}) = \frac{6}{n(n-1)(n-2)} \frac{1}{\ell} \sum_{i<j<k} \sum_{t=1}^{\ell} \left| \ln NS(\hat{h}_{ij}^{\rho(t)}) + \ln NS(\hat{h}_{jk}^{\rho(t)}) + \ln(1 - NS(\hat{h}_{ki}^{\rho(t)})) - \ln(1 - NS(\hat{h}_{ij}^{\rho(t)})) - \ln NS(\hat{h}_{ik}^{\rho(t)}) - \ln(1 - NS(\hat{h}_{jk}^{\rho(t)})) \right| - \gamma$ 和 $g_t(\mathbf{h}) = \hat{h}_{ij}^{\rho(t)} - \hat{h}_{ij}^{\rho(t+1)}$，以下将从以下两个方面（Ⅰ和Ⅱ）对定理 4.4 进行证明。

（Ⅰ） 对任意的 $\forall \lambda \in [0,1]$，有

$$\begin{aligned} obj_3(\lambda\hat{\mathbf{h}} + (1-\lambda)\breve{\mathbf{h}}) &= \sum_{i=1}^{n-1} \sum_{j=i+1}^{n} \sum_{t=1}^{\ell} \left| \lambda NS(\hat{h}_{ij}^{\rho(t)}) + (1-\lambda) NS(\breve{h}_{ij}^{\rho(t)}) - NS(h_{ij}^{\rho(t)}) \right| \\ &= \sum_{i=1}^{n-1} \sum_{j=i+1}^{n} \sum_{t=1}^{\ell} \left| \lambda NS(\hat{h}_{ij}^{\rho(t)}) + (1-\lambda) NS(\breve{h}_{ij}^{\rho(t)}) \right. \\ &\quad \left. - \lambda NS(h_{ij}^{\rho(t)}) + \lambda NS(h_{ij}^{\rho(t)}) - NS(h_{ij}^{\rho(t)}) \right| \end{aligned}$$

---

① Borwein J, Lewis A S. Convex Analysis and Nonlinear Optimization: Theory and Examples [M]. Springer Science & Business Media, 2010.

$$
\begin{aligned}
&= \sum_{i=1}^{n-1}\sum_{j=i+1}^{n}\sum_{t=1}^{\ell} \mid \lambda NS(\hat{h}_{ij}^{\rho(t)}) - \lambda NS(h_{ij}^{\rho(t)}) \\
&\quad + (1-\lambda)NS(\breve{h}_{ij}^{\rho(t)}) - (1-\lambda)NS(h_{ij}^{\rho(t)}) \mid \\
&\leqslant \lambda \sum_{i=1}^{n-1}\sum_{j=i+1}^{n}\sum_{t=1}^{\ell} \mid NS(\hat{h}_{ij}^{\rho(t)}) - NS(h_{ij}^{\rho(t)}) \mid \\
&\quad + (1-\lambda)\sum_{i=1}^{n-1}\sum_{j=i+1}^{n}\sum_{t=1}^{\ell} \mid NS(\breve{h}_{ij}^{\rho(t)}) - NS(h_{ij}^{\rho(t)}) \mid \\
&= \lambda obj_3(\hat{\mathbf{h}}) + (1-\lambda) obj_3(\breve{\mathbf{h}})
\end{aligned}
$$

即 obj_3 是一个凸函数。

（Ⅱ）　易知 $f(\mathbf{h}) \leqslant \lambda f(\hat{\mathbf{h}}) + (1-\lambda) f(\breve{\mathbf{h}})$，并且对 $t = 1,2,\cdots,\ell-1$，有 $g_t(\mathbf{h}) \leqslant \lambda g_t(\hat{\mathbf{h}}) + (1-\lambda) g_t(\breve{\mathbf{h}})$，即 $f(\mathbf{h})$ 和 $g_t(\mathbf{h})$ 都是凸函数。

基于以上分析，可以证得模型（M4－2）是一个凸优化模型。定理 4.4 证毕。

性质 4.2　如果 $\tilde{\mathbf{h}}$ 是模型（M4－2）的局部最优解，则 $\tilde{\mathbf{h}}$ 是模型（M4－2）全局最优解。

证明：因为 $\tilde{\mathbf{h}} \in D$ 是模型（M4－2）的局部最优解，则存在 $\varepsilon > 0$ 使得：

$$
obj_3(\tilde{\mathbf{h}}) = \inf\{obj_3(\mathbf{h}), \mid \mathbf{h} \in D, \|\mathbf{h} - \tilde{\mathbf{h}}\| \leqslant \varepsilon\}
$$

采用反证法进行证明。假设 $\tilde{\mathbf{h}}$ 不是模型（M4－2）全局最优解，则 $\exists \mathbf{h}' \in D$ 使得 $obj_3(\mathbf{h}') < obj_3(\tilde{\mathbf{h}})$，显然 $\|\mathbf{h}' - \tilde{\mathbf{h}}\| > \varepsilon$，否则 $obj_3(\mathbf{h}') \geqslant obj_3(\tilde{\mathbf{h}})$。记 $\mathbf{h}'' = \lambda \mathbf{h}' + (1-\lambda)\tilde{\mathbf{h}}$，其中 $\lambda = \dfrac{\varepsilon}{2\|\mathbf{h}' - \tilde{\mathbf{h}}\|}$。根据定理 4.4，$\mathbf{h}''$ 是模型（M4－2）的可行解。又因为 obj_3 是凸函数，则：

$$
obj_3(\mathbf{h}'') \leqslant \lambda obj_3(\mathbf{h}') + (1-\lambda) obj_3(\tilde{\mathbf{h}}) < obj_3(\tilde{\mathbf{h}}) \qquad (4-5)
$$

另一方面，因为 $\|\mathbf{h}'' - \tilde{\mathbf{h}}\| = \lambda \|\mathbf{h}' - \tilde{\mathbf{h}}\| = \dfrac{\varepsilon}{2} < \varepsilon$，有 $obj_3(\tilde{\mathbf{h}}) < obj_3(\mathbf{h}'')$，这与式（4－5）相矛盾。因此，可证得 $\tilde{\mathbf{h}}$ 是模型（M4－2）的全局最优解。

为了更好地求解模型（M4－2），我们引入参数

$$^{+}\delta_{ij}^{\rho(t)} = \begin{cases} \delta_{ij}^{\rho(t)}, \delta_{ij}^{\rho(t)} \geqslant 0 \\ 0, \delta_{ij}^{\rho(t)} < 0 \end{cases}$$

$$^{-}\delta_{ij}^{\rho(t)} = \begin{cases} 0, \delta_{ij}^{\rho(t)} \geqslant 0 \\ -\delta_{ij}^{\rho(t)}, \delta_{ij}^{\rho(t)} < 0 \end{cases}$$

$$^{+}\varphi_{ijk}^{\rho(t)} = \begin{cases} \varphi_{ijk}^{\rho(t)}, \varphi_{ijk}^{\rho(t)} \geqslant 0 \\ 0, \varphi_{ijk}^{\rho(t)} < 0 \end{cases}$$

$$^{-}\varphi_{ijk}^{\rho(t)} = \begin{cases} 0, \varphi_{ijk}^{\rho(t)} \geqslant 0 \\ -\varphi_{ijk}^{\rho(t)}, \varphi_{ijk}^{\rho(t)} < 0 \end{cases}$$

将模型（M4－2）转化成一个目标规划问题。则有：

$$|\delta_{ij}^{\rho(t)}| = {}^{+}\delta_{ij}^{\rho(t)} + {}^{-}\delta_{ij}^{\rho(t)},\ \delta_{ij}^{\rho(t)} = {}^{+}\delta_{ij}^{\rho(t)} - {}^{-}\delta_{ij}^{\rho(t)}$$

$$|\varphi_{ijk}^{\rho(t)}| = {}^{+}\varphi_{ijk}^{\rho(t)} + {}^{-}\varphi_{ijk}^{\rho(t)},\ \varphi_{ijk}^{\rho(t)} = {}^{+}\varphi_{ijk}^{\rho(t)} - {}^{-}\varphi_{ijk}^{\rho(t)}$$

其中

$$\delta_{ij}^{\rho(t)} = NS(\hat{h}_{ij}^{\rho(t)}) - NS(h_{ij}^{\rho(t)})$$

和

$$\begin{aligned} \varphi_{ijk}^{\rho(t)} = {} & \ln NS(\hat{h}_{ij}^{\rho(t)}) + \ln NS(\hat{h}_{jk}^{\rho(t)}) + \ln(1 - NS(\hat{h}_{ik}^{\rho(t)})) \\ & - \ln(1 - NS(\hat{h}_{ij}^{\rho(t)})) - \ln NS(\hat{h}_{ik}^{\rho(t)}) - \ln(1 - NS(\hat{h}_{kj}^{\rho(t)})) \end{aligned}$$

根据以上参数，可以得到如下定理。

定理 4.5　模型（M4－2）等价于模型（M4－3）。

$$\min obj_3 = \sum_{i=1}^{n-1} \sum_{j=i+1}^{n} \sum_{t=1}^{\ell} ({}^{+}\delta_{ij}^{\rho(t)} + {}^{-}\delta_{ij}^{\rho(t)}) \quad \text{(M4 - 3)}$$

$$s.t.\begin{cases} \dfrac{6}{n(n-1)(n-2)} \dfrac{1}{\ell} \sum\limits_{i<j<k} \sum\limits_{t=1}^{\ell} ({}^{+}\varphi_{ijk}^{\rho(t)} + {}^{-}\varphi_{ijk}^{\rho(t)}) \leqslant \overline{CI}, i < j < k \\ NS(\hat{h}_{ij}^{\rho(t)}) + NS(h_{ij}^{\rho(t)}) = {}^{+}\delta_{ij}^{\rho(t)} - {}^{-}\delta_{ijk}^{\rho(t)}), i < j \\ {}^{+}\varphi_{ijk}^{\rho(t)} - {}^{-}\varphi_{ijk}^{\rho(t)} = \ln NS(\hat{h}_{ij}^{\rho(t)}) + \ln NS(\hat{h}_{jk}^{\rho(t)}) + \ln(1 - NS(\hat{h}_{ik}^{\rho(t)})) \\ \quad - \ln(1 - NS(\hat{h}_{ij}^{\rho(t)})) - \ln NS(\hat{h}_{ik}^{\rho(t)}) - \ln(1 - NS(\hat{h}_{jk}^{\rho(t)})), i < j < k \\ \hat{h}_{ij}^{\rho(t)} \in S, 1 \leqslant i < j \leqslant n; t = 1, 2, \cdots \ell \\ \hat{h}_{ij}^{\rho(t)} \leqslant \hat{h}_{ij}^{\rho(t+1)}, 1 \leqslant i < j \leqslant n; t = 1, 2, \cdots \ell - 1 \end{cases}$$

证明：根据参数 ${}^{+}\delta_{ij}^{\rho(t)}$，${}^{-}\delta_{ij}^{\rho(t)}$，${}^{+}\varphi_{ijk}^{\rho(t)}$ 和 ${}^{-}\varphi_{ijk}^{\rho(t)}$，定理4.5得证。

通过求解模型（M4－3），可以得到 $\hat{h}_{ij}^{\rho(t)}(i,j=1,2,\cdots,n;i<j)$。根据定义2.13，$H^{*}=(h_{ij}^{*})_{n\times n}$ 可通过下式求得：

$$h_{ij}^{*\rho(t)}=\begin{cases}\hat{h}_{ij}^{\rho(t+1)},i<j\\ \{s_0\},i=j\\ neg(\hat{h}_{ji}^{\rho(t+1)}),i>j\end{cases}\tag{4-6}$$

4.2　基于两阶段优化的犹豫模糊语言偏好关系排序向量求解模型

针对犹豫模糊语言偏好关系决策问题，本节先构建一个基于两阶段优化模型和考虑决策者风险态度参数（Hurwicz 准则）的犹豫模糊语言偏好关系排序向量的确定方法，然后，提出一种基于多阶段优化模型的豫模糊语言偏好关系的决策方法。

4.2.1　基于两阶段优化和赫维克兹准则的犹豫模糊语言偏好关系排序向量求解方法

两阶段优化的基本框架如图4－2所示。阶段一优化包括两个优化模型，其中一个优化模型用来求解犹豫模糊语言偏好关系中乘性一致性水平最高的语言偏好关系，另外一个优化模型用来求解犹豫模糊语言偏好关系中乘性一致性水平最低的语言偏好关系。阶段二优化也包括两个优化模型，其中一个优化模型用来求解乘性一致性水平最高的语言偏好关系的排序向量，另外一个优化模型用来求解乘性一致性水平最低的语言偏好关系的排序向量。

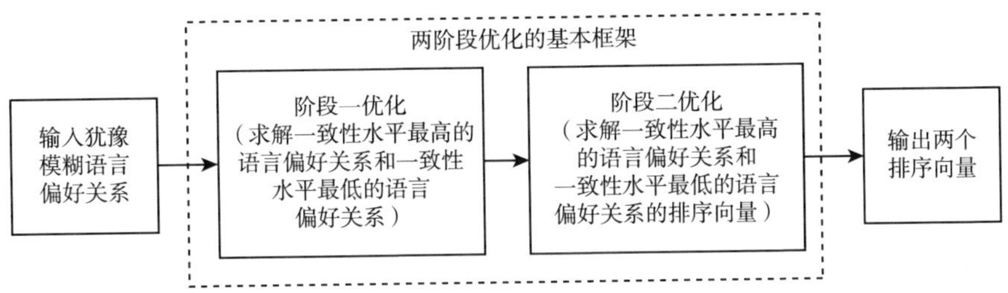

图4－2　两阶段优化的基本框架

对于犹豫模糊语言偏好关系 $H=(h_{ij})_{n\times n}$ 而言，用 $\Xi_H=\{L=(l_{ij})_{n\times n}\mid l_{ij}\in h_{ij}, l_{ji}=neg(l_{ij})\}$ 表示所有关于 $H=(h_{ij})_{n\times n}$ 的语言偏好关系构成的集合。在引入两阶段优化方法之前，首先定义关于犹豫模糊语言偏好关系乘性一致性水平最高的语言偏好关系和关于犹豫模糊语言偏好关系乘性一致性水平最低的语言偏好关系的概念。

定义 4.4 设 $H=(h_{ij})_{n\times n}$ 是犹豫模糊语言偏好关系。如果语言矩阵 $L^b=(l_{ij}^b)_{n\times n}$ 满足：

$$CI(L^b)=\underset{L\in\Xi_H}{\arg\min}\,CI(L)$$

则称 $L^b=(l_{ij}^b)_{n\times n}$ 是关于 $H=(h_{ij})_{n\times n}$ 乘性一致性水平最高的语言偏好关系。

定义 4.5 设 $H=(h_{ij})_{n\times n}$ 是犹豫模糊语言偏好关系。如果语言矩阵 $L^w=(l_{ij}^w)_{n\times n}$ 满足：

$$CI(L^w)=\underset{L\in\Xi_H}{\arg\max}\,CI(L)$$

则称 $L^w=(l_{ij}^w)_{n\times n}$ 是关于 $H=(h_{ij})_{n\times n}$ 乘性一致性水平最低的语言偏好关系。

定义 4.4 和定义 4.5 中的 $CI(L)$ 表示 L 的乘性一致性指数，定义为：$CI(L)=\frac{6}{n(n-1)(n-2)}\sum_{i<j<k}^{n}|\ln NS(l_{ij})+\ln NS(l_{jk})+\ln(1-NS(l_{ik}))-\ln(1-NS(l_{ij}))-\ln NS(l_{ik})-\ln(1-NS(l_{jk}))|$。

阶段一优化 对于给定的犹豫模糊语言偏好关系 $H=(h_{ij})_{n\times n}$，该阶段的目的是求解犹豫模糊语言偏好关系 H 的乘性一致性水平最高的语言偏好关系 L^b 和乘性一致性水平最低的语言偏好关系 L^w。根据定义 4.4 和定义 4.5，构建两个最优化模型用以求解 L^b 和 L^w，这两个优化模型如下。

$$\min \frac{6}{n(n-1)(n-2)}\sum_{i<j<k}^{n}|\ln NS(l_{ij})+\ln NS(l_{jk})+\ln(1-NS(l_{ik}))-\ln(1-NS(l_{ij}))-\ln NS(l_{ik})-\ln(1-NS(l_{jk}))| \quad \text{(M4-4)}$$

$$s.t.\begin{cases} l_{ij}\in h_{ij} & 1\leqslant i<j\leqslant n \\ l_{ji}=neg(l_{ij}) & 1\leqslant i<j\leqslant n \end{cases}$$

和

$$\max \frac{6}{n(n-1)(n-2)} \sum_{i<j<k}^{n} \left| \ln NS(l_{ij}) + \ln NS(l_{jk}) + \ln(1 - NS(l_{ik})) - \ln(1 - NS(l_{ij})) - \ln NS(l_{ik}) - \ln(1 - NS(l_{jk})) \right| \quad (M4-5)$$

$$s.t. \begin{cases} l_{ij} \in h_{ij} & 1 \leqslant i < j \leqslant n \\ l_{ji} = neg(l_{ij}) & 1 \leqslant i < j \leqslant n \end{cases}$$

通过求解模型（M4－4）和模型（M4－5），可以求得 L^b 和 L^w。然而，求解模型（M4－4）和模型（M4－5）是一个很大的挑战，因为这两个模型都具有很大的计算量。为了减少求解 L^b 和 L^w 计算量和提高求解 L^b 和 L^w 的效率，我们引入两个混合 0－1 规划模型。设 $H = (h_{ij})_{n\times n}$ 是犹豫模糊语言偏好关系，$i,j = 1,2,\cdots,n$ 和 $t = 1,\cdots,\ell$，0－1，变量被定义为：

$$\phi_{ij}^{\rho(t)} = \begin{cases} 0, l_{ij} \neq h_{ij}^{\rho(t)} \\ 1, l_{ij} = h_{ij}^{\rho(t)} \end{cases}$$

显然，$\phi_{ij}^{\rho(t)} \in \{0,1\}$ 和 $\sum_{t=1}^{\ell} \phi_{ij}^{\rho(t)} = 1$。

假设 $l_{ij} = h_{ij}^{\rho(t_0)}$，等价于 $l_{ij} = \phi_{ij}^{\rho(t_0)} h_{ij}^{\rho(t_0)}$，其中 $\phi_{ij}^{\rho(t_0)} = 1$，于是可以得到

$$l_{ij} = \phi_{ij}^{\rho(t_0)} h_{ij}^{\rho(t_0)} = \phi_{ij}^{\rho(t_0)} h_{ij}^{\rho(t_0)} + \sum_{t=1,t\neq t_0}^{\ell} \phi_{ij}^{\rho(t)} h_{ij}^{\rho(t)} = \sum_{t=1}^{\ell} \phi_{ij}^{\rho(t)} h_{ij}^{\rho(t)}$$

其中，$\phi_{ij}^{\rho(t)} = 0(t \neq t_0)$。因此，基于以上 0－1 变量，我们可以把 $l_{ij} \in h_{ij}$ 替换为 $l_{ij} = \sum_{t=1}^{\ell} \phi_{ij}^{\rho(t)} h_{ij}^{\rho(t)}$。

根据以上分析，可得如下定理。

定理 4.6　模型（M4－4）和模型（M4－5）等价于模型（M4－6）和模型（M4－7）。

$$\min \frac{6}{n(n-1)(n-2)} \sum_{i<j<k}^{n} \left| \ln c_{ij} + \ln c_{jk} + \ln c_{ki} - \ln c_{ji} - \ln c_{ik} - \ln c_{kj} \right| \quad (M4-6)$$

$$s.t. \begin{cases} c_{ij} = \sum_{t=1}^{\ell} \phi_{ij}^{\rho(t)} \times NS(h_{ij}^{\rho(t)}) & i,j = 1,2,\cdots,n; i < j \\ c_{ji} = 1 - c_{ij} & i,j = 1,2,\cdots,n; i < j \\ \phi_{ij}^{\rho(t)} \in \{0,1\} & t = 1,\cdots,\ell; i,j = 1,2,\cdots,n; i < j \\ \sum_{t=1}^{\ell} \phi_{ij}^{\rho(t)} = 1, t = 1,\cdots,\ell & t = 1,\cdots,\ell; i,j = 1,2,\cdots,n; i < j \end{cases}$$

和

$$\max \frac{6}{n(n-1)(n-2)} \sum_{i<j<k}^{n} |\ln c_{ij} + \ln c_{jk} + \ln c_{ki} - \ln c_{ji} - \ln c_{ik} - \ln c_{kj}| \tag{M4-7}$$

$$s.t. \begin{cases} c_{ij} = \sum_{t=1}^{\ell} \phi_{ij}^{\rho(t)} \times NS(h_{ij}^{\rho(t)}) & i,j=1,2,\cdots,n; i<j \\ c_{ji} = 1 - c_{ij} & i,j=1,2,\cdots,n; i<j \\ \phi_{ij}^{\rho(t)} \in \{0,1\} & t=1,\cdots,\ell; i,j=1,2,\cdots,n; i<j \\ \sum_{t=1}^{\ell} \phi_{ij}^{\rho(t)} = 1, t=1,\cdots,\ell & t=1,\cdots,\ell; i,j=1,2,\cdots,n; i<j \end{cases}$$

证明：因为 $l_{ij} = \sum_{t=1}^{\ell} \phi_{ij}^{\rho(t)} h_{ij}^{\rho(t)}$，可得 $NS(l_{ij}) = \sum_{t=1}^{\ell} \phi_{ij}^{\rho(t)} NS(h_{ij}^{\rho(t)})$。记 $c_{ij} = NS(l_{ij})$，于是有 $c_{ij} = \sum_{t=1}^{\ell} \phi_{ij}^{\rho(t)} \times NS(h_{ij}^{\rho(t)})$，基于 $c_{ji} = \sum_{t=1}^{\ell} \phi_{ji}^{\rho(t)} \times NS(h_{ji}^{\rho(t)})$，可得：

$$\begin{aligned} c_{ji} &= \sum_{t=1}^{\ell} \phi_{ji}^{\rho(t)} \times (1 - NS(h_{ij}^{\rho(t)})) \\ &= \sum_{t=1}^{\ell} \phi_{ji}^{\rho(t)} - \sum_{t=1}^{\ell} \phi_{ji}^{\rho(t)} \times NS(h_{ij}^{\rho(t)}) = 1 - c_{ij} \end{aligned}$$

于是可证得定理4.6。

性质4.3 模型（M4－6）和模型（M4－7）存在最优解。

利用模型（M4－6）和模型（M4－7）可以求得 $\phi_{ij}^{\rho(t)}(i,j=1,2,\cdots,n; i<j)$。于是可以得到犹豫模糊语言偏好关系 H 的乘性一致性水平最高的语言偏好关系 L^b 和乘性一致性水平最低的语言偏好关系 L^w。

阶段二优化 对于犹豫模糊语言偏好关系 $H=(h_{ij})_{n\times n}$，该阶段的目的是求解乘性一致性水平最高的语言偏好关系 L^b 的排序向量 $\mathbf{V}^b=(v_1^b, v_2^b,\cdots,v_n^b)$ 和乘性一致性水平最低的语言偏好关系 L^w 的排序向量 $\mathbf{V}^w=(v_1^w,v_2^w,\cdots,v_n^w)$。根据第二章的模型（M2－1），我们构建两个最优化模型用以求解 $\mathbf{V}^b$ 和 $\mathbf{V}^w$，两个优化模型如下。

$$\min \sum_{i=1}^{n-1} \sum_{j=i+1}^{n} |(1 - NS(l_{ij}^b))v_i^b - NS(l_{ij}^b)v_j^b| \tag{M4-8}$$

$$s.t.\begin{cases}\sum_{i=1}^{n} v_i^b = 1 \\ v_i^b \geqslant 0\end{cases}$$

和

$$\min \sum_{i=1}^{n-1} \sum_{j=i+1}^{n} \left| (1 - NS(l_{ij}^w)) v_i^w - NS(l_{ij}^w) v_j^w \right| \qquad (M4-9)$$

$$s.t.\begin{cases}\sum_{i=1}^{n} v_i^w = 1 \\ v_i^w \geqslant 0\end{cases}$$

于是可得：

性质 4.4　模型（M4－8）和模型（M4－9）存在最优解。

求解模型（M4－8）和模型（M4－9）可得 $\mathbf{V}^b$ 和 $\mathbf{V}^w$。

赫维克兹（Hurwicz）指出，"决策者应该根据乐观水平和悲观水平加权平均来对方案进行排序"。[①] 为了提高决策过程的灵活性，我们给出基于 Hurwicz 准则的犹豫模糊语言偏好关系排序向量的定义。根据 $\mathbf{V}^b$ 和 $\mathbf{V}^w$ 和决策者态度参数 $\alpha \in [0,1]$，基于 Hurwicz 准则的犹豫模糊语言偏好关系 $H = (h_{ij})_{n\times n}$ 排序向量可作如下定义。

定义 4.6　设 $\mathbf{V}^b$ 和 $\mathbf{V}^w$ 分别是犹豫模糊语言偏好关系 $H = (h_{ij})_{n\times n}$ 的语言偏好关系 L^b 和 L^w 的排序向量，$\alpha \in [0,1]$ 是决策者态度参数，如果

$$\mathbf{V}^H = (1-\alpha)\mathbf{V}^b + \alpha \mathbf{V}^w$$

则称 $\mathbf{V}^H$ 是基于 Hurwicz 准则的犹豫模糊语言偏好关系 $H = (h_{ij})_{n\times n}$ 的排序向量。

在定义 4.6 中，态度参数 α 越小，说明决策者越乐观；态度参数 α 越大，则说明决策者越悲观。如果 $\alpha = 1$，决策者仅仅考虑乘性一致性水平最低的语言偏好关系；如果 $\alpha = 0$，决策者仅仅考虑乘性一致性水平最高的语言偏好关系；如果 $\alpha = 0.5$，表示决策者对于悲观和乐观采用一种中立的态度。

注 4.3　学者们通过构建优化模型来求解犹豫模糊语言偏好关系中一致

---

① Helena G W. Modifications of the Hurwicz's Decision Rule [J]. Central European Journal of Operations Research, 2014, 22 (4): 779－794.

性水平最高的语言偏好关系，并用该语言偏好关系的排序向量作为犹豫模糊语言偏好关系的排序向量。① 但是，求解语言偏好关系的优化模型计算复杂度很高。此外，该模型忽略了犹豫模糊语言偏好关系中大量的犹豫模糊语言数据信息。有学者先假设区间数服从正态分布，然后利用犹豫模糊语言数据包络的概念，构建了机会约束优化模型用以求解犹豫模糊语言偏好关系的排序向量。② 对犹豫模糊语言偏好关系而言，该机会约束优化模型会增加一些冗余的决策信息。本节定义的 Hurwicz 准则下的犹豫模糊语言排序向量不仅考虑了一致性水平最高的语言偏好关系的排序向量和一致性水平最低的语言偏好关系的排序向量，而且还考虑了决策者的风险态度，使得决策过程更加灵活，同时，不会增加冗余的决策信息。另外一方面，通过引入 0 - 1 变量，本节构建的求解一致性水平最高的语言偏好关系和一致性水平最低的语言偏好关系的优化模型具有较低的计算复杂度和较高的求解效率。

4.2.2 基于多阶段优化模型的犹豫模糊语言偏好关系的决策方法

图 4 - 3 给出了一个多阶段优化模型。该模型包括一个目标规划模型和两阶段优化模型。前者用于调整不具有可接受乘性一致性的犹豫模糊语言偏好关系使其满足可接受乘性一致性。后者用于求解犹豫模糊语言偏好关系的排序权重。基于多阶段优化模型，提出了一种新的犹豫模糊语言偏好关系的决策方法，具体步骤如下。

步骤 1 给定一致性阈值 γ 和决策者风险态度参数 α。

步骤 2 利用式 (4 - 4)，计算犹豫模糊语言偏好关系 $H = (h_{ij})_{n\times n}$ 的乘性一致性指数 $MCI(H)$。若 $MCI(H) \leqslant \gamma$，说明 H 具有可接受乘性一致性。令 $H^* = H$，然后进入步骤 4；否则，H 不具有可接受乘性一致性，则进入步骤 3。

步骤 3 求解模型 (M4 - 3)，可得最优解 $\hat{h}_{ij}^{\rho(t)} (1 \leqslant i < j \leqslant n; t = 1, \cdots, \ell)$。根据式 (4 - 6)，可得 $H^* = (h_{ij}^*)_{n\times n}$，其满足可接受乘性一致性。

---

① Feng X Q, Zhang L, Wei C P. The Consistency Measures and Priority Weights of Hesitant Fuzzy Linguistic Preference Relations [J]. Applied Soft Computing, 2018, 65: 79 - 90.

② Wang L H, Gong Z W. Priority of a Hesitant Fuzzy Linguistic Preference Relation with a Normal Distribution in Meteorological Disaster Risk Assessment [J]. International Journal of Environmental Research and Public Health, 2017, 14 (10): 1203.

步骤 4　根据两阶段优化模型和定义 4.6，可得 $H^* = (h_{ij}^*)_{n\times n}$ 基于 Hurwicz 准则的犹豫模糊语言偏好关系排序向量。

步骤 5　根据步骤 4 中求得的 $v_i^H(i = 1,2,\cdots,n)$，得到方案之间的排序结果。

步骤 6　基于步骤 5 中方案之间的排序结果选择出最好的决策方案。

注 4.4　实际上，上述的决策方法还可以处理基于犹豫模糊语言偏好关系的群体决策问题。对于一个群体决策问题，利用步骤 2 可以检验所有犹豫模糊语言偏好关系的乘性一致性水平。对于不具有可接受乘性一致性的犹豫模糊语言偏好关系，可以根据步骤 3 对它们的乘性一致性水平进行调整。进而，根据式（3 -21），可得综合犹豫模糊语言偏好关系。最后，根据步骤 4 至步骤 6 可以得到群体决策问题的最优决策方案。

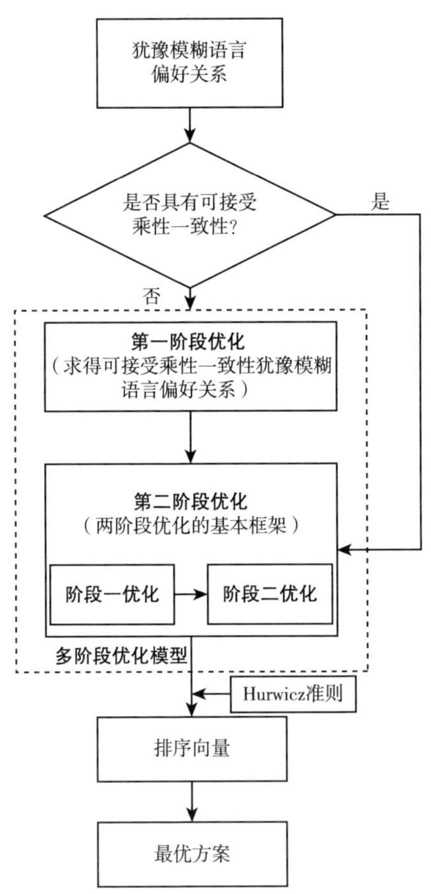

图 4 -3　多阶段优化模型的框架

4.3　案例与比较分析

本节将本章提出的决策方法应用到影响健康风险评估最重要因素识别以及共享单车选取这两个决策问题中，并将本章提出的决策方法与现存的决策方法进行比较分析。

4.3.1　健康风险因素重要性识别

有效的健康管理能够让健康和亚健康人群远离疾病、降低猝死风险，因此，近年来健康管理越来越受到人们的关注。健康风险评估是健康管理过程中关键的专业技术部分。健康风险评估是慢性病预防的第一步，它主要通过收集大量的个人健康信息，分析健康状态和生活方式、环境、遗传等诸多危险因素之间的关系，进而进一步评估个人在一定时间内发生某种疾病的可能性。然后，提出有针对性的控制和干预措施，以帮助政府、企业、保险公司和个人达到用最少成本达到最大健康效果的目的。影响健康风险评估的主要因素有以下四个：x_1 ——环境状况；x_2 ——饮食习惯；x_3 ——运动习惯；x_4 ——睡眠质量。

皖北地区某医院健康管理中心为了深入了解这四个因素在影响健康风险评估中的重要性，邀请了一位医学专家对四个因素进行深度评估。通过对四个因素进行两两比较，该专家给出了自己的偏好信息，如下所示：

$$H_1 = \begin{pmatrix} \{s_0\} & \{s_{-3},s_{-2},s_{-1}\} & \{s_{-1},s_0\} & \{s_{-3},s_{-2}\} \\ \{s_3,s_2,s_1\} & \{s_0\} & \{s_{-2},s_{-1}\} & \{s_{-2},s_{-1},s_0\} \\ \{s_1,s_0\} & \{s_2,s_1\} & \{s_0\} & \{s_{-1},s_0\} \\ \{s_3,s_2\} & \{s_2,s_1,s_0\} & \{s_1,s_0\} & \{s_0\} \end{pmatrix}$$

根据最小公倍数扩充准则，可得规范化犹豫模糊语言偏好关系 $\overline{H}_1$：

$$\overline{H}_1 = \left(\begin{array}{cc} \{s_0\} & \{s_{-3},s_{-3},s_{-2},s_{-2},s_{-1},s_{-1}\} \\ \{s_3,s_3,s_2,s_2,s_1,s_1\} & \{s_0\} \\ \{s_1,s_1,s_1,s_0,s_0,s_0\} & \{s_2,s_2,s_2,s_1,s_1,s_1\} \\ \{s_3,s_3,s_3,s_2,s_2,s_2\} & \{s_2,s_2,s_1,s_1,s_0,s_0\} \end{array} \right.$$

$$\begin{matrix} \{s_{-1},s_{-1},s_{-1},s_0,s_0,s_0\} & \{s_{-3},s_{-3},s_{-3},s_{-2},s_{-2},s_{-2}\} \\ \{s_{-2},s_{-2},s_{-2},s_{-1},s_{-1},s_{-1}\} & \{s_{-2},s_{-2},s_{-1},s_{-1},s_0,s_0\} \\ \{s_0\} & \{s_{-1},s_{-1},s_{-1},s_0,s_0,s_0\} \\ \{s_1,s_1,s_1,s_0,s_0,s_0\} & \{s_0\} \end{matrix}\right)$$

步骤1　根据表3－1，一致性阈值$\gamma = 1.1442$，态度参数$\alpha = 0.2$。

步骤2　利用式（4－4），可得$MCI(H_1) = 1.6667 > 1.1442$，即犹豫模糊语言偏好关系$H_1$不具有可接受乘性一致性。

步骤3　利用模型（M4－3）和式（4－6），可得具有可接受乘性一致性犹豫模糊语言偏好关系H_1^*：

$$H_1^* = \begin{pmatrix} \{s_0\} & \{s_{-2},s_{-2},s_{-2},s_{-1},s_{-1},s_{-1}\} & \{s_{-3},s_{-3},s_{-1},s_0,s_0,s_0\} & \{s_{-4},s_{-4},s_{-3},s_{-2},s_{-2},s_{-2}\} \\ \{s_2,s_2,s_2,s_1,s_1,s_1\} & \{s_0\} & \{s_{-2},s_{-2},s_{-2},s_{-1},s_{-1},s_{-1}\} & \{s_{-2},s_{-2},s_{-1},s_{-1},s_0,s_0\} \\ \{s_3,s_3,s_1,s_0,s_0,s_0\} & \{s_2,s_2,s_2,s_1,s_1,s_1\} & \{s_0\} & \{s_{-1},s_{-1},s_{-1},s_0,s_0,s_0\} \\ \{s_4,s_4,s_3,s_2,s_2,s_2\} & \{s_2,s_2,s_1,s_1,s_0,s_0\} & \{s_1,s_1,s_1,s_0,s_0,s_0\} & \{s_0\} \end{pmatrix}$$

步骤4　根据两阶段优化模型和定义4.6，求得H_1^*的一致性水平最高的语言偏好关系L_1^b和一致性水平最低的语言偏好关系L_1^w，分别为：

$$L_1^b = \begin{pmatrix} s_0 & s_{-2} & s_{-3} & s_{-4} \\ s_2 & s_0 & s_{-1} & s_{-2} \\ s_3 & s_1 & s_0 & s_{-1} \\ s_4 & s_2 & s_1 & s_0 \end{pmatrix},\ L_1^w = \begin{pmatrix} s_0 & s_{-2} & s_0 & s_{-4} \\ s_2 & s_0 & s_{-2} & s_0 \\ s_0 & s_2 & s_0 & s_0 \\ s_4 & s_0 & s_0 & s_0 \end{pmatrix}$$

可得H_1^*的基于Hurwicz准则的犹豫模糊语言排序向量$\mathbf{V}^{H_1^*}$为：

$$\mathbf{V}^{H_1^*} = (0.0182, 0.1350, 0.2572, 0.5896)^T$$

步骤5　根据$\mathbf{V}^{H_1^*}$，可得方案的排序结果为：

$$x_4 \succ x_3 \succ x_2 \succ x_1$$

步骤6 根据步骤5的结果，可知对影响健康风险评估最重要的因素是 x_4。

4.3.2 比较分析

为了说明本章提出的决策方法的可行性和有效性，本节我们把本章提出的决策方法与参考文献［209］、参考文献［210］提出的决策方法进行比较分析。

参考文献［210］提出的基于犹豫模糊语言偏好关系的决策方法主要包括一致性调整算法和犹豫模糊语言加权平均算子。根据下标对称的语言术语集，犹豫模糊语言偏好关系 H_1 可以转化成 A_1：

$$A_1=\begin{pmatrix} \{s_4\} & \{s_1,s_2,s_3\} & \{s_3,s_4\} & \{s_1,s_2\} \\ \{s_7,s_6,s_5\} & \{s_4\} & \{s_2,s_3\} & \{s_2,s_3,s_4\} \\ \{s_5,s_4\} & \{s_6,s_5\} & \{s_4\} & \{s_3,s_4\} \\ \{s_7,s_6\} & \{s_6,s_5,s_4\} & \{s_5,s_4\} & \{s_4\} \end{pmatrix}$$

利用相关文献的方法求解4.4.1中的案例，具体步骤如下。

步骤1 根据参考文献［210］中的一致性调整算法，可得调整后的犹豫模糊语言偏好关系 $\tilde{A}_1$ 为：

$$\begin{pmatrix} \{s_4\} & \{s_{2.5911},s_{3.1565},s_{3.4145}\} & \{s_{3.3383},s_{3.7454},s_{3.7454}\} & \{s_{2.3730},s_{3.0439},s_{3.0439}\} \\ \{s_{5.4089},s_{4.8435},s_{4.5855}\} & \{s_4\} & \{s_{3.1565},s_{3.5486},s_{3.6660}\} & \{s_{3.0439},s_{3.5486},s_4\} \\ \{s_{4.6617},s_{4.2546},s_{4.2546}\} & \{s_{4.8435},s_{4.4514},s_{4.3340}\} & \{s_4\} & \{s_{3.5486},s_4,s_4\} \\ \{s_{5.6270},s_{4.9561},s_{4.9561}\} & \{s_{4.9561},s_{4.4514},s_4\} & \{s_{4.4514},s_4,s_4\} & \{s_4\} \end{pmatrix}$$

进而可求得 $\tilde{A}_1$ 的乘性一致性指数为0.9072。取一致性阈值为0.9，则调整后的犹豫模糊语言偏好关系 $\tilde{A}_1$ 具有可接受乘性一致性。

步骤2 利用犹豫模糊语言算术平均（HFLA）算子和犹豫模糊语言

几何平均（HFLG）算子，可得：

$$\hat{b}_1^{HFLA} = \{s_{3.0756}, s_{3.4865}, s_{3.5510}\}$$

$$\hat{b}_2^{HFLA} = \{s_{3.9023}, s_{3.9852}, s_{4.0629}\}$$

$$\hat{b}_3^{HFLA} = \{s_{4.2635}, s_{4.1765}, s_{4.1471}\}$$

$$\hat{b}_4^{HFLA} = \{s_{4.7586}, s_{4.3519}, s_{4.2390}\}$$

和

$$\hat{b}_1^{HFLG} = \{s_{3.0102}, s_{3.4638}, s_{3.5325}\}$$

$$\hat{b}_2^{HFLG} = \{s_{3.7971}, s_{3.9522}, s_{4.0497}\}$$

$$\hat{b}_3^{HFLG} = \{s_{4.2311}, s_{4.1722}, s_{4.1444}\}$$

$$\hat{b}_4^{HFLG} = \{s_{4.7205}, s_{4.3345}, s_{4.2202}\}$$

步骤 3　分别计算 $\hat{b}_i^{HFLA}$ 和 $\hat{b}_i^{HFLG}$ 的得分值 $s(\hat{b}_i^{HFLA})$ 和 $s(\hat{b}_i^{HFLG})$：

$$s(\hat{b}_1^{HFLA}) = 0.4214$$

$$s(\hat{b}_2^{HFLA}) = 0.4979$$

$$s(\hat{b}_3^{HFLA}) = 0.5245$$

$$s(\hat{b}_4^{HFLA}) = 0.5562$$

$$s(\hat{b}_1^{HFLG}) = 0.4169$$

$$s(\hat{b}_2^{HFLG}) = 0.4916$$

$$s(\hat{b}_3^{HFLG}) = 0.5228$$

$$s(\hat{b}_4^{HFLG}) = 0.5531$$

步骤 4　根据步骤 3 的结果，可得四个因素的排序结果：

$$HFLA: x_4 > x_3 > x_2 > x_1$$

和

$$HFLG: x_4 > x_3 > x_2 > x_1$$

利用参考文献［209］的决策方法求解 4.4.1 中的案例，文献中提出的决策方法主要是基于犹豫模糊语言偏好关系的信息集成算子，相关的结果如下。

步骤1 利用 HFLA 算子，对 A_1 的每一行进行集结，可得 $\hat{b}_i$：

$$\hat{b}_1 = \{s_{2.2500}, s_{3.0000}, s_{3.2500}\}$$

$$\hat{b}_2 = \{s_{3.7500}, s_{4.0000}, s_{4.0000}\}$$

$$\hat{b}_3 = \{s_{4.5000}, s_{4.2500}, s_{4.2500}\}$$

$$\hat{b}_4 = \{s_{5.5000}, s_{4.7500}, s_{4.5000}\}$$

步骤2 计算 $\hat{b}_i$ 的得分值 $s(\hat{b}_i)$：

$$s(\hat{b}_1) = 0.3542$$

$$s(\hat{b}_2) = 0.4896$$

$$s(\hat{b}_3) = 0.5417$$

$$s(\hat{b}_4) = 0.6146$$

步骤3 根据步骤3的得分值 $s(\hat{b}_i)$，可得四个因素的排序结果：

$$x_4 > x_3 > x_2 > x_1$$

利用参考文献［209］和参考文献［210］提出的犹豫模糊语言偏好关系的决策方法，概括出四个因素最终的排序结果，如表4－1所示。利用上述文献求得的排序结果与本章提出的基于多阶段优化的犹豫模糊语言偏好关系的决策方法得到的排序结果是相同的。相比而言，本章提出的决策方法与所参考文献的决策方法之间的不同之处可以概括为以下三点。

（1）基于 β 规范化准则，参考文献［210］通过定义犹豫模糊语言偏好关系的乘性一致性指数，构建一种自动的乘性一致性调整算法，讨论了犹豫模糊语言偏好关系的乘性一致性的相关性质，并且提出了 HFLA 算子和 HFLG 算子用来对方案进行排序。

（2）参考文献［209］仅仅定义了一些犹豫模糊语言集成算子而没有讨论犹豫模糊语言偏好关系的乘性一致性。

（3）本章提出的基于多阶段优化的犹豫模糊语言偏好关系的决策方法主要包括一个整数规划模型和一个两阶段的优化模型。前者用以调整犹豫模糊语言偏好关系的乘性一致性。后者用以求解犹豫模糊语言偏好关系的排序向量。而且，该排序向量采用 Hurwicz 准则考虑决策者的风险态度。

表 4-1　　不同决策方法得到的决策结果

决策方法	排序方法	排序结果	最重要的因素
本章的方法	Hurwicz 准则	$x_4 > x_3 > x_2 > x_1$	x_4
参考文献［210］	HFLA	$x_4 > x_3 > x_2 > x_1$	x_4
参考文献［210］	HFLG	$x_4 > x_3 > x_2 > x_1$	x_4
参考文献［209］	HFLA	$x_4 > x_3 > x_2 > x_1$	x_4

4.3.3　共享单车选取

共享单车是企业在校园、地铁站、公交站、居民区、商业区、公共服务区提供自行车的共享服务。近年来，共享单车在我国随处可见。由于其符合低碳出行的理念，共享单车越来越受到人们的关注。目前，市场上有很多共享单车品牌。面对多种品牌的共享单车，你会选择哪一个品牌的共享单车呢？假设有四个品牌的共享单车：

x_1：olo 单车；

x_2：mb 单车；

x_3：hl 单车；

x_4：xl 单车。

目标是确定哪种品牌的共享单车将是最佳选择。

考虑以下四个准则：

c_1：押金；

c_2：收费；

c_3：舒适度；

c_4：行驶里程。

某个用户对四个准则进行两两比较，给出了自己的偏好关系如下：

$$H_{goal} = \begin{pmatrix} \{s_0\} & \{s_0, s_1\} & \{s_2\} & \{s_3\} \\ \{s_0, s_{-1}\} & \{s_0\} & \{s_1\} & \{s_2\} \\ \{s_{-2}\} & \{s_{-1}\} & \{s_0\} & \{s_{-2}, s_{-1}\} \\ \{s_{-3}\} & \{s_{-2}\} & \{s_2, s_1\} & \{s_0\} \end{pmatrix}$$

然后，该用户分别基于押金、收费、舒适度和行驶里程这四个准则下四个品牌的共享单车进行成对比较，给出了自己的偏好关系：

$$H_{c_1}=\begin{pmatrix} \{s_0\} & \{s_1,s_2\} & \{s_2\} & \{s_3\} \\ \{s_{-1},s_{-2}\} & \{s_0\} & \{s_1\} & \{s_2,s_3\} \\ \{s_{-2}\} & \{s_{-1}\} & \{s_0\} & \{s_1\} \\ \{s_{-3}\} & \{s_{-2},s_{-3}\} & \{s_{-1}\} & \{s_0\} \end{pmatrix}$$

$$H_{c_2}=\begin{pmatrix} \{s_0\} & \{s_{-1},s_1\} & \{s_1\} & \{s_{-1}\} \\ \{s_1,s_{-1}\} & \{s_0\} & \{s_3\} & \{s_{-1}\} \\ \{s_{-1}\} & \{s_{-3}\} & \{s_0\} & \{s_{-3},s_{-2}\} \\ \{s_1\} & \{s_1\} & \{s_3,s_2\} & \{s_0\} \end{pmatrix}$$

$$H_{c_3}=\begin{pmatrix} \{s_0\} & \{s_1\} & \{s_2,s_3\} & \{s_1\} \\ \{s_{-1}\} & \{s_0\} & \{s_{-4},s_{-3}\} & \{s_2\} \\ \{s_{-2},s_{-3}\} & \{s_4,s_3\} & \{s_0\} & \{s_{-3},s_{-2}\} \\ \{s_{-1}\} & \{s_{-2}\} & \{s_3,s_2\} & \{s_0\} \end{pmatrix}$$

$$H_{c_4}=\begin{pmatrix} \{s_0\} & \{s_{-1},s_1\} & \{s_1\} & \{s_{-1}\} \\ \{s_1,s_{-1}\} & \{s_0\} & \{s_3\} & \{s_{-1}\} \\ \{s_{-1}\} & \{s_{-3}\} & \{s_0\} & \{s_{-3},s_{-2}\} \\ \{s_1\} & \{s_1\} & \{s_3,s_2\} & \{s_0\} \end{pmatrix}$$

基于最小公倍数扩充准则，可得如下五个规范化犹豫模糊语言偏好关系。

$$\overline{H}_{goal}=\begin{pmatrix} \{s_0\} & \{s_0,s_1\} & \{s_2,s_2\} & \{s_3,s_3\} \\ \{s_0,s_{-1}\} & \{s_0\} & \{s_1,s_1\} & \{s_2,s_2\} \\ \{s_{-2},s_{-2}\} & \{s_{-1},s_{-1}\} & \{s_0\} & \{s_{-2},s_{-1}\} \\ \{s_{-3},s_{-3}\} & \{s_{-2},s_{-2}\} & \{s_2,s_1\} & \{s_0\} \end{pmatrix}$$

$$\overline{H}_{c_1}=\begin{pmatrix} \{s_0\} & \{s_1,s_2\} & \{s_2,s_2\} & \{s_3,s_3\} \\ \{s_{-1},s_{-2}\} & \{s_0\} & \{s_1,s_1\} & \{s_2,s_3\} \\ \{s_{-2},s_{-2}\} & \{s_{-1},s_{-1}\} & \{s_0\} & \{s_1,s_1\} \\ \{s_{-3},s_{-3}\} & \{s_{-2},s_{-3}\} & \{s_{-1},s_{-1}\} & \{s_0\} \end{pmatrix}$$

$$\overline{H}_{c_2}=\begin{pmatrix}\{s_0\}&\{s_{-1},s_1\}&\{s_1,s_1\}&\{s_{-1},s_{-1}\}\\\{s_1,s_{-1}\}&\{s_0\}&\{s_3,s_3\}&\{s_{-1},s_{-1}\}\\\{s_{-1},s_{-1}\}&\{s_{-3},s_{-3}\}&\{s_0\}&\{s_{-3},s_{-2}\}\\\{s_1,s_1\}&\{s_1,s_1\}&\{s_3,s_2\}&\{s_0\}\end{pmatrix}$$

$$\overline{H}_{c_3}=\begin{pmatrix}\{s_0\}&\{s_1,s_1\}&\{s_2,s_3\}&\{s_1,s_1\}\\\{s_{-1},s_{-1}\}&\{s_0\}&\{s_{-4},s_{-3}\}&\{s_2,s_2\}\\\{s_{-2},s_{-3}\}&\{s_4,s_3\}&\{s_0\}&\{s_{-3},s_{-2}\}\\\{s_{-1},s_{-1}\}&\{s_{-2},s_{-2}\}&\{s_3,s_2\}&\{s_0\}\end{pmatrix}$$

$$\overline{H}_{c_4}=\begin{pmatrix}\{s_0\}&\{s_{-1},s_1\}&\{s_1,s_1\}&\{s_{-1},s_{-1}\}\\\{s_1,s_{-1}\}&\{s_0\}&\{s_3,s_3\}&\{s_{-1},s_{-1}\}\\\{s_{-1},s_{-1}\}&\{s_{-3},s_{-3}\}&\{s_0\}&\{s_{-3},s_{-2}\}\\\{s_1,s_1\}&\{s_1,s_1\}&\{s_3,s_2\}&\{s_0\}\end{pmatrix}$$

根据表3－1，一致性阈值 $\gamma=1.1442$。根据式（4－4），可得

$$MCI(H_{goal})=1.5000$$
$$MCI(H_{c_1})=0.5000,\ MCI(H_{c_2})=1.2500$$
$$MCI(H_{c_3})=4.0000,\ MCI(H_{c_4})=1.2500$$

易知，除 H_{c_1} 以外，其余的犹豫模糊语言偏好关系都不具有可接受乘性一致性。

令 $H_{c_1}=H_{c_1}^*$，利用模型（M4－3）和式（4－6），可得可接受乘性一致性犹豫模糊语言偏好关系 H_{goal}^* 和 $H_{c_i}^*(i=2,3,4)$。

$$H_{goal}^*=\begin{pmatrix}\{s_0\}&\{s_1,s_1\}&\{s_1,s_1\}&\{s_1,s_1\}\\\{s_{-1},s_{-1}\}&\{s_0\}&\{s_1,s_1\}&\{s_1,s_1\}\\\{s_{-1},s_{-1}\}&\{s_{-1},s_{-1}\}&\{s_0\}&\{s_0,s_0\}\\\{s_{-1},s_{-1}\}&\{s_{-1},s_{-1}\}&\{s_0,s_0\}&\{s_0\}\end{pmatrix}$$

$$H_{c_2}^*=\begin{pmatrix}\{s_0\}&\{s_0,s_1\}&\{s_1,s_1\}&\{s_0,s_0\}\\\{s_0,s_{-1}\}&\{s_0\}&\{s_1,s_1\}&\{s_1,s_1\}\\\{s_{-1},s_{-1}\}&\{s_{-1},s_{-1}\}&\{s_0\}&\{s_0,s_0\}\\\{s_0,s_0\}&\{s_{-1},s_{-1}\}&\{s_0,s_0\}&\{s_0\}\end{pmatrix}$$

$$H_{c_3}^* = \begin{pmatrix} \{s_0\} & \{s_1,s_1\} & \{s_1,s_1\} & \{s_1,s_1\} \\ \{s_{-1},s_{-1}\} & \{s_0\} & \{s_0,s_0\} & \{s_1,s_1\} \\ \{s_{-1},s_{-1}\} & \{s_0,s_0\} & \{s_0\} & \{s_0,s_0\} \\ \{s_{-1},s_{-1}\} & \{s_{-1},s_{-1}\} & \{s_0,s_0\} & \{s_0\} \end{pmatrix}$$

$$H_{c_4}^* = \begin{pmatrix} \{s_0\} & \{s_0,s_1\} & \{s_1,s_1\} & \{s_0,s_0\} \\ \{s_0,s_{-1}\} & \{s_0\} & \{s_1,s_1\} & \{s_1,s_1\} \\ \{s_{-1},s_{-1}\} & \{s_{-1},s_{-1}\} & \{s_0\} & \{s_0,s_0\} \\ \{s_0,s_0\} & \{s_{-1},s_{-1}\} & \{s_0,s_0\} & \{s_0\} \end{pmatrix}$$

假设该用户的风险态度参数 $\alpha = 0.2$，根据两阶段优化模型和定义4.6，可求得 H_{goal}^* 的基于 Hurwicz 准则的排序向量 $\mathbf{V}_{H_{goal}^*}$ 为：

$$\mathbf{V}_{H_{goal}^*} = (0.4753, 0.1750, 0.1748, 0.1749)^T$$

同理，亦可求得 $H_{c_k}^*(k = 1,2,3,4)$ 的基于 Hurwicz 准则的排序向量 $\mathbf{V}_{\bar{H}_{c_k}^*}(k = 1,2,3,4)$ 为：

$$\mathbf{V}_{H_{c_1}^*} = (0.6666, 0.2100, 0.0902, 0.0332)^T$$
$$\mathbf{V}_{H_{c_2}^*} = (0.3131, 0.2859, 0.1152, 0.2858)^T$$
$$\mathbf{V}_{H_{c_3}^*} = (0.4754, 0.1750, 0.1748, 0.1748)^T$$
$$\mathbf{V}_{H_{c_4}^*} = (0.3131, 0.2859, 0.1152, 0.2858)^T$$

基于求解的 $\mathbf{V}_{H_{goal}^*}$ 和 $\mathbf{V}_{\bar{H}_{c_k}^*}$，根据参考文献［42］中提出的求解综合排序向量的方法：

$$w_i = \sum_{k=1}^{4} v_{H_{goal}^*}^k v_{H_{c_k}^*}^i, i = 1,2,3,4$$

可得综合排序向量 $\mathbf{W} = (0.5095, 0.2304, 0.1137, 0.1463)^T$。于是四个决策方案之间的序关系为 $x_1 \succ x_2 \succ x_4 \succ x_3$。

根据定义4.6，可知不同的态度参数会得到不同的排序向量，进而得到不同的综合排序向量。下面分析态度参数 $\alpha \in [0,1]$ 对各个决策方案综合排序权重的影响，所得三维柱状为图4－4。

由图4－4可以看出，方案 x_2、x_3 和 x_4 的综合排序权重随着态度参数 α 的增大而增大，方案 x_1 的综合排序权重随着态度参数 α 的增大而减小。

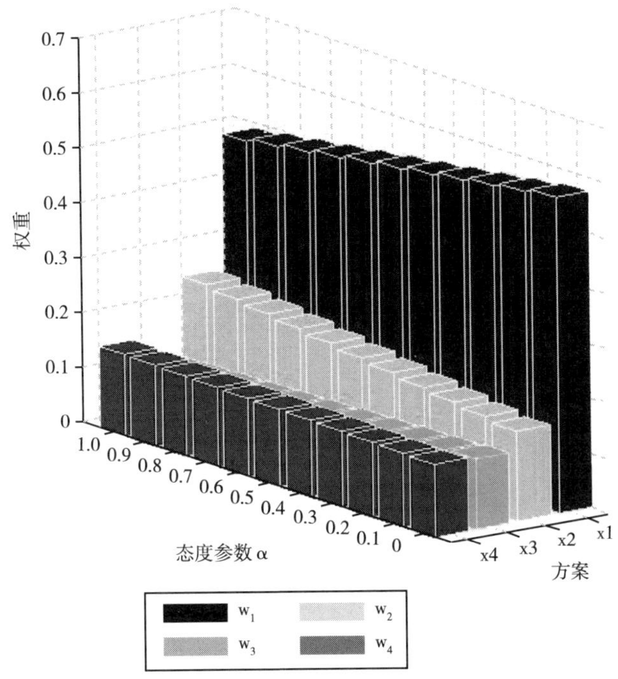

图 4－4　态度参数 α 对综合排序向量 W 的影响

4.3.4　比较分析

为了进一步说明本章提出的决策方法的可行性和有效性，本节将本章提出的决策方法与参考文献［42］的方法进行比较分析。通过计算可得综合排序向量为：

$$w_{Feng} = (0.2777, 0.2620, 0.2035, 0.2568)^T$$

易知，最终的排序结果为 $x_1 > x_2 > x_4 > x_3$。

可以看出这和本节提出的决策方法求得的排序结果是相同的。该文献提出的决策方法和本章提出的决策方法的不同之处概括为以下两点。

（1）参考文献［42］利用犹豫模糊语言偏好关系中一致性水平最高的语言偏好关系定义了犹豫模糊语言偏好关系的一致性。此外，将该语言偏好关系的排序向量视为犹豫模糊语言偏好关系的排序向量。然而，这些处理方法可能会忽略犹豫模糊语言偏好关系中大量的犹豫语言数据信息。

（2）本章定义的乘性一致性是基于犹豫模糊语言偏好关系的自身的决策信息。针对不具有可接受乘性一致性的犹豫模糊语言偏好关系，本章构建了一个整数规划模型。该模型保证了调整后的犹豫语言数据信息更容易被决策者接受。本章构建了一个两阶段优化模型用以求解犹豫模糊语言偏好关系的中一致性水平最高和一致性最差的语言偏好关系。然后，基于 Hurwicz 准则和一致性水平最高和一致性最差的语言偏好关系定义犹豫模糊语言偏好关系的排序向量。相对于参考文献［42］给出的决策方法，本章提出的决策方法适用于具有不同风险态度的决策者。

4.4 本章小结

犹豫模糊语言偏好关系作为一种新的偏好关系形式，用来表征决策者对于不同方案或属性（准则）之间的成对比较的犹豫模糊语言数据信息。针对犹豫模糊语言偏好关系的决策问题，本章提出了一种多阶段优化的决策方法。

首先，针对传统犹豫模糊语言偏好关系乘性一致性指数不稳定的缺点，提出了一种基于初始的犹豫模糊语言偏好关系的乘性一致性测度方法。

其次，针对不具有可接受乘性一致性的犹豫模糊语言偏好关系，提出了一个整数优化模型用于调整其乘性一致性水平，并从理论上研究了该模型的相关性质。

再次，基于概率抽样的思想，定义了犹豫模糊语言偏好关系中一致性水平最高和一致性水平最低的语言偏好关系，并构建了一个两阶段优化模型用来求解这两个语言偏好关系以及它们所对应的排序向量。根据 Hurwicz 准则，定义了犹豫模糊语言偏好关系的排序向量。

最后，根据整数优化模型和两阶段优化模型提出了一种基于多阶段优化的犹豫模糊语言偏好关系的决策方法。通过案例和比较分析归纳了本章提出的决策方法的可行性和有效性。

基于犹豫模糊语言偏好关系共识性的决策方法

针对犹豫模糊语言偏好关系的决策问题，第 3 章和第 4 章分别研究了犹豫模糊语言偏好关系的加性一致性和乘性一致性，并提出了相应的决策方法。

对于决策过程中的群体决策问题，决策者具有不同认知、态度、动机和个性，往往会导致他们给出的决策信息具有多样化和差异化的特点。对于群体决策问题而言，往往需要决策者达成一定的共识。只有在高度共识性的基础上得到的决策结果才更容易被决策者所接受。因此，共识性是决策过程中的群体决策问题的一个基本的研究问题（吴志彬，2018；Dong Y C，Xu J P，2016）。

目前，关于犹豫模糊语言偏好关系共识性的研究主要集中在两个方面：一是共识性测度，二是共识性调整算法。吴志彬和徐玖平（2016）定义了犹豫模糊语言数据均值的绝对偏差，并以此为基础定义了犹豫模糊语言偏好关系的共识性测度。针对不满足共识性阈值的犹豫模糊语言偏好关系，参考文献［174］提出了一种迭代的具有局部修正策略的共识性调整算法。参考文献［184］通过计算个体犹豫模糊语言偏好关系与群体偏好关系之间的偏差定义了犹豫模糊语言偏好关系的共识性测度，针对不满足共识性阈值的犹豫模糊语言偏好关系，提出了一种自动迭代的具有局部修正机制的共识性调整算法。

然而，以上关于犹豫模糊语言偏好关系共识性测度的研究尚存在一些不足，主要表现在：（1）上述两篇文献定义的共识性测度可能会导致决策者提供的初始的犹豫模糊语言数据信息损失。（2）参考文献［174］提出的共识性调整算法没有明确给出具体的调整尺度。参考文献［184］提出的共识性调整算法通过取整函数可能会导致修正后的犹豫模糊语言数据信息失真。这些不足之处会使决策问题更加复杂和难以理解。

针对犹豫模糊语言偏好关系的群体决策问题，本章首先利用最小公倍数扩充准则定义决策者之间的共识性测度。对于共识性不满足预先给定的共识性阈值的犹豫模糊语言偏好关系，构建一种一致性驱动的具有局部反馈机制的共识性调整算法。然后，针对决策的选择阶段，构建一个混合0－1规划模型用于求解犹豫模糊语言偏好关系的排序向量。根据排序向量的大小对备选方案进行排序。最后通过案例和比较分析说明该决策方法的可行性和有效性。

5.1　犹豫模糊语言偏好关系共识性调整过程

设 $X = \{x_1, x_2, \cdots, x_n\}$ 是待评估的备选方案集，其中 x_i 表示第 i 个备选方案。设 $D = \{d_1, d_2, \cdots, d_m\}$ 是决策者集，$v = (v_1, v_2, \cdots, v_m)^T$ 是决策者的权重向量，其满足 $v_k \geqslant 0(k = 1,2,\cdots m)$ 且 $\sum_{k=1}^{m} v_k = 1$。根据下标对称的语言术语集 S，每个决策者通过对方案之间进行两两比较给出自己的犹豫模糊语言数据信息。设 $H^{(k)} = (h_{ij}^{(k)})_{n\times n}$ 表示第 k 个决策者 d_k 给出的犹豫模糊语言偏好关系，其中 $h_{ij}^{(k)} \in \mathbf{H}(S)$ 表示第 k 个决策者 d_k 关于方案 $x_i \in X$ 和方案 $x_j \in X$ 的偏好程度。

在群体决策问题中，学者们指出“一个理性的共识调整过程不仅仅是一个聚合的过程，更是一个个个体偏好被理性地激发变化的过程”。① 因此，共识性调整算法的目标是引导决策者讨论其偏好信息并修改其偏好。

① Lehrer K，Wagner C. Rational Consensus in Science and Society：A philosophical and mathematical Study［M］. Dordrecht，Holland：Springer Science & Business Media，1981.

然而，一致性测度可能在共识性调整的过程中被破坏。本节在不破坏犹豫模糊语言偏好关系可接受加性一致性的前提下，构建基于一致性的动态反馈机制的共识性调整过程，用以衡量群体的共识程度，并指导群体达到预定的共识水平。

5.1.1　共识性测度

为了度量群体决策问题中的群体共识性水平，受参考文献［79］启发，本节根据最小公倍数扩充准则定义犹豫模糊语言相似测度。

定义 5.1　设 $\theta=\{\theta_1,\cdots,\theta_{l_\theta}\}$ 和 $\vartheta=\{\vartheta_1,\cdots,\vartheta_{\ell_\vartheta}\}$ 是 S 上的犹豫模糊语言数据。则 θ 和 ϑ 之间的相似测度可以定义为：

$$sim(\theta,\vartheta)=1-d(\theta,\vartheta)=1-\frac{1}{\ell}\sum_{t=1}^{\ell}\frac{|I(\theta_t^{\frac{\ell}{\ell_\theta}})-I(\vartheta_t^{\frac{\ell}{\ell_\vartheta}})|}{2\tau+1}\quad(5-1)$$

其中，$\ell=lcm(\ell_\theta,\ell_\vartheta)$。

显然，$0\leqslant sim(\theta,\vartheta)\leqslant 1$，$sim(\theta,\vartheta)$ 越大，犹豫模糊语言数据 θ 和 ϑ 越相似。定义 5.1 给出的相似度测度有两个优点：一是定义相似度测度时不需要假设两个犹豫模糊语言数据的含有相同个数的语言数据；二是基于最小公倍数扩充准则定义的相似性测度，不仅不会增加冗余信息，而且不会改变初始的犹豫模糊语言数据的均值、方差和概率分布。

根据定义 3.20 和定义 5.1，决策者 d_l 和之间 d_k 的相似矩阵 SM_{lk} 可以定义为：

$$SM_{lk}=\begin{pmatrix}1&\cdots&sim_{1n}^{lk}\\\vdots&\ddots&\vdots\\sim_{n1}^{lk}&\cdots&1\end{pmatrix}\quad(5-2)$$

其中，其中 sim_{ij}^{lk} 为 d_l 和 d_k 关于方案 x_i 和方案 x_j 之间的偏好程度的相似度，定义为：

$$sim_{ij}^{lk}=1-d(\bar{h}_{ij}^{(l)},\bar{h}_{ij}^{(k)})=1-\frac{1}{\ell_{Gro}}\sum_{t=1}^{\ell_{Gro}}\frac{|I(\bar{h}_{ij,t}^{(l)})-I(\bar{h}_{ij,t}^{(k)})|}{2\tau+1}\quad(5-3)$$

其中，$\ell_{Gro}=\ell_{\bar{h}_{ij}^{(k)}}(\forall i,j)$。

对于一个含有 m 个决策者的群体决策问题，基于以上分析可得 $\frac{m(m-1)}{2}$ 个相似矩阵。然后将所有相似矩阵进行聚合，得到共识性矩阵 $CM=(cm_{ij})_{n\times n}$。受参考文献［54］的启发，利用算术平均算子对所有相似矩阵进行融合，可得：

$$cm_{ij}=\frac{2}{m(m-1)}\sum_{l=1}^{m-1}\sum_{k=l+1}^{m}sim_{ij}^{lk} \tag{5-4}$$

接下来，我们将从三个方面来度量共识性水平，分别为 LEVEL1：成对备选方案共识性水平、LEVEL2：备选方案共识性水平和 LEVEL3：偏好关系共识性水平。利用式（5-3）和式（5-4）求得共识性矩阵 CM，我们从这三个方面探讨犹豫模糊语言偏好关系的共识性程度。

LEVEL 1（成对备选方案共识性水平）：用于衡量所有决策者关于一对备选方案 (x_i,x_j) 的偏好的共识度，表示为：

$$cpa_{ij}=cm_{ij}(i,j=1,2,\cdots,n;i\neq j) \tag{5-5}$$

如果 cpa_{ij} 越大，则所有决策者关于备选方案对 (x_i,x_j) 的共识性就越高。因此，可以根据 cpa_{ij} 识别犹豫模糊语言偏好关系中具有较低共识性水平的元素所在的位置。

LEVEL 2（备选方案的共识程度）：用来度量多个决策者对备选方案的共识性程度。对于备选方案 x_i，共识性程度可以定义为：

$$ca_i=\frac{1}{n-1}\sum_{j\neq i}^{n}cpa_{ij} \tag{5-6}$$

可以根据 ca_i 的大小来识别那些小于共识性阈值的备选方案。

LEVEL 3（偏好关系共识性水平）：它不仅可以度量所有决策者偏好信息的群体共识水平，而且还可以控制共识性调整过程。它可以被定义为：

$$cpr=\min_i\{ca_i\mid i=1,\cdots,n\} \tag{5-7}$$

为了避免出现较高备选方案的共识程度和较低备选方案的共识程度之间存在妥协的情况，受其他文献（Wu Z B，Xu J P，2016）的启发，选择 min 来定义偏好关系共识性水平。

5.1.2　局部反馈机制

设 $\delta \in [0,1]$ 是事先给定的共识性阈值。目前，关于共识性阈值 δ 的选择还没有统一的标准，但可以根据具体的决策问题或决策者之间的协商来确定。根据式（5－1）至式（5－7）可得偏好关系的共识程度 cpr，将 cpr 和 δ 进行比较。如果 $cpr \geqslant \delta$，则决策过程将直接进入选择阶段（该阶段会在下一小节进行详细讨论）。否则，应该对群体共识性进行调整，直至 $cpr \geqslant \delta$。群体共识性进行调整本质上是使用局部反馈机制对需要调整的偏好信息进行调整，这是共识性调整过程的一部分。

这种动态反馈机制通过生成一些规则，帮助或指导决策者用一种迭代的方式不断地调整自己的偏好信息直至偏好关系共识性程度满足事先给定的共识性阈值。受相关文献（Herrera-Viedma E，Martínez L，Mata F et al.，2005）启发，本节利用贴近度的概念，构建动态反馈机制用来识别最有可能需要调整其偏好信息的决策者，并通过构建加性一致性驱动的优化模型给出具体的调整尺度。

该动态反馈机制主要包括四个方面，它们分别是：

A1：计算贴近度；

A2：识别规则（IDEs）；

A3：调整方向规则（DIRs）；

A4：调整尺度规则（ADRs）。

具体描述如下。

（A1）计算贴近度：根据决策者给出的犹豫模糊语言偏好关系 $H^{(k)} = (h_{ij}^{(k)})_{n\times n}(k=1,2,\cdots,m)$、定义 3.21、定义 3.22 和相似测度的权重赋值方法，可得群体规范化犹豫模糊语言偏好关系 $\overline{H}_{Gro}^{(k)} = (\overline{h}_{ij}^{(k)})_{n\times n}$ 和群体综合矩阵 $\overline{H}^{g} = (\overline{h}_{ij}^{g})_{n\times n}$。依据 $\overline{H}_{Gro}^{(k)} = (\overline{h}_{ij}^{(k)})_{n\times n}$ 和 $\overline{H}^{g} = (\overline{h}_{ij}^{g})_{n\times n}$，可得第 k 个决策者 d_k 的偏好关系 $\overline{H}_{Gro}^{(k)} = (\overline{h}_{ij}^{(k)})_{n\times n}$ 与群体综合矩阵 $\overline{H}^{g} = (\overline{h}_{ij}^{g})_{n\times n}$ 之间的贴近度矩阵 $PM_k = (pm_{ij}^{(k)})_{n\times n}$ 可以定义为：

$$PM_k = \begin{pmatrix} 1 & \cdots & pm_{1n}^{k} \\ \vdots & \ddots & \vdots \\ pm_{n1}^{k} & \cdots & 1 \end{pmatrix} \tag{5-8}$$

其中，根据式（5－3），pm_{ij}^k 可以定义为：

$$pm_{ij}^k = 1 - d(\bar{h}_{ij}^{(k)},\bar{h}_{ij}^g) = 1 - \frac{1}{\ell_{Gro}}\sum_{t=1}^{\ell_{Gro}} \frac{|I(\bar{h}_{ij,t}^{(k)}) - I(\bar{h}_{ij,t}^g)|}{2\tau + 1} \quad (5-9)$$

（A2）识别规则：识别规则包含三个规则：识别备选方案规则、识别成对备选方案规则、识别决策者规则。

识别备选方案的规则：受参考文献［174］的启发，共识度低于 δ 的备选方案的识别规则记为：

$$ALR = \{x_i \mid \min_i\{ca_i\}, ca_i < \delta, i = 1,2,\cdots,n\} \quad (5-10)$$

如果存在 $x_{i_0} \in ALR$，则说明偏好关系的第 i_0 行需要调整。

识别成对备选方案的规则：对任意的备选方案 $x_i \in ALR$，该规则目的是识别备选方案 x_i 相对于其他备选方案的共识性程度小于 δ 的方案集。设 PAR 为需要调整的成对备选方案所构成的集合，可以定义为：

$$PAR = \{(x_i,x_j) \mid x_i \in ALR \& cp_{ij} < \delta\} \quad (5-11)$$

如果一对备选方案（x_i,x_j）属于 PAR，则表示偏好关系（i,j）位置上的偏好信息应该被调整。记 PoR 为偏好关系所有需要调整的偏好信息所在位置构成的集合：

$$PoR = \{(i,j) \mid x_i \in ALR \& p_{ij} < \delta\} \quad (5-12)$$

识别决策者的规则：该规则通过定义平均贴近度矩阵来达到识别需要调整自己给出的偏好关系的决策者。平均贴近度矩阵 $\overline{PM} = (\overline{pm_{ij}})_{n\times n}$ 定义为：

$$\overline{pm_{ij}} = \frac{1}{m}\sum_{k=1}^{m} pm_{ij}^k \quad (5-13)$$

如果 $pm_{ij}^k < \overline{pm_{ij}}$，则说明第 k 个决策者 d_k 应该调整他/她的犹豫模糊语言数据信息。记

$$DM_{ij} = \{k \mid pm_{ij}^k < \overline{pm_{ij}}, (i,j) \in PoR\} \quad (5-14)$$

表示所有需要调整其偏好关系（i,j）位置上的偏好信息的决策者所构成的集合。为了方便起见，所有需要对其偏好关系位置上的偏好信息进行调整的决策者记为集合 PDR ：

$$PDR = \{(k,(i,j)) \mid d_k \in DM_{ij}(i,j) \in PoR\} \quad (5-15)$$

考虑到犹豫模糊语言偏好关系的互补性，集合 PDR 可以进一步简写成：

$$pPDR = \{(k,(i,j)) \mid d_k \in DM_{ij} \& (i,j) \in PoR \& i < j\} \quad (5-16)$$

（A3）调整方向规则：对于 $(k,(i,j)) \in pPDR$，采用以下准则指导决策者调整其初始的偏好信息，这些准则如下。

DIR1：如果 $\overline{h}_{ij}^{(k)} < \overline{h}_{ij}^{g}$，则决策者 d_k 应该提高其关于备选方案 x_i 相对备选方案 x_j 的偏好信息。

DIR2：如果 $\overline{h}_{ij}^{(k)} > \overline{h}_{ij}^{g}$，则决策者 d_k 应该减小其关于备选方案 x_i 相对备选方案 x_j 的偏好信息。

DIR3：如果 $\overline{h}_{ij}^{(k)} = \overline{h}_{ij}^{g}$，则决策者 d_k 应该保持其关于备选方案 x_i 相对备选方案 x_j 的偏好信息。

（A4）调整尺度规则：该规则通过最优化模型给出具体的调整尺度。设 $(k,(i,j)) \in pPDR$，则决策者 d_k 应该调整其关于备选方案 x_i 相对备选方案 x_j 的偏好信息 $\widetilde{h}_{ij}^{(k)}$。根据 A3 中提供的调整方向，采用优化模型给出具体的调整尺度可以确保偏好关系共识性程度大于等于共识性阈值 δ 时偏好关系依旧具有可接受加性一致性。该优化模型如下：

$$\min \sum_{k \in pPDR} \left\| I(\widetilde{h}_{ij}^{(k)}) - I(h_{ij}^{(k)}) \right\|_2 \quad (M5-1)$$

$$s.t. \begin{cases} ACI(\overline{H}^{(k)}) \leqslant \overline{CI} \\ E(\widetilde{h}_{ij}^{(k)}) > E(\widetilde{h}_{ij}^{(k)}) \\ E(\widetilde{h}_{i'j'}^{(k)}) < E(\widetilde{h}_{i'j'}^{(k)}) \\ I(\widetilde{h}_{ij,t}^{(k)}) \leqslant I(\widetilde{h}_{ij,t+1}^{(k)}) \\ ca_i > \delta \\ I(\widetilde{h}_{ij,t}^{(k)}) \in \{-\tau,\cdots,0,\cdots,t\} \end{cases}$$

在模型（M5－1）中，目标函数保证调整后的偏好信息 $\widetilde{h}_{ij}^{(k)}$ 尽可能地接近 $d_k \in DM_{ij}$ 提供的初始的犹豫模糊语言数据信息 $h_{ij}^{(k)}$，即目标函数将原始偏好信息尽可能多地保留在调整后的偏好关系中。第一个约束条件确保调整后的犹豫模糊语言偏好关系满足可接受加性一致性。考虑 DIR1 和

DIR 2，给出了第二和第三个约束条件。第四个约束条件保证了调整后的偏好信息依旧是犹豫模糊语言数据。第五个约束条件保证了偏好关系的共识性水平大于δ。最后一个约束条件确保调整后的偏好评价信息属于初始的评价语言术语集。

注 5.1　上述优化模型包含两个 DIRs，分别为 DIR1 和 DIR2。根据规则 A3，如果只有 DIR1，则上述优化模型应省略第三个约束条件。反之，如果存在 DIR2，则上述优化模型应省略第二个约束条件。

由于目标函数是有界的，根据 Weierstrass 定理，可得如下性质（Borwein J，Lewis A S，2010）。

性质 5.1　模型（M5－1）至少存在一个最优解。

在这种情况下，从理论上讲，（M5－1）的任意一个最优解都是可行的。对于实际的决策问题，我们希望尽可能多地找到（M5－1）的最优解。然后，根据实际决策问题，决策者选择符合其兴趣的解作为（M5－1）的最终解。或者根据相关文献基于优势的粗糙集方法（Greco S，Matarazzo B，Slowiński R，2001）提出的“核心”概念来处理这种情况。

根据下面的定理，可得共识性调整过程是收敛的。

定理 5.1　在共识性调整过程中，对于任意需要调整的备选方案x_i，都有

$$ca_i^h < ca_i^{h+1}$$

其中ca_i^h和ca_i^{h+1}分别表示第h迭代和第$h+1$迭代备选方案的共识程度。

证明：根据式（5－4）定义的共识性矩阵，可得$ca_i^h < ca_i^{h+1}$等价于$cm_{ij}^h < cm_{ij}^{h+1}$。

根据式（5－3），我们只需证明

$$\frac{1}{\ell_{Gro}}\sum_{t=1}^{\ell_{Gro}}\frac{|I(\overline{h}_{ij,t}^{(l),h+1})-I(\overline{h}_{ij,t}^{(k),h+1})|}{2\tau+1} < \frac{1}{\ell_{Gro}}\sum_{t=1}^{\ell_{Gro}}\frac{|I(\overline{h}_{ij,t}^{(l),h})-I(\overline{h}_{ij,t}^{(k),h})|}{2\tau+1}$$

不失一般性，假设决策者d_1需要调整其关于备选方案x_i相对于备选方案x_j的偏好信息。然后，只需要重新计算决策者d_1与其他决策者$d_k{}'(k'=2,3,\cdots,m)$之间的相似测度，并保留其他相似测度。因此，要证明定理 5.1，只需证明

$$\begin{aligned}&d(\overline{h}_{ij}^{(1),h+1},\overline{h}_{ij}^{(2),h+1})+\cdots+d(\overline{h}_{ij}^{(1),h+1},\overline{h}_{ij}^{(m),h+1})\\&<d(\overline{h}_{ij}^{(1),h},\overline{h}_{ij}^{(2),h})+\cdots+d(\overline{h}_{ij}^{(1),h},\overline{h}_{ij}^{(m),h})\end{aligned}$$

根据调整规则 A3，可知$\overline{h}_{ij}^{(1),h}$和$\overline{h}_{ij}^{(k'),h}$关于备选方案对$(x_i,x_j)$的距离

在下一次迭代中会减小。即，对任意的 $k' = 2,3,\cdots,m$，有：

$$d(\bar{h}_{ij}^{(1),h+1},\bar{h}_{ij}^{(k'),h+1}) < d(\bar{h}_{ij}^{(1),h},\bar{h}_{ij}^{(k'),h})$$

故，可得

$$d(\bar{h}_{ij}^{(1),h+1},\bar{h}_{ij}^{(2),h+1}) + \cdots + d(\bar{h}_{ij}^{(1),h+1},\bar{h}_{ij}^{(m),h+1}) < d(\bar{h}_{ij}^{(1),h},\bar{h}_{ij}^{(2),h}) + \cdots + d(\bar{h}_{ij}^{(1),h},\bar{h}_{ij}^{(m),h})$$

则可证得定理 5.1。

基于以上分析，基于犹豫模糊语言偏好关系的决策过程中的群体决策共识性调整过程可以概括为算法 5.1。

算法 5.1　共识性调整过程

输入： 初始犹豫模糊语言偏好关系 $H^{(1)},H^{(2)},\cdots,H^{(m)}$、共识性阈值 δ

输出： 调整后的犹豫模糊语言偏好关系 $\tilde{H}^{(1)},\tilde{H}^{(2)},\cdots,\tilde{H}^{(m)}$、偏好关系共识度 cpr

步骤 1　设 $h = 0$，$H^{(k),h} = (h_{ij}^{(k),h})_{n\times n}(k = 1,2,\cdots,m)$

步骤 2　根据定义 3.20，求得 $\bar{H}_{Gro}^{(k),h} = (\bar{h}_{ij}^{(k),h})_{n\times n}$

步骤 3　利用式（5－3）和式（5－4）计算共识性矩阵 $CM = (cm_{ij})_{n\times n}$

步骤 4　利用 LEVEL1、LEVEL2 和 LEVEL3 计算偏好关系共识度 cpr

若 $cpr \geqslant \delta$，进入步骤 6；否则，进入步骤 5

步骤 5　局部反馈机制。根据规则 A1、规则 A2、规则 A3 和规则 A4，求得 $\tilde{h}_{ij}^{(k),h}$ 和 $\tilde{H}^{(k),h} = (\tilde{h}_{ij}^{(k),h})_{n\times n}$

其中，k 表示决策者 d_k 需要调整其关于备选方案 x_i 相对于备选方案 x_j 的犹豫模糊语言偏好信息

$$pPDR = \{(k,(i,j)) \mid d_k \in DM_{ij}\&(i,j) \in PoR\&i < j\}$$

$$PoR = \{(i,j) \mid x_i \in ALR\&cp_{ij} < \delta\},$$

$$ALR = \{x_i \mid \min_i\{ca_i\},ca_i < \delta,i = 1,2,\cdots,n\}$$

设 $h = h + 1$，进入步骤 3

步骤 6　设 $\tilde{H}^{(k)} = \tilde{H}^{(k),h}$，输出 $\tilde{H}^{(k)}$ 和 cpr

步骤 7　结束

5.2 选择过程

群体偏好关系关乎群体决策问题的最终决策结果。在达成共识调整过程后，通过集结所有满足共识性阈值的偏好关系计算群体偏好关系。在群体决策问题中，群体偏好关系被认为是决策者相互之间达成了共识。选择过程分为两个阶段：一是偏好信息集结阶段，二是选择阶段。本章利用定义 3.21 实现偏好信息的集结，在接下来的内容中，通过给出犹豫模糊语言偏好关系的排序向量的求解方法对选择阶段进行讨论。

基于统计学中概率抽样的观点，犹豫模糊语言偏好关系可以看作由许多与之相对应的语言偏好关系构成的。在此基础上，我们希望从所有可能的语言偏好关系的排序向量中找到与犹豫模糊语言偏好关系偏差最小的排序向量，并以此作为犹豫模糊语言偏好关系的排序向量。下面详细地说明犹豫模糊语言偏好关系排序向量的求解方法。

根据定义 2.19，可以求得所有关于犹豫模糊语言偏好关系 $H = (h_{ij})_{n\times n}$ 的语言偏好关系。记 $\mathbb{L}_H$ 为所有语言偏好关系构成的集合

$$\mathbb{L}_H = \{L = (l_{ij})_{n\times n} \mid l_{ij} \in h_{ij}, l_{ji} = neg(l_{ij}), i,j = 1,2,\cdots,n\}$$

易知，犹豫模糊语言偏好关系 $H = (h_{ij})_{n\times n}$ 包含 $\prod_{i=1}^{n-1}\prod_{j=i+1}^{n} C^1_{\ell_{h_{ij}}}$ 个语言偏好关系。为了方便起见，它们分别被记为 $L^{(1)} = (l_{ij}^{(1)})_{n\times n}, L^{(2)} = (l_{ij}^{(2)})_{n\times n}, \cdots, L^{(l)} = (l_{ij}^{(\ell)})_{n\times n}$，其中 $\ell = \prod_{i=1}^{n-1}\prod_{j=i+1}^{n} C^1_{\ell_{h_{ij}}}$。

对于每一个语言偏好关系 $L^{(k)} = (l_{ij}^{(k)})_{n\times n}(k = 1,2,\cdots,\ell)$，根据（M2－1）可以求得语言偏好关系 $L^{(k)}$ 的排序向量 $\omega^{(k)} = (\omega_1^{(k)}, \omega_2^{(k)}, \cdots, \omega_n^{(k)})^T$。记 Ω_H 表示犹豫模糊语言偏好关系 H 所有可能的语言偏好关系所对应的排序向量构成的集合

$$\Omega_H = \{\omega^{(k)} \mid k = 1,2,\cdots,\ell\}$$

该集合中所有的排序向量 $\omega^{(k)}$ 都可以看作犹豫模糊语言偏好关系 $H = (h_{ij})_{n\times n}$ 的排序向量。我们通过定义排序向量 $\omega^{(k)}$ 与犹豫模糊语言偏好关系 H 之间的距离测度来求解最优的排序向量（Li C C et al.，2018）。该距离测度如定义 5.2 所示。

定义 5.2 设 $H = (h_{ij})_{n\times n}$ 是犹豫模糊语言偏好关系，$\omega^{(k)} = (\omega_1^{(k)},$

$\omega_2^{(k)},\cdots,\omega_n^{(k)})^T(k=1,2,\cdots,\ell)$ 是关于 $H=(h_{ij})_{n\times n}$ 的所有语言偏好关系 $L^{(k)}=(l_{ij}^{(k)})_{n\times n}$ 的排序向量。则 $\omega^{(k)}$ 和 H 之间的距离可以定义为：

$$d(\omega^{(k)},H)=\frac{1}{\sum_{i<j}^{n}\ell_{h_{ij}}}\sum_{i<j}^{n}\sum_{l=1}^{\ell_{h_{ij}}}(0.5(\omega_i^{(k)}-\omega_j^{(k)}+1)-NS(h_{ij}^{\sigma(l)}))^2 \tag{5-17}$$

式（5－17）反映了 $0.5(\omega_i^{(k)}-\omega_j^{(k)}+1)$ 和 $NS(h_{ij}^{\sigma(l)})\in[0,1]$ 之间距离的平均值。显然，最优的排序向量应该满足 $d(w^{(k)},H)$ 最小。因此，基于该观点给出犹豫模糊语言偏好关系 $H=(h_{ij})_{n\times n}$ 排序向量的定义。

定义5.3　设 $H=(h_{ij})_{n\times n}$ 是犹豫模糊语言偏好关系，$\omega^{(k)}=(\omega_1^{(k)},\omega_2^{(k)},\cdots,\omega_n^{(k)})^T(k=1,2,\cdots,\ell)$ 是关于 $H=(h_{ij})_{n\times n}$ 的语言偏好关系 $L^{(k)}=(l_{ij}^{(k)})_{n\times n}$ 的排序向量。如果向量 $\omega^*=(\omega_1^*,\omega_2^*,\cdots,\omega_n^*)^T$ 满足

$$\omega^*=(\omega_1^*,\omega_2^*,\cdots,\omega_n^*)^T=\underset{\omega^{(k)}\in\Omega_H}{\text{argmin}}\,d(\omega^{(k)},H) \tag{5-18}$$

则称向量 $\omega^*=(\omega_1^*,\omega_2^*,\cdots,\omega_n^*)^T$ 是犹豫模糊语言偏好关系 $H=(h_{ij})_{n\times n}$ 的排序向量。

基于以上分析，犹豫模糊语言偏好关系排序向量求解过程如图5－1所示。

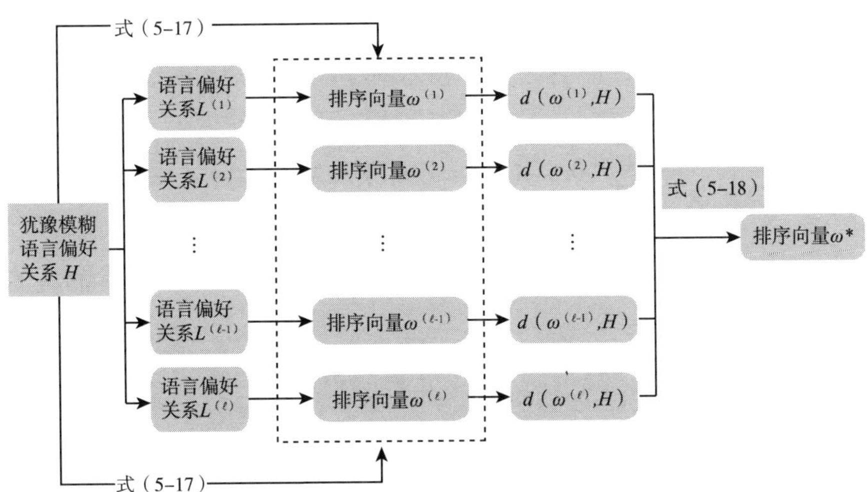

图5－1　求解排序向量 ω^* 的过程

犹豫模糊语言偏好关系 $H=(h_{ij})_{n\times n}$ 包含 ℓ 个语言偏好关系。为了求解这 ℓ 个语言偏好关系排序向量，模型（M2－1）和式（5－17）要分别计算 ℓ 次。如果方案个数 n 和 $C^1_{\ell_{h_{ij}}}$ 很大，就会造成求解犹豫模糊语言偏好关系 $H=(h_{ij})_{n\times n}$ 排序向量的过程具有很大的计算量。不妨假设有一个犹豫模糊语言偏好关系，记作：

$$H=\begin{pmatrix} \{s_0\} & \{s_{-2},s_{-1}\} & \{s_2,s_3,s_4\} & \{s_{-3},s_{-2}\} & \{s_1,s_2\} \\ \{s_2,s_1\} & \{s_0\} & \{s_1,s_2,s_3\} & \{s_{-3},s_{-2},s_{-1}\} & \{s_2,s_3\} \\ \{s_{-2},s_{-3},s_{-4}\} & \{s_{-1},s_{-2},s_{-3}\} & \{s_0\} & \{s_2,s_3\} & \{s_3,s_4\} \\ \{s_3,s_2\} & \{s_3,s_2,s_1\} & \{s_{-2},s_{-3}\} & \{s_0\} & \{s_{-3},s_{-2},s_{-1}\} \\ \{s_{-1},s_{-2}\} & \{s_{-2},s_{-3}\} & \{s_{-3},s_{-4}\} & \{s_3,s_2,s_1\} & \{s_0\} \end{pmatrix}$$

根据定义 2.19，可知 H 中含有 5184 个语言偏好关系。为了求得其排序向量，模型（M2－1）和式（5－16）要分别计算 5184 次。可见，为了得到最优的排序向量，求解过程的计算量很大。

因此，为了简化求解排序向量的计算量，我们引入 0－1 变量，如下所示：

$$\varphi_{ij,t}=\begin{cases}0, if\ l_{ij}\neq h_{ij,t} \\ 1, if\ l_{ij}=h_{ij,t}\end{cases} i,j=1,2,\cdots,n; t=1,\cdots,\ell_{h_{ij}}$$

显然，有 $\sum_{t=1}^{\ell_{h_{ij}}}\varphi_{ij,t}=1$。

根据上述 0－1 变量，构建如下所示的混合 0－1 规划模型。

$$\min\sum_{i<j}^{n}\left(\frac{1}{\sum_{i<j}^{n}\ell_{h_{ij}}}\sum_{t=1}^{\ell_{h_{ij}}}(0.5(w_i^*-w_j^*+1)-NS(h_{ij,t}))^2+\lambda_{ij}^{+}+\lambda_{ij}^{-}\right)$$

（M5－2）

$$s.t.\begin{cases}0.5(w_i^*-w_j^*+1)-\sum_{t=1}^{\ell_{h_{ij}}}\varphi_{ij,t}NS(h_{ij,t})=\lambda_{ij}^{+}-\lambda_{ij}^{-}, \\ \lambda_{ij}^{+}\geq 0, \\ \lambda_{ij}^{-}\geq 0, \\ \lambda_{ij}^{+}\lambda_{ij}^{-}=0,\end{cases}$$

$$s.t.\begin{cases}\sum_{t=1}^{\ell_{h_{ij}}}\varphi_{ij,t}=1\\ \sum_{i=1}^{n}w_i^*=1\\ w_i^*\geqslant 0\\ \varphi_{ij,t}\in\{0,1\}\\ 1\leqslant i<j\leqslant n\\ t=1,2,\cdots,\ell_{h_{ij}}\end{cases}\tag{M5-2}$$

其中，$\frac{1}{\sum_{i<j}^{n}\ell_{h_{ij}}}\sum_{t=1}^{\ell_{h_{ij}}}(0.5(w_i^*-w_j^*+1)-NS(h_{ij,t}))^2$ 等价于式（5－17），$\varphi_{ij,t}\in\{0,1\}$ 和 $\lambda_{ij}^{+}+\lambda_{ij}^{-}$ 是为了保证所求排序向量 $\omega^*=(\omega_1^*,\omega_2^*,\cdots,\omega_n^*)^T\in\Omega_H$。

5.3　投资项目选择实例分析

为了验证本章提出的决策方法的可行性，本节将所提出的决策方法应用到投资项目选择的决策问题中，同时，通过与现存决策方法的比较分析说明本章提出的方法的有效性。

5.3.1　实例分析和求解过程

投资项目的选择对企业的生存和发展具有重要意义。企业在选择投资项目时，始终遵循科学的程序和方法。企业对投资项目的选择是一个整体的、系统的考虑。从而保证投资项目的成功率，实现公司的可持续发展。

假设有四个不同的候选行业：x_1：汽车行业；x_2：食品行业；x_3：计算机行业；x_4：武器制造行业。有一个投资公司计划投资一笔钱到这四个行业里最好的行业中。根据该投资公司股东的要求，有四个决策者 $D=\{d_1,d_2,d_3,d_4\}$ 分别来自四个不同的部门：d_1 来自风险评估部门；d_2 来自财务部门；d_3 来自政策法规部门；d_4 来自环保部门。语言术语集 $S=\{s_{-4},s_{-3},s_{-2},s_{-1},s_0,s_1,s_2,s_3,s_4\}$。其中，$s_{-4}$ 表示极差；s_{-3} 表示很差；s_{-2} 表示差；

s_{-1} 表示有点差；s_0 表示无差别；s_1 表示好；s_2 表示有点好；s_3 表示很好；s_4 表示极好。

每个决策者分别给出他们的偏好评估信息 $H^{(k)}=(h_{ij}^{(k)})_{4\times4}(k=1,2,3,4)$ 如下：

$$H^{(1)}=\begin{pmatrix}\{s_0\} & \{s_0,s_1\} & \{s_1,s_2\} & \{s_2,s_3\}\\ \{s_0,s_{-1}\} & \{s_0\} & \{s_0,s_1\} & \{s_1\}\\ \{s_{-1},s_{-2}\} & \{s_0,s_{-1}\} & \{s_0\} & \{s_0,s_1\}\\ \{s_{-2},s_{-3}\} & \{s_{-1}\} & \{s_0,s_{-1}\} & \{s_0\}\end{pmatrix}$$

$$H^{(2)}=\begin{pmatrix}\{s_0\} & \{s_1,s_2,s_3\} & \{s_{-2},s_{-1}\} & \{s_2\}\\ \{s_{-1},s_{-2},s_{-3}\} & \{s_0\} & \{s_{-2}\} & \{s_0,s_1\}\\ \{s_2,s_1\} & \{s_2\} & \{s_0\} & \{s_2,s_3\}\\ \{s_{-2}\} & \{s_0,s_{-1}\} & \{s_{-2},s_{-3}\} & \{s_0\}\end{pmatrix}$$

$$H^{(3)}=\begin{pmatrix}\{s_0\} & \{s_1\} & \{s_2,s_3\} & \{s_2,s_3\}\\ \{s_{-1}\} & \{s_0\} & \{s_0,s_1\} & \{s_1,s_2\}\\ \{s_{-2},s_{-3}\} & \{s_0,s_{-1}\} & \{s_0\} & \{s_1\}\\ \{s_{-2},s_{-3}\} & \{s_{-1},s_{-2}\} & \{s_{-1}\} & \{s_0\}\end{pmatrix}$$

$$H^{(4)}=\begin{pmatrix}\{s_0\} & \{s_0,s_1\} & \{s_{-1},s_0\} & \{s_{-3},s_{-2}\}\\ \{s_0,s_{-1}\} & \{s_0\} & \{s_{-3},s_{-2}\} & \{s_{-4},s_{-3}\}\\ \{s_1,s_0\} & \{s_3,s_2\} & \{s_0\} & \{s_{-1},s_0\}\\ \{s_3,s_2\} & \{s_4,s_3\} & \{s_1,s_0\} & \{s_0\}\end{pmatrix}$$

1. 一致性阶段

首先，当所有的犹豫模糊语言偏好关系 $H^{(k)}=(h_{ij}^{(k)})_{4\times4}(k=1,2,3,4)$ 都具有可接受加性一致性时，决策过程进入共识性阶段。根据表 3－1，取 $\overline{CI}=0.1347$。利用式（3－18），求得 $H^{(k)}=(h_{ij}^{(k)})_{4\times4}$ 的加性一致性指数 $ACI(H^{(k)})$ 如下：

$$ACI(H^{(1)})=0.0625$$
$$ACI(H^{(2)})=0.0764$$
$$ACI(H^{(3)})=0.0417$$
$$ACI(H^{(4)})=0.0833$$

可知，对任意的 $k=1,2,3,4$，都有 $ACI(H^{(k)})\leqslant\overline{CI}=0.1347$，这说明所有的犹豫模糊语言偏好关系都具有可接受加性一致性，则决策过程直接进入共识性阶段。

2. 共识性阶段

第一次迭代：根据式（5－2）和式（5－3），可以求得每对决策者之间的相似矩阵 SM_{lk} 如下。

$$SM_{12}=\begin{pmatrix}1 & 0.8333 & 0.6667 & 0.9444\\0.8333 & 1 & 0.7222 & 0.9444\\0.6667 & 0.7222 & 1 & 0.7778\\0.9444 & 0.9444 & 0.7778 & 1\end{pmatrix}$$

$$SM_{13}=\begin{pmatrix}1 & 0.9444 & 0.8889 & 1.0000\\0.9444 & 1 & 1.0000 & 0.9444\\0.8889 & 1.0000 & 1 & 0.9444\\1.0000 & 0.9444 & 0.9444 & 1\end{pmatrix}$$

$$SM_{14}=\begin{pmatrix}1 & 1.0000 & 0.7778 & 0.4444\\1.0000 & 1 & 0.6667 & 0.5000\\0.7778 & 0.6667 & 1 & 0.8889\\0.4444 & 0.5000 & 0.8889 & 1\end{pmatrix}$$

$$SM_{23}=\begin{pmatrix}1 & 0.8889 & 0.5556 & 0.9444\\0.8889 & 1 & 0.7222 & 0.8889\\0.5556 & 0.7222 & 1 & 0.8333\\0.9444 & 0.8889 & 0.8333 & 1\end{pmatrix}$$

$$SM_{24}=\begin{pmatrix}1 & 0.8333 & 0.8889 & 0.5000\\0.8333 & 1 & 0.9444 & 0.5556\\0.8889 & 0.9444 & 1 & 0.6667\\0.5000 & 0.5556 & 0.6667 & 1\end{pmatrix}$$

$$SM_{34}=\begin{pmatrix}1 & 0.9444 & 0.6667 & 0.4444\\0.9444 & 1 & 0.6667 & 0.4444\\0.6667 & 0.6667 & 1 & 0.8333\\0.4444 & 0.4444 & 0.8333 & 1\end{pmatrix}$$

利用式（5－4），求得共识性矩阵：

$$CM_{Iter_1} = \begin{pmatrix} 1 & 0.9074 & 0.7407 & 0.7130 \\ 0.9074 & 1 & 0.7870 & 0.7130 \\ 0.7407 & 0.7870 & 1 & 0.8241 \\ 0.7130 & 0.7130 & 0.8241 & 1 \end{pmatrix}$$

接下来将从 LEVEL 1、LEVEL 2 和 LEVEL 3 这三个方面来计算犹豫模糊语言偏好关系的共识程度。

LEVEL 1（成对备选方案共识性水平）：对任意的 $i,j = 1,2,\cdots,n;i \neq j$，可以得到 $cpa_{ij} = cm_{ij}$。

LEVEL 2（备选方案的共识程度）：利用式（5-6）可得

$$ca_1 = 0.7870,\ ca_2 = 0.8025$$
$$ca_3 = 0.7840,\ ca_4 = 0.7500$$

LEVEL 3（偏好关系共识性水平）：利用式（5-7）可得

$$cpr = \min_i \{ca_i\} = 0.7500$$

取共识性阈值 $\delta = 0.8$。由于 $cpr < \delta$，采用局部反馈机制帮助决策者对其犹豫模糊语言偏好信息进行调整。

根据第 5.2.2 节提出的局部反馈机制，贴近度、识别规则、调整方向规则和调整尺度规则分别在以下内容中给出。

（A1）计算贴近度：根据式（5-8）和式（5-9），计算贴近度矩阵 $PM_k(k = 1,2,3,4)$ 如下。

$$PM_1 = \begin{pmatrix} 1 & 0.9423 & 0.8867 & 0.8537 \\ 0.9423 & 1 & 0.8477 & 0.8805 \\ 0.8867 & 0.8477 & 1 & 0.9540 \\ 0.8537 & 0.8805 & 0.9540 & 1 \end{pmatrix}$$

$$PM_2 = \begin{pmatrix} 1 & 0.8910 & 0.7800 & 0.9092 \\ 0.8910 & 1 & 0.8746 & 0.9361 \\ 0.7800 & 0.8746 & 1 & 0.8238 \\ 0.9092 & 0.9361 & 0.8238 & 1 \end{pmatrix}$$

$$PM_3 = \begin{pmatrix} 1 & 0.9532 & 0.7756 & 0.8537 \\ 0.9532 & 1 & 0.8477 & 0.8250 \\ 0.7756 & 0.8477 & 1 & 0.9581 \\ 0.8537 & 0.8250 & 0.9581 & 1 \end{pmatrix}$$

$$PM_4 = \begin{pmatrix} 1 & 0.9423 & 0.8911 & 0.5908 \\ 0.9423 & 1 & 0.8190 & 0.6195 \\ 0.8911 & 0.8190 & 1 & 0.8429 \\ 0.5908 & 0.6195 & 0.8429 & 1 \end{pmatrix}$$

（A2）识别规则：具体识别规则如下所示。

识别备选方案规则：利用式（5－10），可得

$$ALR = \{x_i \in X \mid \min_i \{ca_i\}\} = x_4$$

识别成对备选方案规则：对备选方案 x_4，根据式（5－11）和式（5－12），有：

$$PoR = \{(4,j) \mid x_4 \in ALR\&cp_{ij} < \delta\} = \{(4,1),(4,2)\}$$

识别决策者规则：利用式（5－13），可得平均贴近度矩阵 $\overline{PM}$。

$$\overline{PM} = \begin{pmatrix} 1 & 0.9322 & 0.8333 & 0.8018 \\ 0.9322 & 1 & 0.8472 & 0.8153 \\ 0.8333 & 0.8472 & 1 & 0.8947 \\ 0.8018 & 0.8153 & 0.8947 & 1 \end{pmatrix}.$$

根据式（5－14），可得：$DM_{14} = \{d_4\}$，$DM_{24} = \{d_4\}$，然后，利用式（5－15），有：

$$pPDR = \{(4,(1,4)),(4,(2,4))\}$$

（A3）调整方向规则：利用式（3－5），可得：

$$E(\bar{h}_{14}^{(4)}) = -2.500$$
$$E(\bar{h}_{24}^{(4)}) = -3.500$$
$$E(\bar{h}_{14}^{g}) = -1.1830$$
$$E(\bar{h}_{24}^{g}) = -0.0753$$

则有 $E(\bar{h}_{14}^{(4)}) < E(\bar{h}_{14}^{g})$，$E(\bar{h}_{24}^{(4)}) < E(\bar{h}_{24}^{g})$。再根据定义 3.6，有 $\bar{h}_{14}^{(4)} < \bar{h}_{14}^{g}$，$\bar{h}_{24}^{(4)} < \bar{h}_{24}^{g}$，即决策者 d_4 应该提高位于犹豫模糊语言偏好关系 $H^{(4)}$ 中 (1,4) 和 (2,4) 位置上的犹豫模糊语言偏好信息。

（A4）调整尺度规则：考虑到犹豫模糊语言数据的连续性以及 $\ell_{h_{14}^{(4)}} =$

$\ell_{h_{24}^{(4)}}=2$，假设 $h_{14}^{(4)}$ 和 $h_{24}^{(4)}$ 调整后的偏好信息分别为 $\tilde{h}_{14}^{(4)}=\{\tilde{h}_{14,1}^{(4)},\tilde{h}_{14,1}^{(4)}+s_1\}$ 和 $\tilde{h}_{24}^{(4)}=\{\tilde{h}_{24,1}^{(4)},\tilde{h}_{24,1}^{(4)}+s_1\}$，然后，根据模型（M5－1），构建如下优化模型。

$$\min=\left(2\times(3+I(\tilde{h}_{14,1}^{(4)}))^2+2\times(4+I(\tilde{h}_{24,1}^{(4)}))^2\right)^{\frac{1}{2}}$$

$$s.t.\begin{cases}\frac{1}{96}(3+|I(\tilde{h}_{24,1}^{(4)})-I(\tilde{h}_{14,1}^{(4)})|+|I(\tilde{h}_{24,1}^{(4)})-I(\tilde{h}_{14,1}^{(4)})+1|\\ \quad+|-2-I(\tilde{h}_{14,1}^{(4)})|+|-1-I(\tilde{h}_{14,1}^{(4)})|\\ \quad+|-4-I(\tilde{h}_{24,1}^{(4)})|+|-3-I(\tilde{h}_{24,1}^{(4)})|)\leqslant 0.1347\\ I(\tilde{h}_{14,1}^{(4)})>-3\\ I(\tilde{h}_{24,1}^{(4)})>-4\\ ca_4>0.8\\ I(\tilde{h}_{14,1}^{(4)})\in\{-4,\cdots,0,\cdots,4\}\\ I(\tilde{h}_{24,1}^{(4)})\in\{-4,\cdots,0,\cdots,4\}\end{cases}$$

使用 LINGO11.0 求解上述模型，可得 $\tilde{h}_{14,1}^{(4)}=s_{-2}$，$\tilde{h}_{24,1}^{(4)}=s_{-2}$。则调整后的位于 $H^{(4)}$ 中 (1,4) 和 (2,4) 位置上的犹豫模糊语言偏好信息分别为 $\tilde{h}_{14}^{(4)}=\{s_{-2},s_{-1}\}$ 和 $\tilde{h}_{24}^{(4)}=\{s_{-2},s_{-1}\}$。相应地，可得 $\tilde{h}_{41}^{(4)}=\{s_2,s_1\}$，$\tilde{h}_{42}^{(4)}=\{s_2,s_1\}$。同时，可得第一次迭代后的调整后的犹豫模糊语言偏好关系 $\tilde{H}^{(4),1}$ 为：

$$\tilde{H}^{(4),1}=\begin{pmatrix}\{s_0\} & \{s_0,s_1\} & \{s_{-1},s_0\} & \{s_{-2},s_{-1}\}\\ \{s_0,s_{-1}\} & \{s_0\} & \{s_{-3},s_{-2}\} & \{s_{-2},s_{-1}\}\\ \{s_1,s_0\} & \{s_3,s_2\} & \{s_0\} & \{s_{-1},s_0\}\\ \{s_2,s_1\} & \{s_2,s_1\} & \{s_1,s_0\} & \{s_0\}\end{pmatrix}$$

第二次迭代：利用式（5－4），求得共识性矩阵：

$$CM_{Iter_2}=\begin{pmatrix}1 & 0.9074 & 0.7407 & 0.7685\\ 0.9074 & 1 & 0.7870 & 0.8241\\ 0.7407 & 0.7870 & 1 & 0.8241\\ 0.7865 & 0.8241 & 0.8241 & 1\end{pmatrix}$$

接下来将从 LEVEL 1、LEVEL 2 和 LEVEL 3 这三个方面来计算犹豫模糊语言偏好关系的共识程度。

LEVEL 1（成对备选方案共识性水平）：对任意的 $i,j=1,2,\cdots,n;i\neq j$，可以得到 $cpa_{ij}=cm_{ij}$。

LEVEL 2（备选方案的共识程度）：利用式（5-6），可得：

$$ca_1=0.8056$$
$$ca_2=0.8395$$
$$ca_3=0.7840$$
$$ca_4=0.8056$$

LEVEL 3（偏好关系共识性水平）：利用式（5-7），可得：

$$cpr=\min_i\{ca_i\}=0.7840$$

显然 $cpr<\delta$，故采用局部反馈机制帮助决策者对其犹豫模糊语言偏好信息进行调整。根据贴近度和识别规则，可得：

$$PoR=\{(3,j)\mid x_3\in ALR\&cp_{3j}<\delta\}=\{(3,1),(3,2)\}$$
$$DM_{13}=\{d_2,d_3\},\ DM_{23}=\{d_4\}$$
$$pPDR=\{(2,(1,3)),(3,(1,3)),(4,(2,3))\}$$

本次迭代中，有

$$E(\bar{h}_{13}^{(2)})=-1.5000,\ E(\bar{h}_{23}^{(4)})=-2.5000,\ E(\bar{h}_{13}^{(3)})=2.5000,$$
$$E(\bar{h}_{13}^{g})=0.4871,\ E(\bar{h}_{23}^{g})=-0.8743$$

于是可得：$\bar{h}_{13}^{(2)}<\bar{h}_{13}^{g}$，$\bar{h}_{13}^{(3)}>\bar{h}_{13}^{g}$ 和 $\bar{h}_{23}^{(4)}<\bar{h}_{23}^{g}$。根据识别规则，可知：

- 决策者 d_2 应该提高其关于备选方案 x_1 相对备选方案 x_3 的犹豫模糊语言数据信息。
- 决策者 d_3 应该减少其关于备选方案 x_1 相对备选方案 x_3 的犹豫模糊语言数据信息。
- 决策者 d_4 应该提高其关于备选方案 x_2 相对备选方案 x_3 的犹豫模糊

语言数据信息。

然后，根据调整尺度规则，决策者 d_2 、d_3 和 d_4 调整后的偏好信息分别为：

$$\tilde{h}_{13}^{(2)} = \{s_{-1}, s_0\},\ \tilde{h}_{13}^{(3)} = \{s_0, s_1\},\ \tilde{h}_{23}^{(4)} = \{s_{-2}, s_{-1}\}$$

再根据犹豫模糊语言偏好关系的互反性，可得：

$$\tilde{h}_{31}^{(2)} = \{s_1, s_0\},\ \tilde{h}_{31}^{(3)} = \{s_0, s_{-1}\},\ \tilde{h}_{32}^{(4)} = \{s_2, s_1\}$$

同时，可得第二次迭代后的调整后的犹豫模糊语言偏好关系 $\tilde{H}^{(2),2}$ 、$\tilde{H}^{(3),2}$ 和 $\tilde{H}^{(4),2}$ 分别为：

$$\tilde{H}^{(2),2} = \begin{pmatrix} \{s_0\} & \{s_1, s_2, s_3\} & \{s_{-1}, s_0\} & \{s_2\} \\ \{s_{-1}, s_{-2}, s_{-3}\} & \{s_0\} & \{s_{-2}\} & \{s_0, s_1\} \\ \{s_1, s_0\} & \{s_2\} & \{s_0\} & \{s_2, s_3\} \\ \{s_{-2}\} & \{s_0, s_{-1}\} & \{s_{-2}, s_{-3}\} & \{s_0\} \end{pmatrix}$$

$$\tilde{H}^{(3),2} = \begin{pmatrix} \{s_0\} & \{s_1\} & \{s_0, s_1\} & \{s_2, s_3\} \\ \{s_{-1}\} & \{s_0\} & \{s_0, s_1\} & \{s_1, s_2\} \\ \{s_0, s_{-1}\} & \{s_0, s_{-1}\} & \{s_0\} & \{s_1\} \\ \{s_{-2}, s_{-3}\} & \{s_{-1}, s_{-2}\} & \{s_{-1}\} & \{s_0\} \end{pmatrix}$$

$$\tilde{H}^{(4),2} = \begin{pmatrix} \{s_0\} & \{s_0, s_1\} & \{s_{-1}, s_0\} & \{s_{-2}, s_{-1}\} \\ \{s_0, s_{-1}\} & \{s_0\} & \{s_{-2}, s_{-1}\} & \{s_{-2}, s_{-1}\} \\ \{s_1, s_0\} & \{s_2, s_1\} & \{s_0\} & \{s_{-1}, s_0\} \\ \{s_2, s_1\} & \{s_2, s_1\} & \{s_1, s_0\} & \{s_0\} \end{pmatrix}$$

第三次迭代：利用式（5 -4），求得共识性矩阵：

$$CM_{Iter_3} = \begin{pmatrix} 1 & 0.9074 & 0.8704 & 0.7685 \\ 0.9074 & 1 & 0.8241 & 0.8241 \\ 0.8704 & 0.8241 & 1 & 0.8241 \\ 0.7865 & 0.8241 & 0.8241 & 1 \end{pmatrix}$$

在本次迭代中，可得：

LEVEL 2（备选方案的共识程度）：利用式（5 -6），可得：

$$ca_1 = 0.8488$$
$$ca_2 = 0.8519$$
$$ca_3 = 0.8395$$
$$ca_4 = 0.8056$$

LEVEL 3（偏好关系共识性水平）：利用式（5－7），可得：

$$cpr = \min_i \{ca_i\} = 0.8056$$

可得 $cpr > \delta$，故应该终止共识性调整过程。

根据式（3－18），求得调整后的犹豫模糊语言偏好关系的加性一致性指数分别为：

$$ACI(\tilde{H}^{(1)}) = 0.0625$$
$$ACI(\tilde{H}^{(2)}) = 0.0556$$
$$ACI(\tilde{H}^{(3)}) = 0.0417$$
$$ACI(\tilde{H}^{(4)}) = 0.0417$$

由此可见，本章提出的共识性调整过程不仅可以调整群体共识性而且还能保持调整后的犹豫模糊语言偏好关系仍旧具有可接受加性一致性。

3. 选择阶段

根据式（3－22）至式（3－24），求得决策者权重向量为：

$$v = (0.2486, 0.2571, 0.2505, 0.2438)^T$$

然后，利用式（3－21），求得群体偏好关系为：

$$H^g = \left(\begin{array}{cc} \{s_0\} & \begin{array}{c}\{s_{0.5076}, s_{0.5076}, s_{0.7648},\\ s_{1.2571}, s_{1.5143}, s_{1.5143}\}\end{array} \\ \begin{array}{c}\{s_{-0.5076}, s_{-0.5076}, s_{-0.7648},\\ s_{-1.2571}, s_{-1.5143}, s_{-1.5143}\}\end{array} & \{s_0\} \\ \begin{array}{c}\{s_{0.2524}, s_{0.2524}, s_{0.2524},\\ s_{-0.7476}, s_{-0.7476}, s_{-0.7476}\}\end{array} & \begin{array}{c}\{s_{1.0019}, s_{1.0019}, s_{1.0019},\\ s_{0.2590}, s_{0.2590}, s_{0.2590}\}\end{array} \\ \begin{array}{c}\{s_{-1.0248}, s_{-1.0248}, s_{-1.0248},\\ s_{-1.7676}, s_{-1.7676}, s_{-1.7676}\}\end{array} & \begin{array}{c}\{s_{-0.0114}, s_{-0.0114}, s_{-0.0114},\\ s_{-0.7629}, s_{-0.7629}, s_{-0.7629}\}\end{array} \end{array} \right.$$

$$\left.\begin{array}{cc}
\{s_{-0.2524},s_{-0.2524},s_{-0.2524}, & \{s_{1.0248},s_{1.0248},s_{1.0248}, \\
s_{0.7476},s_{0.7476},s_{0.7476}\} & s_{1.7676},s_{1.7676},s_{1.7676}\} \\
\{s_{-1.0019},s_{-1.0019},s_{-1.0019}, & \{s_{0.0114},s_{0.0114},s_{0.0114}, \\
s_{-0.2590},s_{-0.2590},s_{-0.2590}\} & s_{0.7629},s_{0.7629},s_{0.7629}\} \\
\{s_0\} & \{s_{0.5210},s_{0.5210},s_{0.5210}, \\
 & s_{1.2705},s_{1.2705},s_{1.2705}\} \\
\{s_{-0.5210},s_{-0.5210},s_{-0.5210}, & \{s_0\} \\
s_{-1.2705},s_{-1.2705},s_{-1.2705}\} &
\end{array}\right)$$

利用 LINGO11 求解模型（M5－2），可得 H^g 的排序向量 ω^* 为：

$$\omega^* = (0.3465, 0.1553, 0.4079, 0.0903)^T$$

排序权重按降序排列为 $w_3^* > w_1^* > w_2^* > w_4^*$。根据排序权重的优先顺序，可得四个备选方案的排序顺序为 $x_3 > x_1 > x_2 > x_4$。

5.3.2 比较分析

为了验证本章提出的共识性调整算法的有效性，本节将所提出的共识性调整方法与参考文献［174］和参考文献［54］所提出的共识性调整过程进行比较。

1. 与参考文献［174］进行比较分析

利用参考文献［174］提出的共识调整过程来解决投资项目选择问题，相关结果如下。

第一次迭代：可得共识性矩阵 CM_{Round_1} 为：

$$CM_{Round_1} = \begin{pmatrix} 1 & 0.8958 & 0.7083 & 0.6771 \\ 0.9074 & 1 & 0.7604 & 0.6771 \\ 0.7083 & 0.7604 & 1 & 0.8021 \\ 0.6771 & 0.6771 & 0.8021 & 1 \end{pmatrix}$$

则四个备选方案的共识度为：

$$ca_1 = 0.7604$$

$$ca_2 = 0.7778$$

$$ca_3 = 0.7569$$

$$ca_4 = 0.7188$$

然后，根据识别规则和调整方向规则，可知决策者 d_4 需要调整位于其犹豫模糊语言偏好关系（1,4）和（2,4）位置上的偏好信息。假设决策者 d_4 调整后的偏好信息为：

$$b_{14}^4 = \{s_1, s_2\}$$

$$b_{24}^4 = \{s_{-1}, s_0\}$$

$$b_{41}^4 = \{s_{-1}, s_{-2}\}$$

$$b_{14}^4 = \{s_{-1}, s_0\}$$

第二次迭代：在本次迭代中，共识性矩阵 CM_{Round_2} 为：

$$CM_{Round_2} = \begin{pmatrix} 1 & 0.8958 & 0.7083 & 0.9271 \\ 0.9074 & 1 & 0.7604 & 0.8646 \\ 0.7083 & 0.7604 & 1 & 0.8021 \\ 0.9271 & 0.8646 & 0.8021 & 1 \end{pmatrix}$$

则四个备选方案的共识度为：

$$ca_1 = 0.8438$$

$$ca_2 = 0.8403$$

$$ca_3 = 0.7569$$

$$ca_4 = 0.8646$$

根据识别规则和调整方向规则，可知决策者 d_2 和决策者 d_3 需要调整位于他们给出的犹豫模糊语言偏好关系（1,3）位置上的偏好信息。假设决策者 d_2 和决策者 d_3 调整后的偏好信息分别为：

$$b_{13}^2 = \{s_{-1}, s_0\}$$

$$b_{13}^3 = \{s_1\}$$

$$b_{13}^2 = \{s_1, s_0\}$$

$$b_{13}^3 = \{s_{-1}\}$$

第三次迭代：在本次迭代中，四个备选方案的共识度为：

$$ca_1 = 0.8889$$

$$ca_2 = 0.8403$$
$$ca_3 = 0.8021$$
$$ca_4 = 0.8646$$

易知 $cr > 0.8$，则终止共识调整过程。

两种共识调整方法都能达到预定的共识性阈值。参考文献［174］中提出的共识调整算法与本章所提出的共识调整方法存在一定的差异。

（1）相似测度的定义不同。参考文献［174］通过计算犹豫模糊语言数据均值对应的绝对偏差，定义了犹豫模糊语言数据的相似性测度。这种方法可能会导致初始的犹豫模糊语言数据信息的丢失。考虑到最小公倍数扩充准则具有保持初始的犹豫模糊语言数据信息完整性的优点，本章基于最小公倍数扩充准则定义了犹豫模糊语言数据的相似性测度。

（2）参考文献［174］通过找到决策者偏好之间的最大距离来识别需要调整其偏好信息的决策者，然而，本章利用通过贴近度来辨别需要调整其偏好信息的决策者。

（3）在参考文献［174］中，一旦决策者明确自己偏好信息调整方向后，其偏好信息将在下次迭代中进行调整。设 $h_{ij,z+1}^{(k)}$ 和 $h_{ij,z}^{(k)}$ 分别表示决策者 d_k 关于备选方案 x_i 相对于备选方案 x_j 在第 $z+1$ 次迭代和第 z 次迭代时的偏好信息，h_{ij}^{g} 表示群体关于备选方案 x_i 相对于备选方案 x_j 在第 z 次迭代时的偏好信息。则 $h_{ij,z+1}^{(k)}$ 满足 $E(h_{ij,z+1}^{(k)}) \in [min(E(h_{ij,z}^{(k)}),E(h_{ij}^{g})),max(E(h_{ij,z}^{(k)}),E(h_{ij}^{g}))]$，然而，这种调整方法可能会使 $h_{ij,z+1}^{(k)}$ 的选取具有随机性和不确定性。在实际决策过程中，如果决策者被要求修改其偏好，他们总希望修改后的偏好信息尽可能接近他们初始给定的偏好信息。为此，本章建立了一个优化模型，为决策者调整其偏好信息提供了具体的调整尺度。同时，修改后的偏好信息属于初始的评价语言术语集，这样更容易被决策者采纳以此作为其新的偏好值。

2. 与参考文献［54］进行比较分析

本书第5.4.1节已经给出了相似矩阵和一致性矩阵，这里不再赘述。接下来共识度将从三个不同的层面进行讨论。

成对备选方案共识度：相关信息以矩阵给出。

$$CM_{Iteration_1} = \begin{pmatrix} 1 & 0.9074 & 0.7407 & 0.7130 \\ 0.9074 & 1 & 0.7870 & 0.7130 \\ 0.7407 & 0.7870 & 1 & 0.8241 \\ 0.7130 & 0.7130 & 0.8241 & 1 \end{pmatrix}$$

备选方案共识度：设 ca^i 为所有决策者关于备选方案 x_i 的共识度，可根据下式求得：

$$ca^i = \frac{1}{4}\sum_{j=1}^{4} cm_{ij}$$

可得 $ca^i(i = 1,2,3,4)$：

$$ca^1 = 0.8403$$
$$ca^2 = 0.8519$$
$$ca^3 = 0.8380$$
$$ca^4 = 0.8125$$

偏好共识度：设 cr 为犹豫模糊语言偏好关系的共识度，可以通过求解备选方案共识度的算术平均值求得 cr。

$$cr = \frac{1}{4}\sum_{l=i}^{4} ca^i = 0.8357$$

显然，有 $cr > 0.8$，则终止共识性调整过程。

接下来，我们详细总结本章所提出的共识调整过程与参考文献［54］提出的方法的不同之处，主要有以下方面。

（1）在偏好关系的共识性水平的度量上，本章与参考文献［54］所提出的方法是不同的。参考文献［54］提出的方法使用平均算子来度量偏好关系的共识度。但是，本章利用 min 来定义偏好关系共识性水平。它可以避免最大备选方案共识性水平和最小共识性水平对偏好关系共识性水平的影响。

（2）两个共识调整过程都需要计算贴近度。本章利用通过贴近度来辨别需要调整其偏好信息的决策者。然而，参考文献［54］通过贴近度主观地决定哪些决策者需要调整其偏好信息。

（3）在调整方向规则方面，参考文献［54］提出的方法只提供调整的方向，没有说明具体的调整尺度。这样可能会让决策者感到困惑，因为他们只知道调整方向，而不知道具体的调整尺度。而本章提出的共识性调整过程不仅提供了一些调整方向，还给出了具体的调整尺度。除此之外，这些调整方向和具体的调整尺度能够保证调整后的犹豫模糊语言偏好关系具有可接受加性一致性。

5.4 本章小结

本章主要研究了基于犹豫模糊语言偏好关系的决策过程中的群体决策的共识性调整算法和犹豫模糊语言偏好关系的排序向量求解方法。

首先，基于犹豫模糊语言数据最小公倍数扩充准则，定义了犹豫模糊语言数据的相似测度。

其次，提出了共识调整过程用来指导或帮助决策者调整其给出的犹豫模糊语言数据信息，并使得群体共识达到预定的共识性阈值。该共识调整过程主要包括共识性测度和局部反馈机制。与现存的共识调整方法相比，本章提出的共识调整过程不仅可以提供具体的调整尺度，而且能保证调整后的犹豫模糊语言偏好关系依旧满足可接受加性一致性。

再次，基于统计学概率抽样的思想，将犹豫模糊语言偏好关系看作由许多语言偏好关系组成的。在此基础上，建立了一种混合的 0 - 1 规划模型，用于确定犹豫模糊语言偏好关系的排序向量。

最后，将本章提出的模型应用到一个投资项目选择问题，并与现有方法进行了比较分析。比较结果说明了本章提出的模型的可行性和有效性。

基于残缺犹豫模糊语言偏好关系的决策方法

针对犹豫模糊语言偏好关系的决策问题，第3章、第4章和第5章分别研究了犹豫模糊语言偏好关系的加性一致性、乘性一致性和共识性，并提出了相应的决策方法。这三章中的决策者提供的都是信息完整的犹豫模糊语言偏好关系。

但是，决策者知识的缺乏和较大的工作量，导致决策者往往不能提供完整的犹豫模糊语言偏好关系。目前，关于残缺犹豫模糊语言偏好关系的研究主要集中在残缺信息补全算法。参考文献［133］首次定义了残缺犹豫模糊语言偏好关系的概念，并提出了残缺信息补全的算法，进而提出了基于残缺犹豫模糊语言偏好关系的决策方法。参考文献［97］提出了基于优化模型的残缺信息补全算法，并给出了一致性调整的算法。参考文献［131］提出了犹豫模糊语言偏好关系的乘性一致性，并基于该乘性一致性提出了一个数学规划模型用于处理残缺犹豫模糊语言偏好关系。

这些处理残缺犹豫模糊语言偏好关系的方法尚存在一些不足，主要包括：（1）残缺信息补足算法会导致补全后的信息含有虚拟语言术语（Tang M，Liao H C，Li Z M et al.，2018）；（2）将残缺犹豫模糊语言偏好关系等价于语言偏好关系容易导致大量的信息损失（Song Y M, Hu J, 2017）。这些不足之处会使得决策问题更加复杂和难以理解。

本章基于犹豫模糊语言偏好关系的加性一致性，构建一个整数线性规划模型用于补全残缺犹豫模糊语言偏好关系中的缺失值。该整数线性规划模型能够避免补全后的信息出现虚拟语言术语的情况。在此基础上，给出一种基于残缺犹豫模糊语言偏好关系的决策方法。然后通过案例分析说明该方法的可行性和有效性。

6.1 基于整数线性规划模型的残缺信息补全算法

第3章研究的犹豫模糊语言偏好关系主要基于下标对称的语言术语集，并给出了犹豫模糊语言偏好关系完全加性一致性的定义。对于不同的评价语言术语集，犹豫模糊语言偏好关系的加性一致性的定义也不同。本节针对下标非对称的语言术语集，首先定义犹豫模糊语言偏好关系的加性一致性。其次，受到其他学者残缺信息补全方法[92]的启发，构建一个残缺信息补全方法用于补全残缺犹豫模糊语言偏好关系中的缺失信息。基于下标非对称的语言术语集的犹豫模糊语言偏好关系的加性一致性如下所示。

定义 6.1 设 $H=(h_{ij})_{n\times n}$ 是犹豫模糊语言偏好关系，$\overline{H}=(\overline{h}_{ij})_{n\times n}$ 是其对应的规范化犹豫模糊语言偏好关系。如果 $\overline{H}$ 满足

$$\overline{h}_{ij}\oplus\overline{h}_{jk}=\overline{h}_{ik}\oplus s_{\frac{g}{2}} \tag{6-1}$$

则称犹豫模糊语言偏好关系 $H=(h_{ij})_{n\times n}$ 具有完全加性一致性。

设 $X=\{x_1,x_2,\cdots,x_n\}$ 为备选方案集。基于下标非对称的语言术语集 $\overline{S}$，决策者根据某一准则对方案进行两两比较，给出了自己的残缺犹豫模糊语言偏好关系，记作 $\mathcal{H}^I=(h_{ij}^I)_{n\times n}$。对于 $\mathcal{H}^I=(h_{ij}^I)_{n\times n}$ 中已知的偏好信息，它们会包含不同个数的语言术语。因此，在补全残缺犹豫模糊语言偏好关系 $\mathcal{H}^I=(h_{ij}^I)_{n\times n}$ 中的残缺信息前，我们先利用犹豫模糊语言数据最小公倍数扩充准则给出规范化残缺犹豫模糊语言偏好关系的定义。

定义 6.2 设 $\mathcal{H}^I=(h_{ij}^I)_{n\times n}$ 是残缺犹豫模糊语言偏好关系。如果矩阵 $\mathcal{H}^I=(h_{ij}^I)_{n\times n}$ 中已知的偏好信息满足

$$\ell_{\bar{h}_{ij}^I} = lcm(\ell_{h_{ij}^I} \mid (i,j) \in \Omega_2, i < j) \tag{6-2}$$

则矩阵 $\mathcal{H}^I = (h_{ij}^I)_{n \times n}$ 是规范化残缺犹豫模糊语言偏好关系。

例 6.1　设残缺犹豫模糊语言偏好关系 $\mathcal{H}^I = (h_{ij}^I)_{n \times n}$ 如下所示：

$$\mathcal{H}^I = \begin{pmatrix} \{s_4\} & x & \{s_2, s_3\} & x \\ x & \{s_4\} & x & \{s_5, s_6, s_7\} \\ \{s_6, s_5\} & x & \{s_4\} & x \\ x & \{s_3, s_2, s_1\} & x & \{s_4\} \end{pmatrix}$$

根据犹豫模糊语言数据最小公倍数扩充准则，规范化残缺犹豫模糊语言偏好关系 $\overline{\mathcal{H}}^I$ 如下所示。

$$\overline{\mathcal{H}}^I = \begin{pmatrix} \{s_4\} & x & \begin{matrix}\{s_2, s_2, s_2, \\ s_3, s_3, s_3\}\end{matrix} & x \\ x & \{s_4\} & x & \begin{matrix}\{s_5, s_5, s_6, \\ s_6, s_7, s_7\}\end{matrix} \\ \begin{matrix}\{s_6, s_6, s_6, s_5, \\ s_5, s_5\}\end{matrix} & x & \{s_4\} & x \\ x & \begin{matrix}\{s_3, s_3, s_2, \\ s_2, s_1, s_1\}\end{matrix} & x & \{s_4\} \end{pmatrix}$$

考虑基于下标非对称的语言术语集 $\bar{S}$ 上的关于备选方案集 X 的残缺犹豫模糊语言偏好关系 $\mathcal{H}^I = (h_{ij}^I)_{n \times n}$，根据定义 6.1 中犹豫模糊语言偏好关系完全加性一致性的概念，对残缺犹豫模糊语言偏好关系 $\mathcal{H}^I = (h_{ij}^I)_{n \times n}$ 中的残缺信息进行补全。也就是说，残缺犹豫模糊语言偏好关系 $\overline{\mathcal{H}}^I = (\bar{h}_{ij}^I)_{n \times n}$ 中的残缺信息尽可能地满足 $\bar{h}_{ij} \oplus \bar{h}_{jk} = \bar{h}_{ik} \oplus s_{\frac{g}{2}}$。最好的情况是，对于 $i, j, k = 1, 2, \cdots, n$，$\overline{\mathcal{H}}^I = (\bar{h}_{ij}^I)_{n \times n}$ 满足

$$\bar{h}_{ij,t}^I \oplus \bar{h}_{jk,t}^I = \bar{h}_{ik,t}^I \oplus s_{\frac{g}{2}}, t = 1, 2, \cdots, \ell_{\bar{h}_{ij}^I} \tag{6-3}$$

在实际的决策问题中，残缺犹豫模糊语言偏好关系 $\mathcal{H}^I = (h_{ij}^I)_{n \times n}$ 往往不满足式（6-3）。因此，我们可以通过计算式（6-3）左右两端的偏差对残缺信息进行补全。对于 $t = 1, 2, \cdots, \ell_{\bar{h}_{ij}^I}$，该偏差记作 $\zeta_{ijk,t}$，可以表示为：

$$\zeta_{ijk,t} = I(\bar{h}^I_{ij,t}) + I(\bar{h}^I_{jk,t}) - I(\bar{h}^I_{ik,t}) - \frac{g}{2} \tag{6-4}$$

依据该偏差和犹豫模糊语言偏好关系的性质，可以构建一个非线性规划模型（M6-1）：

$$\min \sum_{i,j,k}^{n} \sum_{t=1}^{\ell_{\bar{h}^I_{ij}}} |\zeta_{ijk,t}| \tag{M6-1}$$

$$s.t. \begin{cases} \zeta_{ijk,t} = I(\bar{h}^I_{ij,t}) + I(\bar{h}^I_{jk,t}) - I(\bar{h}^I_{ik,t}) - \dfrac{g}{2}, & 1 \leqslant i < j < k \leqslant n \\ s_0 \leqslant \bar{h}^I_{ij,t} \leqslant \bar{h}^I_{ij,t+1} \leqslant s_g, & i < j, (i,j) \in \Omega_1 \\ s_0 \leqslant \bar{h}^I_{ji,t+1} \leqslant \bar{h}^I_{ji,t} \leqslant s_g, & i > j, (i,j) \in \Omega_1 \\ i,j,k = 1,2,\cdots,n \end{cases}$$

通过求解上述模型可以求得残缺犹豫模糊语言偏好关系 $\mathcal{H}^I = (h^I_{ij})_{n\times n}$ 中的残缺信息。上述模型的不足之处是求得的残缺信息很有可能含有虚拟语言术语。为了克服这一不足，我们构建一个非线性整数规划模型（M6-2）：

$$\min \sum_{i,j,k}^{n} \sum_{t=1}^{\ell_{\bar{h}^I_{ij}}} |\zeta_{ijk,t}| \tag{M6-2}$$

$$s.t. \begin{cases} \zeta_{ijk,t} = I(\bar{h}^I_{ij,t}) + I(\bar{h}^I_{jk,t}) - I(\bar{h}^I_{ik,t}) - \dfrac{g}{2}, & 1 \leqslant i < j < k \leqslant n \\ s_0 \leqslant \bar{h}^I_{ij,t} \leqslant \bar{h}^I_{ij,t+1} \leqslant s_g, & i < j, (i,j) \in \Omega_1 \\ s_0 \leqslant \bar{h}^I_{ji,t+1} \leqslant \bar{h}^I_{ji,t} \leqslant s_g, & i > j, (i,j) \in \Omega_1 \\ I(\bar{h}^I_{ij,t}) \in \{0,\cdots,g\}, & i < j, (i,j) \in \Omega_1 \\ I(\bar{h}^I_{ji,t}) \in \{0,\cdots,g\}, & i > j, (i,j) \in \Omega_1 \\ i,j,k = 1,2,\cdots,n \end{cases}$$

一般而言，直接求解非线性规划模型要比求解线性规划模型复杂。为了更好地求解上述非线性优化模型，我们通过引入一些变量把上述非线性规划模型转化成一个线性整数规划模型。

定理 6.1　模型（M6-2）等价于整数线性规划模型（M6-3）。

$$\min \sum_{i,j,k}^{n} \sum_{t=1}^{\ell_{\bar{h}^I_{ij}}} (\zeta^+_{ijk,t} + \zeta^-_{ijk,t}) \tag{M6-3}$$

$$
s.t.\begin{cases}
\zeta_{ijk,t}^{+}-\zeta_{ijk,t}^{-}=I(\bar{h}_{ij,t}^{I})+I(\bar{h}_{jk,t}^{I})-I(\bar{h}_{ik,t}^{I})-\dfrac{g}{2}, & 1\leqslant i<j<k\leqslant n\\
s_{0}\leqslant \bar{h}_{ij,t}^{I}\leqslant \bar{h}_{ij,t+1}^{I}\leqslant s_{g}, & i<j,(i,j)\in\Omega_{1}\\
s_{0}\leqslant \bar{h}_{ji,t+1}^{I}\leqslant \bar{h}_{ji,t}^{I}\leqslant s_{g}, & i>j,(i,j)\in\Omega_{1}\\
I(\bar{h}_{ij,t}^{I})\in\{0,\cdots,g\}, & i<j,(i,j)\in\Omega_{1}\\
I(\bar{h}_{ji,t}^{I})\in\{0,\cdots,g\}, & i>j,(i,j)\in\Omega_{1}\\
i,j,k=1,2,\cdots,n
\end{cases}
$$

证明：假设

$$
\zeta_{ijk,t}^{+}=\begin{cases}\zeta_{ijk,t},\zeta_{ijk,t}\geqslant 0\\ 0,\zeta_{ijk,t}<0\end{cases};\quad \zeta_{ijk,t}^{-}=\begin{cases}0,\zeta_{ijk,t}\geqslant 0\\ -\zeta_{ijk,t},\zeta_{ijk,t}<0\end{cases}
$$

可得

$$
|\zeta_{ijk,t}|=\zeta_{ijk,t}^{+}+\zeta_{ijk,t}^{-},\zeta_{ijk,t}=\zeta_{ijk,t}^{+}-\zeta_{ijk,t}^{-}
$$

显然，模型（M6－2）的目标函数等价于整数线性规划模型（M6－3）的目标函数。

同理，模型（M6－2）的第一个约束条件等价于整数线性规划模型（M6－3）的第一个约束条件。基于以上分析，可证得模型（M6－2）等价于整数线性规划模型（M6－3）。

为了进一步简化模型的计算量，我们只考虑 $\mathcal{H}^{I}$ 的上三角的元素，于是可得模型（M6－4）：

$$
\min\sum_{i,j,k}^{n}\sum_{t=1}^{\ell_{\bar{h}_{ij}^{I}}}(\zeta_{ijk,t}^{+}+\zeta_{ijk,t}^{-}) \qquad \text{(M6－4)}
$$

$$
s.t.\begin{cases}
\zeta_{ijk,t}^{+}-\zeta_{ijk,t}^{-}=I(\bar{h}_{ij,t}^{I})+I(\bar{h}_{jk,t}^{I})-I(\bar{h}_{ik,t}^{I})-\dfrac{g}{2}, & 1\leqslant i<j<k\leqslant n\\
s_{0}\leqslant \bar{h}_{ij,t}^{I}\leqslant \bar{h}_{ij,t+1}^{I}\leqslant s_{g}, & i<j,(i,j)\in\Omega_{1}\\
I(\bar{h}_{ij,t}^{I})\in\{0,\cdots,g\}, & i<j,(i,j)\in\Omega_{1}\\
i,j,k=1,2,\cdots,n
\end{cases}
$$

通过求解上述模型可以得到残缺犹豫模糊语言偏好关系 $\mathcal{H}^{I}=(h_{ij}^{I})_{n\times n}$ 中的残缺信息 $\bar{h}_{ij,t}^{I}(i<j,(i,j)\in\Omega_{1})$，其中 $t=1,2,\cdots,\ell_{\bar{h}_{ij}^{I}}$，$lcm(\ell_{h_{ij}^{I}}|(i,j)\in\Omega_{2},i<j)$。

基于以上分析，构建算法 6.1 用以对残缺犹豫模糊语言偏好关系进行补全。

算法 6.1 残缺犹豫模糊语言偏好关系补全算法

输入：残缺犹豫模糊语言偏好关系 $\mathcal{H}^I = (h_{ij}^I)_{n\times n}$

输出：补全后的犹豫模糊语言偏好关系 $H = (h_{ij})_{n\times n}$

步骤 1 根据定义 6.2，求得规范化的残缺犹豫模糊语言偏好关系 $\overline{\mathcal{H}}^I = (\overline{h}_{ij}^I)_{n\times n}$

步骤 2 求解模型（M6 – 4），对于 $t = 1,2,\cdots,\ell_{\overline{h}_{ij}^I}((i,j) \in \Omega_2, i < j)$ 得到补全后的残缺信息

$$\overline{h}_{ij,t}^I(i < j,(i,j) \in \Omega_1)$$

步骤 3 如果 $(i,j) \in \Omega_2$，则 $h_{ij} = h_{ij}^I$；否则 $h_{ij} = unique(\overline{h}_{ij}^I)(i < j,(i,j) \in \Omega_1)$，其中函数 $unique$ 作用是筛除 $\overline{h}_{ij}^I$ 中的重复值，产生的结果按升序排列

步骤 4 对于 $i > j$，有 $h_{ij} = neg(h_{ij})$

步骤 5 输出补全后的犹豫模糊语言偏好关系 $H = (h_{ij})_{n\times n}$

步骤 6 结束

例 6.2 设残缺犹豫模糊语言偏好关系 $\mathcal{H}^I = (h_{ij}^I)_{3\times 3}$ 如下：

$$\mathcal{H}^I = \begin{pmatrix} \{s_4\} & x & \{s_5, s_6, s_7\} \\ x & \{s_4\} & \{s_4, s_5\} \\ \{s_3, s_2, s_1\} & \{s_4, s_3\} & \{s_4\} \end{pmatrix}$$

根据算法 6.1，可得如下求解过程。

步骤 1 规范化残缺犹豫模糊语言偏好关系 $\mathcal{H}^I = (h_{ij}^I)_{3\times 3}$

$$\overline{\mathcal{H}}^I = \begin{pmatrix} \{s_4\} & x & \{s_5, s_5, s_6, s_6, s_7, s_7\} \\ x & \{s_4\} & \{s_4, s_4, s_4, s_5, s_5, s_5\} \\ \{s_3, s_3, s_2, s_2, s_1, s_1\} & \{s_4, s_4, s_4, s_3, s_3, s_3\} & \{s_4\} \end{pmatrix}$$

步骤 2　通过求解模型（M6－4）可得 $\overline{h}_{12}^{I}=\{s_5,s_5,s_5,s_6,s_6,s_6\}$。

步骤 3　已知 $h_{13}^{I}=\{s_5,s_6,s_7\}$，$h_{31}^{I}=\{s_3,s_2,s_1\}$，$h_{23}^{I}=\{s_4,s_5\}$ 和 $h_{32}^{I}=\{s_4,s_3\}$，则得

$$h_{13}=\{s_5,s_6,s_7\},h_{31}=\{s_3,s_2,s_1\},h_{23}=\{s_4,s_5\},h_{32}=\{s_4,s_3\}$$

因为 h_{12}^{I} 未知，则有 $h_{12}=unique(\overline{h}_{12}^{I})=\{s_5,s_6\}$。

步骤 4　根据步骤 3 的结果，可得 $h_{21}=\{s_3,s_2\}$。

步骤 5　补全后的犹豫模糊语言偏好关系 $H=(h_{ij})_{3\times3}$ 为

$$H=\begin{pmatrix}\{s_4\} & \{s_5,s_6\} & \{s_5,s_6,s_7\}\\ \{s_3,s_2\} & \{s_4\} & \{s_4,s_5\}\\ \{s_3,s_2,s_1\} & \{s_4,s_3\} & \{s_4\}\end{pmatrix}$$

6.2　基于残缺犹豫模糊语言偏好关系的决策方法

本节提出了一种基于残缺犹豫模糊语言偏好关系的决策方法。首先，给出基于残缺犹豫模糊语言偏好关系的决策问题的描述。

在一个群决策问题中，设 $X=\{x_1,x_2,\cdots,x_n\}$ 是待评估的备选方案集，其中 x_i 表示第 i 个待评估方案。设 $D=\{d_1,d_2,\cdots,d_m\}$ 是决策者集，决策者的权重向量 $v=(v_1,v_2,\cdots,v_m)^T$ 已知或未知，其中 $v_z\geqslant0(z=1,2,\cdots m)$ 且 $\sum_{z=1}^{m}v_z=1$。$\overline{S}=\{s_0,s_1,\cdots,s_g\}$ 是下标非对称的语言术语集，决策者可以用其来表达自己的评价信息。由于本章考虑的是含有残缺信息的犹豫语言模糊偏好关系群决策问题，故在此假设决策者们依据 $\overline{S}$ 给出他们的残缺犹豫语言模糊偏好关系 $\mathcal{H}^{z,I}=(h_{ij}^{z,I})_{n\times n}(z=1,2,\cdots,m)$，其中部分 $h_{ij}^{z,I}$ 已知，部分 $h_{ij}^{z,I}$ 未知。其中，已知的 $h_{ij}^{z,I}$ 表示决策者 d_z 关于方案 x_i 对方案 x_j 的犹豫定性的偏好程度。

针对上述基于残缺犹豫模糊语言偏好关系的决策问题，本节给出具体的决策方法，具体步骤如下。

步骤 1　根据算法 6.1，对残缺犹豫模糊语言偏好关系 $\mathcal{H}^{z,I}(z=1,\cdots,m)$ 进行补全，得到补全后的犹豫模糊语言偏好关系 $H^z=(h_{ij}^z)_{n\times n}$。

步骤 2　利用最小公倍数扩充准则，对于 $z=1,\cdots,m$，求得犹豫模糊

语言偏好关系 $H^z=(h_{ij}^z)_{n\times n}$ 的规范化犹豫模糊语言偏好关系 $\overline{H}^z=(\overline{h}_{ij}^z)_{n\times n}(z=1,\cdots,m)$。

步骤 3 根据式（6－5）计算补全后的犹豫模糊语言偏好关系 $H^z=(h_{ij}^z)_{n\times n}(z=1,\cdots,m)$ 的加性一致性指数 $ACI(H^z)$：

$$ACI(H^z)=\frac{2}{n(n-1)(n-2)}\frac{1}{\ell_{\overline{h}_{ij}}}\frac{1}{g}\sum_{i<j<k}^{n}\sum_{l=1}^{\ell_{\overline{h}_{ij}}}\left|I(\overline{h}_{ij,z}^{\sigma(l)})+I(\overline{h}_{jk,z}^{\sigma(l)})-I(\overline{h}_{ik,z}^{\sigma(l)})-\frac{g}{2}\right| \tag{6-5}$$

如果 $ACI(H^z)\leqslant\overline{CI}$，则称 H^z 具有可接受加性一致性，否则，H^z 不具有可接受加性一致性。对于不具有可接受加性一致性的犹豫模糊语言偏好关系，可以利用第三章提出的一致性调整算法进行调整，使其具有可接受加性一致性。

步骤 4 对所有犹豫模糊语言偏好关系进行集结，得到综合犹豫模糊语言偏好关系 $\overline{H}^s=(\overline{h}_{ij}^s)_{n\times n}$：

$$\overline{h}_{ij}^{s,\sigma(l)}=\bigoplus_{z=1}^{m}v_t\overline{h}_{ij,z}^{\sigma(l)},l=1,2,\cdots,\ell_s \tag{6-6}$$

其中，$\ell_s=lcm(\ell_{\overline{h}_{ij,1}},\cdots,\ell_{\overline{h}_{ij,t}},\cdots,\ell_{\overline{h}_{ij,m}})$，$v=(v_1,v_2,\cdots,v_m)^T$ 是决策者权重向量，满足 $v_z\geqslant 0$，$\sum_{z=1}^{m}v_z=1$。

步骤 5 根据模型（M5－2），得到综合犹豫模糊语言偏好关系 $\overline{H}^s$ 的排序向量 w^*。

步骤 6 根据排序向量 w^* 大小进行排序，得到最好的备选方案。

上述基于残缺犹豫模糊语言偏好关系的决策方法如图 6－1 所示。

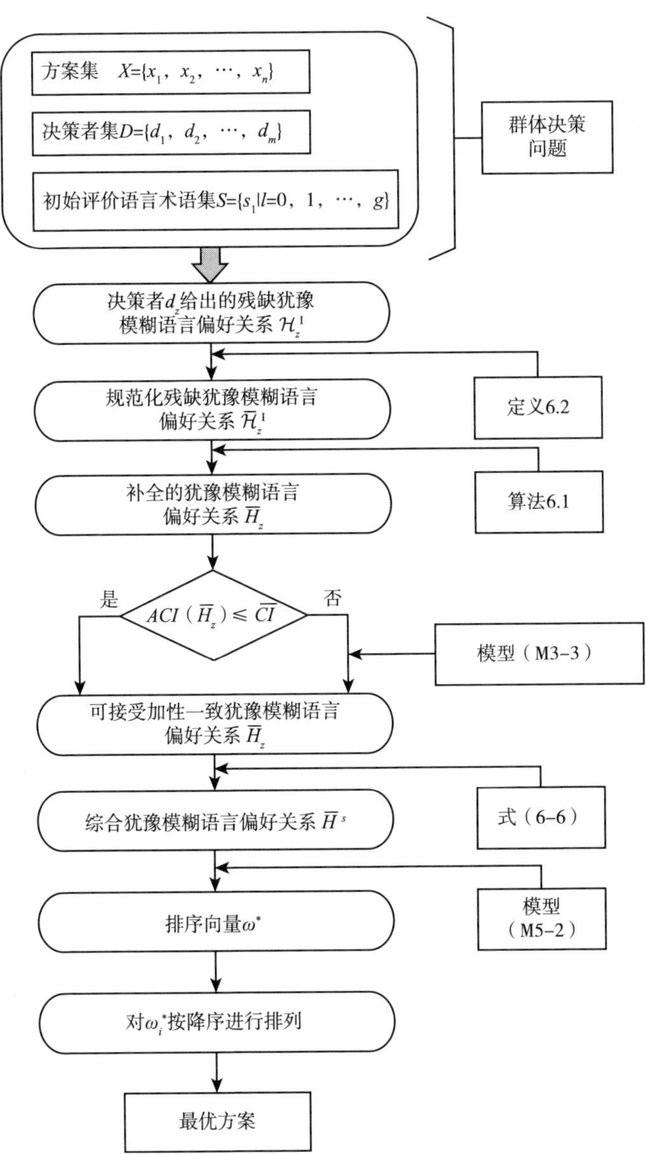

图 6－1　基于残缺犹豫模糊语言偏好关系的决策方法

6.3 实例分析

6.3.1 洪水灾害风险评估实例分析

1. 实例分析和求解过程

自然灾害会导致经济财产的巨大损失，减少自然灾害风险的管理是预防灾害最有效、最积极的途径。决策者们的知识和经验在灾害风险评估中发挥着重要作用，是降低风险的重要工具。然而，由于缺乏全面的信息，决策者们在评估成对选择时可能无法提供完整的评估信息。

本节选取洪涝灾害风险评价为例。假设有五个潜在的洪水区域 $R=\{r_1,r_2,r_3,r_4,r_5\}$，邀请四个决策者 $D=\{d_1,d_2,d_3,d_4\}$ 对洪涝灾害风险进行评估，从而有针对性地进行预警。决策者权重向量由一些先验信息确定，它是一个综合的数量表示，包括决策者的知识、经验、能力和期望。这里假设每个决策者的权重都是0.25。决策者根据下面的语言术语集对备选地点进行两两比较。

$$\bar{S}=\{s_0,s_1,s_2,s_3,s_4,s_5,s_6,s_7,s_8\}$$

其中，s_0 表示极差；s_1 表示很差；s_2 表示差；s_3 表示有点差；s_4 表示无差别；s_5 表示好；s_6 表示有点好；s_7 表示很好；s_8 表示极好。

由于缺乏知识，决策者在比较备选方案时缺少一些信息。这四个决策者提供的残缺犹豫模糊语言偏好关系如下：

$$\mathcal{H}^{1,I}=\begin{pmatrix} \{s_4\} & x & \{s_3\} & x & x \\ x & \{s_4\} & \{s_5,s_6\} & x & x \\ \{s_5\} & \{s_3,s_2\} & \{s_4\} & \{s_7\} & \{s_5,s_6,s_7\} \\ x & x & \{s_1\} & \{s_4\} & x \\ x & x & \{s_3,s_2,s_1\} & x & \{s_4\} \end{pmatrix}$$

$$\mathcal{H}^{2,I}=\begin{pmatrix} \{s_4\} & \{s_3\} & \{s_4,s_5\} & \{s_5,s_6,s_7\} & \{s_6,s_7\} \\ \{s_5\} & \{s_4\} & x & x & x \\ \{s_4,s_3\} & x & \{s_4\} & x & x \\ \{s_3,s_2,s_1\} & x & x & \{s_4\} & x \\ \{s_2,s_1\} & x & x & x & \{s_4\} \end{pmatrix}$$

$$\mathcal{H}^{3,I} = \begin{pmatrix} \{s_4\} & \{s_5, s_6, s_7\} & \{s_7, s_8\} & \{s_5, s_6\} & x \\ \{s_3, s_2, s_1\} & \{s_4\} & \{s_5\} & x & \{s_2, s_3\} \\ \{s_1, s_0\} & \{s_3\} & \{s_4\} & x & \{s_2\} \\ \{s_3, s_2\} & x & x & \{s_4\} & \{s_3, s_4\} \\ x & \{s_6, s_5\} & \{s_6\} & \{s_5, s_4\} & \{s_4\} \end{pmatrix}$$

$$\mathcal{H}^{4,I} = \begin{pmatrix} \{s_4\} & \{s_2\} & \{s_3\} & x & \{s_4, s_5, s_6\} \\ \{s_6\} & \{s_4\} & \{s_4, s_5\} & x & \{s_7, s_8\} \\ \{s_5\} & \{s_4, s_3\} & \{s_4\} & x & \{s_7\} \\ x & x & x & \{s_4\} & x \\ \{s_4, s_3, s_2\} & \{s_1, s_0\} & \{s_1\} & x & \{s_4\} \end{pmatrix}$$

步骤 1　根据算法 6.1，对残缺犹豫模糊语言偏好关系 $\mathcal{H}^{z,I}(z = 1,2,3,4)$ 进行补全，得到补全后的犹豫模糊语言偏好关系 $H^z = (h_{ij}^z)_{n\times n}$：

$$H^1 = \begin{pmatrix} \{s_4\} & \{s_2\} & \{s_3\} & \{s_6\} & \{s_4, s_5, s_6\} \\ \{s_6\} & \{s_4\} & \{s_5, s_6\} & \{s_8\} & \{s_6, s_7\} \\ \{s_5\} & \{s_3, s_2\} & \{s_4\} & \{s_7\} & \{s_5, s_6, s_7\} \\ \{s_2\} & \{s_3, s_2\} & \{s_1\} & \{s_4\} & \{s_2, s_3, s_4\} \\ \{s_4, s_3, s_2\} & \{s_2, s_1\} & \{s_3, s_2, s_1\} & \{s_6, s_5, s_4\} & \{s_4\} \end{pmatrix}$$

$$H^2 = \begin{pmatrix} \{s_4\} & \{s_3\} & \{s_4, s_5\} & \{s_5, s_6, s_7\} & \{s_6, s_7\} \\ \{s_5\} & \{s_4\} & \{s_5, s_6\} & \{s_6, s_7\} & \{s_7, s_8\} \\ \{s_4, s_3\} & \{s_3, s_2\} & \{s_4\} & \{s_5\} & \{s_6\} \\ \{s_3, s_2, s_1\} & \{s_2, s_1\} & \{s_3\} & \{s_4\} & \{s_5\} \\ \{s_2, s_1\} & \{s_1, s_0\} & \{s_2\} & \{s_3\} & \{s_4\} \end{pmatrix}$$

$$H^3 = \begin{pmatrix} \{s_4\} & \{s_5, s_6, s_7\} & \{s_7, s_8\} & \{s_5, s_6\} & \{s_4, s_5, s_6\} \\ \{s_3, s_2, s_1\} & \{s_4\} & \{s_5\} & \{s_2, s_3\} & \{s_2, s_3\} \\ \{s_1, s_0\} & \{s_3\} & \{s_4\} & \{s_2\} & \{s_2\} \\ \{s_3, s_2\} & \{s_6, s_5\} & \{s_6\} & \{s_4\} & \{s_3, s_4\} \\ \{s_4, s_3, s_2\} & \{s_6, s_5\} & \{s_6\} & \{s_5, s_4\} & \{s_4\} \end{pmatrix}$$

$$H^4 = \begin{pmatrix} \{s_4\} & \{s_2\} & \{s_3\} & \{s_2, s_3\} & \{s_4, s_5, s_6\} \\ \{s_6\} & \{s_4\} & \{s_4, s_5\} & \{s_4, s_5\} & \{s_7, s_8\} \\ \{s_5\} & \{s_4, s_3\} & \{s_4\} & \{s_4\} & \{s_7\} \\ \{s_6, s_5\} & \{s_4, s_3\} & \{s_4\} & \{s_4\} & \{s_7\} \\ \{s_4, s_3, s_2\} & \{s_1, s_0\} & \{s_1\} & \{s_1\} & \{s_4\} \end{pmatrix}$$

步骤 2　利用最小公倍数扩充准则，对于 $z=1,2,3,4$，分别求得犹豫模糊语言偏好关系 $H^z=(h_{ij}^z)_{n\times n}$ 的规范化犹豫模糊语言偏好关系 $\overline{H}^z=(\overline{h}_{ij}^z)_{n\times n}$：

$$\overline{H}^1=\left(\begin{array}{ccc}
\{s_4\} & \{s_2,s_2,s_2,s_2,s_2,s_2\} & \{s_3,s_3,s_3,s_3,s_3,s_3\} \\
\{s_6,s_6,s_6,s_6,s_6,s_6\} & \{s_4\} & \{s_5,s_5,s_5,s_6,s_6,s_6\} \\
\{s_5,s_5,s_5,s_5,s_5,s_5\} & \{s_3,s_3,s_3,s_2,s_2,s_2\} & \{s_4\} \\
\{s_2,s_2,s_2,s_2,s_2,s_2\} & \{s_0,s_0,s_0,s_0,s_0,s_0\} & \{s_1,s_1,s_1,s_1,s_1,s_1\} \\
\{s_4,s_4,s_3,s_3,s_2,s_2\} & \{s_2,s_2,s_1,s_1,s_0,s_0\} & \{s_3,s_3,s_2,s_2,s_1,s_1\}
\end{array}\right.$$

$$\left.\begin{array}{cc}
\{s_6,s_6,s_6,s_6,s_6,s_6\} & \{s_4,s_4,s_5,s_5,s_6,s_6\} \\
\{s_8,s_8,s_8,s_8,s_8,s_8\} & \{s_6,s_6,s_7,s_7,s_8,s_8\} \\
\{s_7,s_7,s_7,s_7,s_7,s_7\} & \{s_5,s_5,s_6,s_6,s_7,s_7\} \\
\{s_4\} & \{s_2,s_2,s_3,s_3,s_4,s_4\} \\
\{s_6,s_6,s_5,s_5,s_4,s_4\} & \{s_4\}
\end{array}\right)$$

$$\overline{H}^2=\left(\begin{array}{ccc}
\{s_4\} & \{s_3,s_3,s_3,s_3,s_3,s_3\} & \{s_4,s_4,s_4,s_5,s_5,s_5\} \\
\{s_5,s_5,s_5,s_5,s_5,s_5\} & \{s_4\} & \{s_5,s_5,s_5,s_6,s_6,s_6\} \\
\{s_4,s_4,s_4,s_3,s_3,s_3\} & \{s_3,s_3,s_3,s_2,s_2,s_2\} & \{s_4\} \\
\{s_3,s_3,s_2,s_2,s_1,s_1\} & \{s_2,s_2,s_2,s_1,s_1,s_1\} & \{s_3,s_3,s_3,s_3,s_3,s_3\} \\
\{s_2,s_2,s_2,s_1,s_1,s_1\} & \{s_1,s_1,s_1,s_0,s_0,s_0\} & \{s_2,s_2,s_2,s_2,s_2,s_2\}
\end{array}\right.$$

$$\left.\begin{array}{cc}
\{s_5,s_5,s_6,s_6,s_7,s_7\} & \{s_6,s_6,s_6,s_7,s_7,s_7\} \\
\{s_6,s_6,s_6,s_7,s_7,s_7\} & \{s_7,s_7,s_7,s_8,s_8,s_8\} \\
\{s_5,s_5,s_5,s_5,s_5,s_5\} & \{s_6,s_6,s_6,s_6,s_6,s_6\} \\
\{s_4\} & \{s_5,s_5,s_5,s_5,s_5,s_5\} \\
\{s_3,s_3,s_3,s_3,s_3,s_3\} & \{s_4\}
\end{array}\right)$$

$$\overline{H}^3=\left(\begin{array}{ccc}
\{s_4\} & \{s_5,s_5,s_6,s_6,s_7,s_7\} & \{s_7,s_7,s_7,s_8,s_8,s_8\} \\
\{s_3,s_3,s_2,s_2,s_1,s_1\} & \{s_4\} & \{s_5,s_5,s_5,s_5,s_5,s_5\} \\
\{s_1,s_1,s_1,s_0,s_0,s_0\} & \{s_3,s_3,s_3,s_3,s_3,s_3\} & \{s_4\} \\
\{s_3,s_3,s_3,s_2,s_2,s_2\} & \{s_6,s_6,s_6,s_5,s_5,s_5\} & \{s_6,s_6,s_6,s_6,s_6,s_6\} \\
\{s_4,s_4,s_3,s_3,s_2,s_2\} & \{s_6,s_6,s_6,s_5,s_5,s_5\} & \{s_6,s_6,s_6,s_6,s_6,s_6\}
\end{array}\right.$$

$$\left.\begin{array}{cc}
\{s_5,s_5,s_5,s_6,s_6,s_6\} & \{s_4,s_4,s_5,s_6,s_6,s_6\} \\
\{s_2,s_2,s_2,s_3,s_3,s_3\} & \{s_2,s_2,s_2,s_3,s_3,s_3\} \\
\{s_2,s_2,s_2,s_2,s_2,s_2\} & \{s_2,s_2,s_2,s_2,s_2,s_2\} \\
\{s_4\} & \{s_3,s_3,s_3,s_4,s_4,s_4\} \\
\{s_5,s_5,s_5,s_4,s_4,s_4\} & \{s_4\}
\end{array}\right)$$

$$\overline{H}^4 = \left(\begin{array}{ccccc}
\{s_4\} & \{s_2,s_2,s_2,s_2,s_2,s_2\} & \{s_3,s_3,s_3,s_3,s_3,s_3\} & \{s_2,s_2,s_2,s_3,s_3,s_3\} & \{s_4,s_4,s_5,s_5,s_6,s_6\} \\
\{s_6,s_6,s_6,s_6,s_6,s_6\} & \{s_4\} & \{s_4,s_4,s_4,s_5,s_5,s_5\} & \{s_4,s_4,s_4,s_5,s_5,s_5\} & \{s_7,s_7,s_7,s_8,s_8,s_8\} \\
\{s_5,s_5,s_5,s_5,s_5,s_5\} & \{s_4,s_4,s_4,s_3,s_3,s_3\} & \{s_4\} & \{s_4\} & \{s_7,s_7,s_7,s_7,s_7,s_7\} \\
\{s_6,s_6,s_6,s_5,,s_5,s_5\} & \{s_4,s_4,s_4,s_3,s_3,s_3\} & \{s_4,s_4,s_4,s_4,s_4,s_4\} & \{s_4,s_4,s_4,s_4,s_4,s_4\} & \{s_7,s_7,s_7,s_7,s_7,s_7\} \\
\{s_4,s_4,s_3,s_3,s_2,s_2\} & \{s_1,s_1,s_1,s_0,s_0,s_0\} & \{s_1,s_1,s_1,s_1,s_1,s_1\} & \{s_1,s_1,s_1,s_1,s_1,s_1\} & \{s_4\}
\end{array}\right)$$

步骤3 根据式（6-5）计算补全后的犹豫模糊语言偏好关系 $H^z=(h_{ij}^z)_{n\times n}(z=1,2,3,4)$ 的加性一致性指数 $ACI(H^z)$：

$$ACI(H^1)=0.0063$$
$$ACI(H^2)=0.0063$$
$$ACI(H^3)=0.0174$$
$$ACI(H^4)=0.0125$$

易知，$ACI(H^z)\leqslant\overline{CI}=0.1550$，则 $H^z(z=1,2,3,4)$ 具有可接受加性一致性。

步骤4 根据式（6-6）对所有犹豫模糊语言偏好关系进行集结，得到综合犹豫模糊语言偏好关系 $\overline{H}^s=(\overline{h}_{ij}^s)_{n\times n}$：

$$\overline{H}^s = \left(\begin{array}{cc}
\{s_4\} & \{s_3,s_3,s_{3.25},s_{3.25},s_{3.5},s_{3.5}\} \\
\{s_5,s_5,s_{4.75},s_{4.25},s_{4.5},s_{4.5}\} & \{s_4\} \\
\{s_{3.75},s_{3.75},s_{3.75},s_{3.25},s_{3.25},s_{3.25}\} & \{s_{3.25},s_{3.25},s_{3.25},s_{2.5},s_{2.5},s_{2.5}\} \\
\{s_{3.5},s_{3.5},s_{3.25},s_{2.75},s_{2.5},s_{2.5}\} & \{s_3,s_3,s_3,s_{2.25},s_{2.25},s_{2.25}\} \\
\{s_{3.5},s_{3.5},s_{2.75},s_{2.25},s_{1.75},s_{1.75}\} & \{s_{2.5},s_{2.5},s_{2.5},s_{1.5},s_{1.25},s_{1.25}\}
\end{array}\right.$$

$$
\left.\begin{array}{ccc}
\{s_{4.25},s_{4.25},s_{4.25},s_{4.75},s_{4.75},s_{4.75}\} & \{s_{4.5},s_{4.5},s_{4.75},s_{5.25},s_{5.5},s_{5.5}\} & \{s_{4.5},s_{4.5},s_{5.25},s_{5.75},s_{6.25},s_{6.25}\} \\
\{s_{4.75},s_{4.75},s_{4.75},s_{5.5},s_{5.5},s_{5.5}\} & \{s_{5},s_{5},s_{5},s_{5.75},s_{5.75},s_{5.75}\} & \{s_{5.5},s_{5.5},s_{5.75},s_{6.5},s_{6.75},s_{6.75}\} \\
\{s_{4}\} & \{s_{4.5},s_{4.5},s_{4.5},s_{4.5},s_{4.5},s_{4.5}\} & \{s_{5},s_{5},s_{5.25},s_{5.25},s_{5.5},s_{5.5}\} \\
\{s_{3.5},s_{3.5},s_{3.5},s_{3.5},s_{3.5},s_{3.5}\} & \{s_{4}\} & \{s_{4.25},s_{4.25},s_{4.5},s_{4.75},s_{5},s_{5}\} \\
\{s_{3},s_{3},s_{2.75},s_{2.75},s_{2.5},s_{2.5}\} & \{s_{3.75},s_{3.75},s_{3.5},s_{3.25},s_{3},s_{3}\} & \{s_{4}\}
\end{array}\right)
$$

步骤 5　根据模型（M5－2），得到综合犹豫模糊语言偏好关系 $\overline{H}^s$ 的排序向量 w^*：

$$w^* = (0.2917, 0.3750, 0.2292, 0.1042, 0)^T$$

步骤 6　根据步骤 5 的结果可得 $w_2^* > w_1^* > w_3^* > w_4^* > w_5^*$，因此方案排序为

$$r_2 > r_1 > r_3 > r_4 > r_5$$

最优方案是 r_2。

2. 比较分析

为了进一步说明本章提出的决策方法的有效性，本节将本章提出的基于残缺犹豫模糊语言偏好关系的决策方法与现存的残缺犹豫模糊语言偏好关系决策方法进行比较分析。

依据参考文献［133］提出的基于残缺犹豫模糊语言偏好关系决策方法，根据 β 标准化规则，得到规范化残缺犹豫模糊语言偏好关系 $\overline{\mathcal{H}}^z_{Tang}(z = 1,2,3,4)$：

$$
\overline{\mathcal{H}}^1_{Tang} = \begin{pmatrix}
\{s_0\} & x & \{s_{-1},s_{-1},s_{-1}\} & x & x \\
x & \{s_0\} & \{s_1,s_2,s_2\} & x & x \\
\{s_1,s_1,s_1\} & \{s_{-1},s_{-2},s_{-2}\} & \{s_0\} & \{s_3,s_3,s_3\} & \{s_0,s_1,s_2\} \\
x & x & \{s_{-3},s_{-3},s_{-3}\} & \{s_0\} & x \\
x & x & \{s_0,s_{-1},s_{-2}\} & x & \{s_0\}
\end{pmatrix}
$$

$$\overline{\mathcal{H}}_{Tang}^{2}=\begin{pmatrix} \{s_0\} & \{s_{-1},s_{-1},s_{-1}\} & \{s_0,s_1,s_1\} & \{s_1,s_2,s_3\} & \{s_2,s_3,s_3\} \\ \{s_1,s_1,s_1\} & \{s_0\} & x & x & x \\ \{s_0,s_{-1},s_{-1}\} & x & \{s_0\} & x & x \\ \{s_{-1},s_{-2},s_{-3}\} & x & x & \{s_0\} & x \\ \{s_{-2},s_{-3},s_{-3}\} & x & x & x & \{s_0\} \end{pmatrix}$$

$$\overline{\mathcal{H}}_{Tang}^{3}=\begin{pmatrix} \{s_0\} & \{s_1,s_2,s_3\} & \{s_3,s_4,s_4\} & \{s_1,s_2,s_2\} & x \\ \{s_{-1},s_{-2},s_{-3}\} & \{s_0\} & \{s_1,s_1,s_1\} & x & \{s_{-2},s_{-1},s_{-1}\} \\ \{s_{-3},s_{-4},s_{-4}\} & \{s_{-1},s_{-1},s_{-1}\} & \{s_0\} & x & \{s_{-2},s_{-2},s_{-2}\} \\ \{s_{-1},s_{-2},s_{-2}\} & x & x & \{s_0\} & \{s_{-1},s_0,s_0\} \\ x & \{s_2,s_1,s_1\} & \{s_2,s_2,s_2\} & \{s_1,s_0,s_0\} & \{s_0\} \end{pmatrix}$$

$$\overline{\mathcal{H}}_{Tang}^{4}=\begin{pmatrix} \{s_0\} & \{s_{-2},s_{-2},s_{-2}\} & \{s_{-1},s_{-1},s_{-1}\} & x & \{s_0,s_1,s_2\} \\ \{s_2,s_2,s_2\} & \{s_0\} & \{s_0,s_1,s_1\} & x & \{s_3,s_4,s_4\} \\ \{s_1,s_1,s_1\} & \{s_0,s_{-1},s_{-1}\} & \{s_0\} & x & \{s_3,s_3,s_3\} \\ x & x & x & \{s_0\} & x \\ \{s_0,s_{-1},s_{-2}\} & \{s_{-3},s_{-4},s_{-4}\} & \{s_{-3},s_{-3},s_{-3}\} & x & \{s_0\} \end{pmatrix}$$

根据残缺信息补全方法，可得补全后的犹豫模糊语言偏好关系 $H_{Tang}^{z}(z=1,2,3,4)$：

$$H_{Tang}^{1}=\begin{pmatrix} \{s_0\} & \{s_{-1.6},s_{-2.4},s_{-2.4}\} & \{s_{-0.8},s_{-0.8},s_{-0.8}\} & \{s_{1.6},s_{1.6},s_{1.6}\} & \{s_{-0.8},s_0,s_{0.8}\} \\ \{s_{1.6},s_{2.4},s_{2.4}\} & \{s_0\} & \{s_{0.8},s_{1.6},s_{1.6}\} & \{s_{3.2},s_4,s_4\} & \{s_{0.8},s_{2.4},s_{3.2}\} \\ \{s_{0.8},s_{0.8},s_{0.8}\} & \{s_{-0.8},s_{-1.6},s_{-1.6}\} & \{s_0\} & \{s_{2.4},s_{2.4},s_{2.4}\} & \{s_0,s_{0.8},s_{1.6}\} \\ \{s_{-1.6},s_{-1.6},s_{-1.6}\} & \{s_{-3.2},s_{-4},s_{-4}\} & \{s_{-2.4},s_{-2.4},s_{-2.4}\} & \{s_0\} & \{s_{-2.4},s_{-1.6},s_{-0.8}\} \\ \{s_{0.8},s_0,s_{-0.8}\} & \{s_{-0.8},s_{-2.4},s_{-3.2}\} & \{s_0,s_{-0.8},s_{-1.6}\} & \{s_{2.4},s_{1.6},s_{0.8}\} & \{s_0\} \end{pmatrix}$$

$$H_{Tang}^{2}=\begin{pmatrix}
\{s_0\} & \{s_{-0.8},s_{-0.8},s_{-0.8}\} & \{s_0,s_{0.8},s_{0.8}\} & \{s_{0.8},s_{1.6},s_{2.4}\} & \{s_{1.6},s_{2.4},s_{2.4}\} \\
\{s_{0.8},s_{0.8},s_{0.8}\} & \{s_0\} & \{s_{0.8},s_{1.6},s_{1.6}\} & \{s_{1.6},s_{2.4},s_{3.2}\} & \{s_{2.4},s_{3.2},s_4\} \\
\{s_0,s_{-0.8},s_{-0.8}\} & \{s_{-0.8},s_{-1.6},s_{-1.6}\} & \{s_0\} & \{s_{0.8},s_{0.8},s_{1.6}\} & \{s_{1.6},s_{1.6},s_{1.6}\} \\
\{s_{-0.8},s_{-1.6},s_{-2.4}\} & \{s_{-1.6},s_{-2.4},s_{-3.2}\} & \{s_{-0.8},s_{-0.8},s_{-1.6}\} & \{s_0\} & \{s_{0.8},s_{0.8},s_0\} \\
\{s_{-1.6},s_{-2.4},s_{-2.4}\} & \{s_{-2.4},s_{-3.2},s_{-4}\} & \{s_{-1.6},s_{-1.6},s_{-1.6}\} & \{s_{-0.8},s_{-0.8},s_0\} & \{s_0\}
\end{pmatrix}$$

$$H_{Tang}^{3}=\begin{pmatrix}
\{s_0\} & \{s_1,s_2,s_3\} & \{s_3,s_4,s_4\} & \{s_1,s_2,s_2\} & \{s_1,s_{-1},s_{-2}\} \\
\{s_{-1},s_{-2},s_{-3}\} & \{s_0\} & \{s_1,s_1,s_1\} & \{s_0,s_0,s_{-1}\} & \{s_{-2},s_{-1},s_{-1}\} \\
\{s_{-3},s_{-4},s_{-4}\} & \{s_{-1},s_{-1},s_{-1}\} & \{s_0\} & \{s_{-1.5},s_{-1.5},s_{-2}\} & \{s_{-2},s_{-2},s_{-2}\} \\
\{s_{-1},s_{-2},s_{-2}\} & \{s_0,s_0,s_1\} & \{s_{1.5},s_{1.5},s_2\} & \{s_0\} & \{s_1,s_0,s_0\} \\
\{s_{-1.6},s_{-2.4},s_{-2.4}\} & \{s_{-2.4},s_{-3.2},s_{-4}\} & \{s_2,s_2,s_2\} & \{s_{-1},s_0,s_0\} & \{s_0\}
\end{pmatrix}$$

$$H_{Tang}^{4}=\begin{pmatrix}
\{s_0\} & \{s_{-2},s_{-2},s_{-2}\} & \{s_{-1},s_{-1},s_{-1}\} & \{s_{1.2},s_{1.6},s_2\} & \{s_0,s_1,s_2\} \\
\{s_2,s_2,s_2\} & \{s_0\} & \{s_0,s_1,s_1\} & \{s_2,s_{3.2},s_{3.6}\} & \{s_3,s_4,s_4\} \\
\{s_1,s_1,s_1\} & \{s_0,s_{-1},s_{-1}\} & \{s_0\} & \{s_{1.6},s_{1.6},s_2\} & \{s_3,s_3,s_3\} \\
\{s_{-1.2},s_{-1.6},s_{-2}\} & \{s_{-2},s_{-3.2},s_{-3.6}\} & \{s_{-1.6},s_{-1.6},s_{-2}\} & \{s_0\} & \{s_{-0.8},s_{-0.4},s_{-0.4}\} \\
\{s_{-1.6},s_{-2.4},s_{-2.4}\} & \{s_{-2.4},s_{-3.2},s_{-4}\} & \{s_{-3},s_{-3},s_{-3}\} & \{s_{0.8},s_{0.4},s_{0.4}\} & \{s_0\}
\end{pmatrix}$$

集结所有的补全后的犹豫模糊语言偏好关系 $H^{z}_{Tang}(z=1,2,3,4)$，可得综合犹豫模糊语言偏好关系 H^{C}_{Tang}：

$$H^{C}_{Tang}=\begin{pmatrix} \{s_0\} & \{s_{-0.7},s_{-0.5},s_{-0.2}\} & \{s_{0.6},s_1,s_1\} & \{s_{1.1},s_{1.5},s_2\} & \{s_{0.5},s_{0.4},s_{0.5}\} \\ \{s_{0.7},s_{0.5},s_{0.2}\} & \{s_0\} & \{s_{0.6},s_{1.2},s_{1.2}\} & \{s_{1.5},s_{2.1},s_{2.1}\} & \{s_{0.8},s_{1.9},s_{2.2}\} \\ \{s_{-0.6},s_{-1},s_{-1}\} & \{s_{-0.6},s_{-1.2},s_{-1.2}\} & \{s_0\} & \{s_{0.6},s_{0.6},s_{0.7}\} & \{s_{0.5},s_{0.7},s_{0.8}\} \\ \{s_{-1.1},s_{-1.5},s_{-2}\} & \{s_{-1.5},s_{-2.1},s_{-2.1}\} & \{s_{-0.6},s_{-0.6},s_{-0.7}\} & \{s_0\} & \{s_{-0.9},s_{-0.3},s_{-0.3}\} \\ \{s_{-0.5},s_{-0.4},s_{-0.5}\} & \{s_{-0.8},s_{-1.9},s_{-2.2}\} & \{s_{-0.5},s_{-0.7},s_{-0.8}\} & \{s_{0.9},s_{0.3},s_{0.3}\} & \{s_0\} \end{pmatrix}.$$

每个方案的得分值分别为：

$$s(r_1)=0.0764,\ s(r_2)=0.1573,\ s(r_3)=-0.0198,$$
$$s(r_4)=-0.1414,\ s(r_5)=-0.0722$$

于是可得最终的排序结果为 $r_2>r_1>r_3>r_5>r_4$，最优的备选方案是 r_2，这与本章提出的群决策方法得到排序结果是相同的。参考文献［133］与本章提出的决策方法之间的区别主要在于以下三点。

（1）对于长度不同的犹豫模糊语言数据，参考文献采用 β 标准化准则使长度不同的犹豫模糊语言数据具有相同的长度。本章采用最小公倍数扩充准则使长度不同的犹豫模糊语言数据具有相同的长度。

（2）为了补全残缺犹豫模糊语言偏好关系中的残缺信息，参考文献［133］提出了三个步骤来补充残缺犹豫模糊语言偏好关系中的缺失元素，然而，由这三个步骤得到的补全后的犹豫模糊语言偏好关系可能包含一些虚拟的语言术语。用虚拟语言作为决策者的偏好信息可能会导致决策问题难以被决策者理解。本章根据犹豫模糊语言偏好关系的加性一致性的概念，建立了一个整数线性规划模型来补全残缺犹豫模糊语言偏好关系的缺失元素。该优化模型不仅可以补全缺失信息，而且还能保证补全后的信息属于初始评价语言术语集，即补全后的信息不是虚拟语言术语。

（3）参考文献［133］通过计算方案的得分值对备选方案进行排序。本章利用第5章提出的混合的0－1规划模型来求解残缺犹豫模糊语言偏好关系的排序向量，并利用排序向量对备选方案进行排序择优。

3. 灵敏度分析

根据6.3节提出的决策方法，可知最终的决策结果可能依赖于决策者的权重。为了探索决策者权重对最终决策结果的影响，我们随机生成10组决策者权重并求出对应的决策结果，如表6－1所示。在表6－1中，不同的决策者权重最终得到的方案排序结果是相同的，且最优的方案是r_2。这些结果表明本章提出的基于残缺犹豫模糊语言偏好关系的决策方法具有很好的鲁棒性。

表6－1　　不同决策者权重得到的决策结果

决策者权重	v_1	v_2	v_3	v_4	v_5	排序结果
1	0.2389	0.2408	0.0393	0.2422	0.2388	$r_2 > r_1 > r_3 > r_5 > r_4$
2	0.2406	0.2914	0.1992	0.0108	0.2579	$r_2 > r_1 > r_3 > r_5 > r_4$
3	0.2664	0.1936	0.2161	0.2120	0.1119	$r_2 > r_1 > r_3 > r_5 > r_4$
4	0.0233	0.0491	0.4162	0.3512	0.1603	$r_2 > r_1 > r_3 > r_5 > r_4$
5	0.3697	0.0134	0.1707	0.1484	0.2978	$r_2 > r_1 > r_3 > r_5 > r_4$
6	0.2307	0.2454	0.0898	0.2211	0.2130	$r_2 > r_1 > r_3 > r_5 > r_4$
7	0.2521	0.0964	0.3236	0.1099	0.2180	$r_2 > r_1 > r_3 > r_5 > r_4$
8	0.2161	0.2754	0.2965	0.1691	0.0428	$r_2 > r_1 > r_3 > r_5 > r_4$
9	0.0343	0.0979	0.1922	0.3365	0.3391	$r_2 > r_1 > r_3 > r_5 > r_4$
10	0.2401	0.2669	0.0374	0.2692	0.1864	$r_2 > r_1 > r_3 > r_5 > r_4$

6.3.2 最优投资选择实例分析

该投资选择问题来自参考文献［131］。假设有一个投资公司计划从四个项目中选择最优的项目进行投资。四个项目分别记为A_1、A_2、A_3和A_4，该投资公司邀请四个专家$D=\{d_1,d_2,d_3,d_4\}$，他们分别来自四个不同的领域。根据如下语言术语集

$$S=\{s_0,s_1,s_2,s_3,s_4,s_5,s_6\},$$

其中，s_0表示很差；s_1表示差；s_2表示较差；s_3表示无差别；s_4表示较好；s_5表示好；s_6表示很好。四个专家通过对方案进行两两比较，分别给出了自

己的偏好，四个残缺犹豫模糊语言偏好关系如下：

$$H_1 = \begin{pmatrix} \{s_3\} & \{s_4\} & \{s_4,s_5\} & x \\ \{s_2\} & \{s_3\} & x & \{s_5,s_6\} \\ \{s_2,s_1\} & x & \{s_3\} & \{s_1\} \\ x & \{s_1,s_0\} & \{s_5\} & \{s_3\} \end{pmatrix}$$

$$H_2 = \begin{pmatrix} \{s_3\} & x & \{s_3\} & x \\ x & \{s_3\} & \{s_5\} & \{s_2\} \\ \{s_3\} & \{s_1\} & \{s_3\} & \{s_1,s_2\} \\ x & \{s_4\} & \{s_5,s_4\} & \{s_3\} \end{pmatrix}$$

$$H_3 = \begin{pmatrix} \{s_3\} & \{s_2\} & x & \{s_3,s_4,s_5\} \\ \{s_4\} & \{s_3\} & x & \{s_2\} \\ x & x & \{s_3\} & \{s_1\} \\ \{s_3,s_2,s_1\} & \{s_4\} & \{s_5\} & \{s_3\} \end{pmatrix}$$

$$H_4 = \begin{pmatrix} \{s_3\} & x & \{s_5\} & \{s_3,s_4\} \\ x & \{s_3\} & \{s_2\} & x \\ \{s_1\} & \{s_4\} & \{s_3\} & \{s_4,s_5\} \\ \{s_3,s_2\} & x & \{s_2,s_1\} & \{s_3\} \end{pmatrix}$$

1. 实例分析和求解过程

步骤 1　根据算法 6.1，对残缺犹豫模糊语言偏好关系 $H_k(k = 1,2,3,4)$ 进行补全，得到补全后的犹豫模糊语言偏好关系 $\tilde{H}_k$：

$$\tilde{H}_1 = \begin{pmatrix} \{s_3\} & \{s_4\} & \{s_4,s_5\} & \{s_6\} \\ \{s_2\} & \{s_3\} & \{s_6\} & \{s_5,s_6\} \\ \{s_2,s_1\} & \{s_0\} & \{s_3\} & \{s_1\} \\ \{s_0\} & \{s_1,s_0\} & \{s_5\} & \{s_3\} \end{pmatrix}$$

$$\tilde{H}_2 = \begin{pmatrix} \{s_3\} & \{s_1\} & \{s_3\} & \{s_1,s_2\} \\ \{s_5\} & \{s_3\} & \{s_5\} & \{s_2\} \\ \{s_3\} & \{s_1\} & \{s_3\} & \{s_1,s_2\} \\ \{s_5,s_4\} & \{s_4\} & \{s_5,s_4\} & \{s_3\} \end{pmatrix}$$

$$\tilde{H}_3 = \begin{pmatrix} \{s_3\} & \{s_2\} & \{s_5, s_6\} & \{s_3, s_4, s_5\} \\ \{s_4\} & \{s_3\} & \{s_4\} & \{s_2\} \\ \{s_1, s_0\} & \{s_2\} & \{s_3\} & \{s_1\} \\ \{s_3, s_2, s_1\} & \{s_4\} & \{s_5\} & \{s_3\} \end{pmatrix}$$

$$\tilde{H}_4 = \begin{pmatrix} \{s_3\} & \{s_6\} & \{s_5\} & \{s_3, s_4\} \\ \{s_0\} & \{s_3\} & \{s_2\} & \{s_0, s_1\} \\ \{s_1\} & \{s_4\} & \{s_3\} & \{s_4, s_5\} \\ \{s_3, s_2\} & \{s_6, s_5\} & \{s_2, s_1\} & \{s_3\} \end{pmatrix}$$

步骤 2 利用最小公倍数扩充准则，对于 $k = 1,2,3,4$，求得犹豫模糊语言偏好关系 $\tilde{H}_k$ 的规范化的犹豫模糊语言偏好关系 $\overline{\tilde{H}_k}$ 如下：

$$\overline{\tilde{H}_1} = \begin{pmatrix} \{s_3\} & \{s_4, s_4\} & \{s_4, s_5\} & \{s_6, s_6\} \\ \{s_2, s_2\} & \{s_3\} & \{s_6, s_6\} & \{s_5, s_6\} \\ \{s_2, s_1\} & \{s_0, s_0\} & \{s_3\} & \{s_1, s_1\} \\ \{s_0, s_0\} & \{s_1, s_0\} & \{s_5, s_5\} & \{s_3\} \end{pmatrix}$$

$$\overline{\tilde{H}_2} = \begin{pmatrix} \{s_3\} & \{s_1, s_1\} & \{s_3, s_3\} & \{s_1, s_2\} \\ \{s_5, s_5\} & \{s_3\} & \{s_5, s_5\} & \{s_2, s_2\} \\ \{s_3, s_3\} & \{s_1, s_1\} & \{s_3\} & \{s_1, s_2\} \\ \{s_5, s_4\} & \{s_4, s_4\} & \{s_5, s_4\} & \{s_3\} \end{pmatrix}$$

$$\overline{\tilde{H}_3} = \begin{pmatrix} \{s_3\} & \{s_2, s_2, s_2, s_2, s_2, s_2\} \\ \{s_4, s_4, s_4, s_4, s_4, s_4\} & \{s_3\} \\ \{s_1, s_1, s_0, s_0, s_0, s_0\} & \{s_2, s_2, s_2, s_2, s_2, s_2\} \\ \{s_3, s_3, s_2, s_2, s_1, s_1\} & \{s_4, s_4, s_4, s_4, s_4, s_4\} \end{pmatrix.$$
$$\begin{matrix} \{s_5, s_5, s_6, s_6, s_6, s_6\} & \{s_3, s_3, s_4, s_4, s_5, s_5\} \\ \{s_4, s_4, s_4, s_4, s_4, s_4\} & \{s_2, s_2, s_2, s_2, s_2, s_2\} \\ \{s_3\} & \{s_1, s_1, s_1, s_1, s_1, s_1\} \\ \{s_5, s_5, s_5, s_5, s_5, s_5\} & \{s_3\} \end{matrix}\right)$$

$$\overline{\widetilde{H}}_4=\begin{pmatrix}\{s_3\} & \{s_6,s_6\} & \{s_5,s_5\} & \{s_3,s_4\}\\ \{s_0,s_0\} & \{s_3\} & \{s_2,s_2\} & \{s_0,s_1\}\\ \{s_1,s_1\} & \{s_4,s_4\} & \{s_3\} & \{s_4,s_5\}\\ \{s_3,s_2\} & \{s_6,s_5\} & \{s_2,s_1\} & \{s_3\}\end{pmatrix}$$

步骤3　根据式（6－5）计算补全后的犹豫模糊语言偏好关系 $\overline{\widetilde{H}}_k(k=1,2,3,4)$ 的加性一致性指数 $ACI(\overline{\widetilde{H}}_k)$：

$$ACI(\overline{\widetilde{H}}_1)=0.1111;ACI(\overline{\widetilde{H}}_2)=0.0417$$

$$ACI(\overline{\widetilde{H}}_3)=0.0833;ACI(\overline{\widetilde{H}}_4)=0.0833$$

易知，$ACI(\overline{\widetilde{H}}_k)\leqslant\overline{CI}=0.1550$，则 $\widetilde{H}_k(k=1,2,3,4)$ 具有可接受加性一致性。

步骤4　根据式（6－6）对所有犹豫模糊语言偏好关系进行集结，得到综合犹豫模糊语言偏好关系 $\overline{H}^s=(\overline{h}^s_{ij})_{n\times n}$：

$$\widetilde{H}^s=\begin{pmatrix}\{(s_3,0)\} & \{(s_3,-0.1),(s_3,-0.1),(s_3,-0.1),(s_3,-0.1),(s_3,-0.1),(s_3,-0.1)\} & \{(s_5,-0.3),(s_5,-0.3),(s_5,-0.3),(s_4,0.3),(s_4,0.3),(s_4,0.3)\}\\ \{(s_3,0.1),(s_3,0.1),(s_3,0.1),(s_3,0.1),(s_3,0.1),(s_3,0.1)\} & \{(s_3,0)\} & \{(s_4,-0.4),(s_4,-0.4),(s_4,-0.2),(s_4,0.2),(s_4,0.4),(s_4,0.4)\}\\ \{(s_2,0),(s_2,0),(s_2,-0.2),(s_1,0.4),(s_1,0.4),(s_1,0.4)\} & \{(s_1,0.1),(s_1,0.1),(s_1,0.1),(s_1,0.1),(s_1,0.1),(s_1,0.1)\} & \{(s_3,0),(s_3,0),(s_3,0),(s_4,-0.5),(s_4,-0.5),(s_4,-0.5)\}\\ \{(s_2,0.4),(s_2,0.4),(s_2,0.2),(s_2,-0.2),(s_2,-0.4),(s_2,-0.4)\} & \{(s_3,0),(s_3,0),(s_3,0),(s_2,0.5),(s_2,0.5),(s_2,0.5)\} & \{(s_1,0.3),(s_1,0.3),(s_1,0.3),(s_2,-0.3),(s_2,-0.3),(s_2,-0.3)\}\\ & \{(s_4,0),(s_4,0),(s_4,0.2),(s_5,-0.4),(s_5,-0.4),(s_5,-0.4)\} & \{(s_3,0)\}\\ & \{(s_5,-0.1),(s_5,-0.1),(s_5,-0.1),(s_5,-0.1),(s_5,-0.1),(s_5,-0.1)\} & \\ & \{(s_3,0)\} & \end{pmatrix}$$

步骤5 根据模型（M5－2），得到综合犹豫模糊语言偏好关系 $\tilde{H}^{s}$ 的排序向量 w^{*}：

$$w^{*}=(w_1^{*},w_2^{*},w_3^{*},w_4^{*})=(0.3880,0.3893,0,0.2227)$$

步骤6 根据步骤5的结果可得 $w_2^{*}>w_1^{*}>w_4^{*}>w_3^{*}$，因此方案排序为

$$A_2>A_1>A_4>A_3$$

最优的投资项目是 A_2。

2. 比较分析

本节将本章提出的决策方法与现存的基于残缺犹豫模糊语言偏好关系的决策方法①进行定量比较分析。

表6－2给出根据参考文献提出的决策方法以及本章提出的决策方法得到的四个项目的排序结果。根据表6－2可知，利用本章提出的决策方法得到的最终排序结果与三个文献得出的排序结果稍有不同。

表6－2　不同决策方法得到的排序结果

决策方法出处	排序方法	排序结果
本章	排序向量	$A_2>A_1>A_4>A_3$
参考文献［133］	得分值	$A_1>A_2>A_4>A_3$
参考文献［97］	得分值	$A_1>A_4>A_2>A_3$
参考文献［131］	偏好度	$A_1>A_2>A_4>A_3$

这些决策方法主要有以下差异。

（1）参考文献［133］中，补全缺失信息的方法可能会给出一些虚拟语言术语作为决策者的偏好信息。参考文献［97］通过使用最差语言偏好关系和最佳语言偏好关系中的元素来对残缺信息进行补全，为了处理虚拟语

① Tang M, Liao H C, Li Z M et al. Nature Disaster Risk Evaluation with a Group Decision Making Method Based on Incomplete Hesitant Fuzzy Linguistic Preference Relations［J］. International Journal of Environmental Research and Public Health, 2018, 15（4）: 751; Liu H B, Ma Y, Jiang L. Managing Incomplete Preferences and Consistency Improvement in Hesitant Fuzzy Linguistic Preference Relations With Applications In Group Decision Making［J］. Information Fusion, 2019, 51: 19－29; Song Y M, Hu J. A Group Decision-Making Model Based on Incomplete Comparative Expressions with Hesitant Linguistic Terms［J］. Applied Soft Computing, 2017, 59: 174－181.

言术语，又构造了绝对偏差。参考文献［131］没有给出缺失值的补全方法。

（2）综合犹豫模糊语言偏好关系的形式不同。在参考文献［133］中，综合犹豫模糊语言偏好关系包含一些虚拟语言术语。在其余两篇参考文献中，综合偏好关系是二元语义模糊语言偏好关系。在本章中，综合犹豫模糊语言偏好关系中的偏好信息是犹豫的二元语义。

（3）本章和参考文献［133］以及参考文献［97］都考虑了补全后的犹豫模糊语言偏好关系的一致性，而参考文献［131］没有考虑补全后的犹豫模糊语言偏好关系的一致性。

接下来，我们将详细讨论这些方法在补充缺失信息方面的差异。在参考文献［133］中，详细讨论了残缺犹豫模糊语言偏好关系中信息缺失的情况。然后，提出了三种补全缺失信息的方法。进而提出了一种残缺犹豫模糊语言偏好关系的决策算法。根据相关研究，参考文献［97］定义的犹豫模糊语言偏好关系的最差和最好加性一致性，并通过构造优化模型对残缺犹豫模糊语言偏好关系中的残缺信息进行补全。然后，针对补全后的犹豫模糊语言偏好关系，提出了一种一致性调整算法。参考文献［131］通过构建模糊线性规划将残缺犹豫模糊语言偏好关系转化为二元模糊语言偏好关系。

根据不同的补全残缺信息的方法对四个残缺犹豫模糊语言偏好关系进行补全，补全后的信息如表6－3所示。从表6－3的第四列可以看出，利用参考文献［133］给出的补全方法得到补全后的信息是虚拟语言术语。这可能导致决策信息对决策者来说难以理解。如表6－3第五列所示，参考文献［97］给出的补全信息有一个共同的特征，都包含语言术语 s_3，例如，语言术语集｛s_0，…，s_3｝表明决策者 d_1 认为备选方案 A_1 相对于备选方案 A_2 的重要性是很差、差、有点差和无差别。但是在实际的决策过程中，这种偏好信息是不符合人类认知的。参考文献［131］没有讨论残缺信息的补全方法。本章提出的补全方法能够很好地处理缺失信息，且补全后的信息不是虚拟的语言术语，同时又符合人类的认知观念。

表6－3　不同残缺信息补全方法得到的补全结果

残缺犹豫模糊语言偏好关系	残缺值	补全后的信息			
		本章的方法	参考文献［133］	参考文献［97］	参考文献［131］
H_1	h_{14}^1	$\{s_6\}$	$\{s_{1.8}, s_{2.4}\}$	$\{s_0, \cdots, s_3\}$	—
	h_{23}^1	$\{s_6\}$	$\{s_0, s_{0.6}\}$	$\{s_0, \cdots, s_4\}$	—

续表

残缺犹豫模糊语言偏好关系	残缺值	补全后的信息			
		本章的方法	参考文献［133］	参考文献［97］	参考文献［131］
H_2	h_{12}^2	$\{s_1\}$	$\{s_{-1.2}, s_{-1.2}\}$	$\{s_2, \cdots, s_6\}$	—
	h_{14}^2	$\{s_1, s_2\}$	$\{s_{-2.2}, s_{-2.2}\}$	$\{s_0, s_1\}$	—
H_3	h_{13}^3	$\{s_5, s_6\}$	$\{s_{1.2}, s_{1.8}, s_{2.4}\}$	$\{s_0, \cdots, s_5\}$	—
	h_{23}^3	$\{s_4\}$	$\{s_{1.8}, s_{2.4}, s_3\}$	$\{s_4, s_5, s_6\}$	—
H_4	h_{12}^4	$\{s_6\}$	$\{s_3, s_3\}$	$\{s_0, \cdots, s_6\}$	—
	h_{24}^4	$\{s_0, s_1\}$	$\{s_{-3}, s_{-2}\}$	$\{s_0, \cdots, s_3\}$	—

不同的基于残缺犹豫模糊语言偏好关系的决策方法具有各自的特点和适用的决策问题。该投资选择问题表明，本章提出的决策方法与所对比的方法存在本质上的不同，主要在于模型（M6－4）和可以很好地补全残缺犹豫模糊语言偏好关系的缺失值。因此，该方法可以被广泛应用于具有残缺犹豫模糊语言偏好关系的群体决策问题中。基于以上分析，该方法的优点有如下两个。

（1）由于补充信息不是虚拟语言术语，而要符合人类认知，因此该方法可以很好地处理缺失信息。

（2）由于综合犹豫模糊语言偏好关系是犹豫和定性的，因此本章提出的方法可以尽可能保留决策者犹豫定性的偏好信息。

6.4 本章小结

由于对实际决策问题的决策经验的不足以及较大工作量等原因，决策者在决策过程中可能会给出残缺犹豫模糊语言偏好关系来表达其定性和犹豫的偏好信息。关于残缺偏好信息的决策问题的研究主要集中在残缺信息补全方法和排序向量两个方面。本章主要针对残缺犹豫模糊语言偏好关系中缺失信息的补全方法进行了探讨，并提出了基于残缺犹豫模糊语言偏好关系的决策方法。

首先，基于犹豫模糊语言偏好关系加性一致的性质，提出了一种整数线性规划模型用来补全残缺犹豫模糊语言偏好关系中的残缺信息。该优化模型不仅可以补充残缺信息，而且还能保证补充后的信息属于初始的评价语言术语集。

其次，提出了一种基于残缺犹豫模糊语言偏好关系的决策方法。

最后，通过实际的案例，验证了本章提出的决策方法的可行性。同时，比较分析表明本章提出的残缺犹豫模糊语言偏好关系的决策方法的有效性。

基于多种测度的犹豫模糊语言数据决策方法

第3~6章提出的决策方法主要是针对基于犹豫模糊语言偏好关系的群体决策问题。为了进一步丰富犹豫模糊语言数据信息的决策方法，本章主要研究基于犹豫模糊语言数据的多属性群体决策问题。

目前，针对犹豫模糊语言数据的多属性群体决策问题已经取得了不少的研究成果。例如，提出了犹豫模糊语言 VIKOR 方法（Liao H C，Xu Z S，2015；Liao H C，Xu Z S，Zeng X J，2015）；将传统的 TOPSIS 决策方法扩充到犹豫模糊语言数据的决策问题中提出了犹豫模糊语言 TOPSIS 方法（Liao H C，Xu Z S，2015；Beg I，Rashid T，2013）。先定义了犹豫模糊语言数据的概率分布，然后给出一种犹豫模糊语言数据决策方法（Wu Z B，Xu J P，2016）。还有学者（Liao H C，Wu X L，Liang X D et al.，2018；Li J L，Luo L，Wu X L et al.，2019）分别提出了基于犹豫模糊语言 ORESTE 方法。廖虎昌等（Liao H C，Yang L Y，Xu Z S，2018）提出了两种犹豫模糊语言数据决策方法，一种是基于得分－偏差的 ELECTRE Ⅱ方法，另一种是基于正负理想犹豫模糊语言数据的 ELECTRE Ⅱ方法。一些学者（Wang J Q，Wang J，Chen Q H et al.，2014）提出了基于占优排序法的犹豫模糊语言 ELECTRE 法。谭倩云、冯向前、张华荣（2016）以及廖虎昌、杨竹、徐泽水等（2019）提出了改进的犹豫模糊语言 PROMETHEE 方法。

然而，这些研究成果还存在一些不足之处，主要包括 3 个方面。（1）根据任意两个犹豫模糊语言数据具有相同个数的语言术语这一假设，定义了犹豫模糊语言数据的距离测度。这种假设在实际的决策问题中往往很难满足。同时，传统的犹豫模糊语言数据扩充准则（Zhu B，Xu Z S，2014）会导致初始的犹豫模糊语言数据信息的流失。因此，基于传统犹豫模糊语言数据的扩充准则定义的犹豫模糊语言数据的距离测度也具有一定的不合理性。（2）参考文献多采用主观赋值的方法确定属性权重。（3）参考文献采用主观赋值的方法确定决策者的权重，主观赋权法可能无法保证决策结果的合理性和客观性。

首先，本章采用犹豫模糊语言数据最小公倍数扩充准则，定义犹豫模糊语言数据的距离测度。其次，定义犹豫模糊语言数据信息下的个体共识性测度和群体共识性测度，并且通过最小化群体共识性测度构建群体共识优化模型用于求解决策者的权重。再次，通过 DEA 模型求解属性权重，提出基于 DEA 模型的犹豫模糊语言 TODIM 决策方法。最后，通过整合群体共识优化模型和基于 DEA 模型的犹豫模糊语言 TODIM 决策方法，提出一种新的犹豫模糊语言数据决策方法，并通过案例说明该方法的有效性和可行性。

7.1　TODIM 方法和 DEA 模型

7.1.1　TODIM 方法

TODIM 是一种基于前景理论的行为决策方法（Kannan D，Tversky A，1979），它可以表达决策者的有限理性行为。TODIM 的主要思想是通过使用效用函数提供关于不同属性的每个替代方案对其他方案的主导程度（Gomes L F A M，Lima M M P P，1991）。自从 TODIM 方法被提出以后，其在决策领域得到了广泛的应用。

在回顾 TODIM 方法之前，先回顾多属性决策，如下所示。

（1）方案集 $\mathbf{A}=\{A_1,A_2,\cdots,A_m\}$，其中，$A_i$ 表示第 i 个方案。

（2）属性集 $\mathbf{C}=\{C_1,C_2,\cdots,C_n\}$，其中，$C_j$ 表示第 j 个属性；属性权重

向量记为 $\mathbf{w}=(w_1,w_2,\cdots,w_n)$，其满足 $w_j\geqslant 0$ 和 $\sum_{j=1}^{n}w_j=1$。

（3）方案 $A_i\in\mathbf{A}$ 在属性 C_j 下的评价值记为 e_{ij}，所有的评价值构成决策矩阵如下。

$$E=\begin{array}{c}\\ A_1\\ A_2\\ \vdots\\ A_m\end{array}\begin{array}{c}\begin{array}{cccc}C_1 & C_2 & \cdots & C_n\end{array}\\ \begin{pmatrix}e_{11} & e_{12} & \cdots & e_{1n}\\ e_{21} & e_{21} & \cdots & e_{2n}\\ \vdots & \vdots & \cdots & \vdots\\ e_{m1} & e_{m2} & \cdots & e_{mn}\end{pmatrix}_{m\times n}\end{array}$$

根据以上描述，TODIM 决策方法的流程如步骤 1 至步骤 7 所示。

步骤 1 根据标准化方法，将决策矩阵 $E=(e_{ij})_{m\times n}$ 转化为规范化矩阵 $R=(r_{ij})_{n\times n}$，其中：

$$\text{效益型：}r_{ij}=\frac{e_{ij}-\min_i e_{ij}}{\max_i e_{ij}-\min_i e_{ij}}$$

$$\text{成本型：}r_{ij}=\frac{\max_i e_{ij}-e_{ij}}{\max_i e_{ij}-\min_i e_{ij}}$$

步骤 2 计算属性 C_j 关于参考属性 C_r 的相对权重 w_{jr}：

$$w_{jr}=\frac{w_j}{w_r}$$

其中，w_j 表示属性 C_j 的权重，$w_r=\max_j\{w_j\}$。

步骤 3 计算在属性 C_k 下方案 A_i 相对于方案 A_j 的优势度 $\phi_k(A_i,A_j)$：

$$\phi_k(A_i,A_j)=\begin{cases}\sqrt{\dfrac{w_{kr}(r_{ik}-r_{jk})}{\sum_{l=1}^{n}w_{lr}}}, & if\ r_{ik}>r_{jk}\\ 0, & if\ r_{ik}=r_{jk}\\ -\dfrac{1}{\theta}\sqrt{\dfrac{\left(\sum_{l=1}^{n}w_{lr}\right)(r_{jk}-r_{ik})}{w_{kr}}}, & if\ r_{ik}<r_{jk}\end{cases}$$

其中，参数 θ 是损失衰退系数，取值范围是 $\theta>0$，参数 θ 越小，表明决策者的损失规避程度越高。

步骤 4　对于任意的 $i,j \in \{1,2,\cdots,m\}$，计算方案 A_i 相对于方案 A_j 的总体优势度 $\Phi(A_i,A_j)$：

$$\Phi(A_i,A_j) = \sum_{k=1}^{n} \phi_k(A_i,A_j)$$

步骤 5　对于任意的 $i \in \{1,2,\cdots,m\}$，计算方案 A_i 相对于其他所有方案的总体优势度 $\Phi(A_i)$：

$$\Phi(A_i) = \sum_{j=1}^{m} \Phi(A_i,A_j)$$

步骤 6　对于任意的 $i \in \{1,2,\cdots,m\}$，计算方案 A_i 的总体前景值 $\rho(A_i)$：

$$\rho(A_i) = \frac{\Phi(A_i) - \min_j \Phi(A_j)}{\max_j \Phi(A_j) - \min_j \Phi(A_j)}$$

步骤 7　根据 $\rho(A_i)$，对方案进行排序：

$$\rho(A_i) > \rho(A_j) \Leftrightarrow A_i > A_j$$

7.1.2　DEA 模型

在非参数线性规划模型的基础上，DEA 模型（Chanes A et al.，1978）被用来评估决策单元（DMU）的投入和产出。假设有 n 个 DMUs 待评估，其中每个 DMU 都有 m 个投入和 s 个产出。令 x_{ij} 和 y_{rj} 分别是第 j 个 DMU_j 的第 i 个投入和第 r 个产出。第 d 个 DMU_d 的效率值可以采用下面的优化模型计算得到。

$$\psi_d = \max \sum_{r=1}^{s} u_r y_{rd}$$

$$s.t. \begin{cases} \sum_{i=1}^{m} w_i x_{ij} - \sum_{r=1}^{s} u_r y_{rj} \geqslant 0, j = 1,2,\cdots,n \\ \sum_{i=1}^{m} w_i x_{id} = 1 \\ w_j \geqslant 0, i = 1,2,\cdots,m \\ u_r \geqslant 0, r = 1,2,\cdots,s \end{cases}$$

其中，ψ_d 表示第 d 个 DMU_d 的效率值。u_r 和 w_i 分别表示第 r 个产出和第 i 个投入的权重。对于每一个待评估的 DMU_d，可以求得最优权重向量 $os = (u_1^*, u_2^*, \cdots, u_s^*, w_1^*, w_2^*, \cdots, w_m^*)$。

7.2 基于最小公倍数扩充准则的犹豫模糊语言数据的距离测度

定义 7.1 设 Θ_1 和 Θ_2 是语言术语集 S 上的两个犹豫模糊语言数据，它们的长度分别是 ℓ_{Θ_1} 和 ℓ_{Θ_2}，如果

$$d(\Theta_1, \Theta_2) = \frac{1}{g}\frac{1}{lcm_{12}}\sum_{i=1}^{lcm_{12}} \left| \Delta^{-1}\left(\Theta_{1,i}^{\frac{lcm_{12}}{\ell_{\Theta_1}}}\right) - \Delta^{-1}\left(\Theta_{2,i}^{\frac{lcm_{12}}{\ell_{\Theta_2}}}\right) \right| \quad (7-1)$$

则 $d(\Theta_1, \Theta_2)$ 是 Θ_1 和 Θ_2 之间基于最小公倍数扩充准则的距离测度。其中，$lcm_{12} = lcm(\ell_{\Theta_1}, \ell_{\Theta_2})$，$\Theta_{1,i}^{\frac{lcm_{12}}{\ell_{\Theta_1}}}$ 和 $\Theta_{2,i}^{\frac{lcm_{12}}{\ell_{\Theta_2}}}$ 分别表示 $\Theta_1^{\frac{lcm_{12}}{\ell_{\Theta_2}}}$ 和 $\Theta_2^{\frac{lcm_{12}}{\ell_{\Theta_2}}}$ 的第 i 个语言术语。

显然，$d(\Theta_1, \Theta_2)$ 越小，犹豫模糊语言术语集 Θ_1 和 Θ_2 越接近。

依据定义 7.1，可得定理 7.1 如下。

定理 7.1 设 Θ_1，Θ_2 和 Θ_3 是语言术语集 S 上的三个犹豫模糊语言数据。则它们满足下面的性质：

- 非负性：$0 \leqslant d(\Theta_1, \Theta_2) \leqslant 1$；
- 自反性：$d(\Theta_1, \Theta_1) = 0$；
- 可交换性：$d(\Theta_1, \Theta_2) = d(\Theta_2, \Theta_1)$；
- 三角不等式：$d(\Theta_1, \Theta_3) \leqslant d(\Theta_1, \Theta_2) + d(\Theta_2, \Theta_3)$。

证明：

(1) 设 $lcm_{12} = lcm(\ell_{\Theta_1}, \ell_{\Theta_2})$，因为 $0 \leqslant \frac{\left| \Delta^{-1}\left(\Theta_{1,i}^{\frac{lcm_{12}}{\ell_{\Theta_1}}}\right) - \Delta^{-1}\left(\Theta_{2,i}^{\frac{lcm_{12}}{\ell_{\Theta_2}}}\right) \right|}{g} \leqslant 1$，则有

$$0 \leqslant \sum_{i=1}^{lcm_{12}} \frac{\left| \Delta^{-1}\left(\Theta_{1,i}^{\frac{lcm_{12}}{\ell_{\Theta_1}}}\right) - \Delta^{-1}\left(\Theta_{2,i}^{\frac{lcm_{12}}{\ell_{\Theta_2}}}\right) \right|}{g} \leqslant lcm_{12}$$

进而可得

$$0 \leqslant \frac{1}{g}\frac{1}{lcm_{12}}\sum_{i=1}^{lcm_{12}} \left|\Delta^{-1}(\Theta_{1,i}^{\frac{lcm_{12}}{\ell_{\Theta_1}}}) - \Delta^{-1}(\Theta_{2,i}^{\frac{lcm_{12}}{\ell_{\Theta_2}}})\right| \leqslant 1$$

依据式（7－1），证得$0 \leqslant d(\Theta_1,\Theta_2) \leqslant 1$。

（2）根据式（7－1），可得

$$\begin{aligned} d(\Theta_1,\Theta_1) &= \frac{1}{g}\frac{1}{\ell_{\Theta_1}}\sum_{i=1}^{\ell_{\Theta_1}} \left|\Delta^{-1}(\Theta_{1,i}^{\frac{\ell_{\Theta_1}}{\ell_{\Theta_1}}}) - \Delta^{-1}(\Theta_{1,i}^{\frac{\ell_{\Theta_1}}{\ell_{\Theta_1}}})\right| \\ &= \frac{1}{g}\frac{1}{\ell_{\Theta_1}}\sum_{i=1}^{\ell_{\Theta_1}} \left|\Delta^{-1}(\Theta_{1,i}) - \Delta^{-1}(\Theta_{1,i})\right| = 0 \end{aligned}$$

（3）设$lcm_{12} = lcm(\ell_{\Theta_1},\ell_{\Theta_2})$，根据式（7－1），可得

$$\begin{aligned} d(\Theta_1,\Theta_2) &= \frac{1}{g}\frac{1}{lcm_{12}}\sum_{i=1}^{lcm_{12}} \left|\Delta^{-1}(\Theta_{1,i}^{\frac{lcm_{12}}{\ell_{\Theta_1}}}) - \Delta^{-1}(\Theta_{2,i}^{\frac{lcm_{12}}{\ell_{\Theta_2}}})\right| \\ &= \frac{1}{g}\frac{1}{lcm_{12}}\sum_{i=1}^{lcm_{12}} \left|\Delta^{-1}(\Theta_{1,i}^{\frac{lcm_{12}}{\ell_{\Theta_2}}}) - \Delta^{-1}(\Theta_{2,i}^{\frac{lcm_{12}}{\ell_{\Theta_1}}})\right| \\ &= d(\Theta_2,\Theta_1) \end{aligned}$$

（4）设$lcm_{12} = lcm(\ell_{\Theta_1},\ell_{\Theta_2})$，$lcm_{13} = lcm(\ell_{\Theta_1},\ell_{\Theta_3})$，$lcm_{23} = lcm(\ell_{\Theta_2},\ell_{\Theta_3})$，$lcm_{123} = lcm(\ell_{\Theta_1},\ell_{\Theta_2},\ell_{\Theta_3})$，根据式（7－1），可得

$$\begin{aligned} d(\Theta_1,\Theta_3) &= \frac{1}{g}\frac{1}{lcm_{13}}\sum_{i=1}^{lcm_{13}} \left|\Delta^{-1}(\Theta_{1,i}^{\frac{lcm_{13}}{\ell_{\Theta_1}}}) - \Delta^{-1}(\Theta_{3,i}^{\frac{lcm_{13}}{\ell_{\Theta_3}}})\right| \\ &= \frac{1}{g}\frac{1}{lcm_{123}}\sum_{i=1}^{lcm_{123}} \left|\Delta^{-1}(\Theta_{1,i}^{\frac{lcm_{123}}{\ell_{\Theta_1}}}) - \Delta^{-1}(\Theta_{3,i}^{\frac{lcm_{123}}{\ell_{\Theta_3}}})\right| \\ &= \frac{1}{g}\frac{1}{lcm_{123}}\sum_{i=1}^{lcm_{123}} \left|\Delta^{-1}(\Theta_{1,i}^{\frac{lcm_{123}}{\ell_{\Theta_1}}}) - \Delta^{-1}(\Theta_{2,i}^{\frac{lcm_{123}}{\ell_{\Theta_2}}}) \right. \\ &\quad \left. + \Delta^{-1}(\Theta_{2,i}^{\frac{lcm_{123}}{\ell_{\Theta_2}}}) - \Delta^{-1}(\Theta_{3,i}^{\frac{lcm_{123}}{\ell_{\Theta_3}}})\right| \\ &\leqslant \frac{1}{g}\frac{1}{lcm_{123}}\sum_{i=1}^{lcm_{123}} \left|\Delta^{-1}(\Theta_{1,i}^{\frac{lcm_{123}}{\ell_{\Theta_1}}}) - \Delta^{-1}(\Theta_{2,i}^{\frac{lcm_{123}}{\ell_{\Theta_2}}})\right| \\ &\quad + \frac{1}{g}\frac{1}{lcm_{123}}\sum_{i=1}^{lcm_{123}} \left|\Delta^{-1}(\Theta_{2,i}^{\frac{lcm_{123}}{\ell_{\Theta_2}}}) - \Delta^{-1}(\Theta_{3,i}^{\frac{lcm_{123}}{\ell_{\Theta_3}}})\right| \\ &= \frac{1}{g}\frac{1}{lcm_{12}}\sum_{i=1}^{lcm_{12}} \left|\Delta^{-1}(\Theta_{1,i}^{\frac{lcm_{12}}{\ell_{\Theta_1}}}) - \Delta^{-1}(\Theta_{2,i}^{\frac{lcm_{12}}{\ell_{\Theta_2}}})\right| \\ &\quad + \frac{1}{g}\frac{1}{lcm_{23}}\sum_{i=1}^{lcm_{23}} \left|\Delta^{-1}(\Theta_{2,i}^{\frac{lcm_{23}}{\ell_{\Theta_2}}}) - \Delta^{-1}(\Theta_{3,i}^{\frac{lcm_{23}}{\ell_{\Theta_3}}})\right| \end{aligned}$$

$$= d(\Theta_1, \Theta_2) + d(\Theta_2, \Theta_3)$$

接下来，将本节提出的犹豫模糊语言数据的距离测度与已有的犹豫模糊语言数据的距离测度进行比较分析。廖虎昌等（2014）系统地研究了犹豫模糊语言数据的距离测度。对于语言术语集 S 上的两个犹豫模糊语言数据 Θ_1 和 Θ_2，廖虎昌等（2014）定义了广义距离测度：

$$d_{gd}(\Theta_1, \Theta_2) = \left(\frac{1}{L}\sum_{i=1}^{L}\left(\frac{|\Theta_{1,i} - \Theta_{2,i}|}{2\tau + 1}\right)^{\lambda}\right)^{1/\lambda}$$

广义 Hausdorff 距离测度：

$$d_{ghaud}(\Theta_1, \Theta_2) = \left(\max_{i=1,2,\cdots,L}\left(\frac{|\Theta_{1,i} - \Theta_{2,i}|}{2\tau + 1}\right)^{\lambda}\right)^{1/\lambda}$$

广义混合距离测度：

$$d_{ghd}(\Theta_1, \Theta_2) = \left(\frac{1}{2}\left(\frac{1}{L}\sum_{i=1}^{L}\left(\frac{|\Theta_{1,i} - \Theta_{2,i}|}{2\tau + 1}\right)^{\lambda} + \max_{i=1,2,\cdots,L}\left(\frac{|\Theta_{1,i} - \Theta_{2,i}|}{2\tau + 1}\right)^{\lambda}\right)\right)^{1/\lambda}$$

其中，$L = l_{\Theta_1} = l_{\Theta_2}$。对于 Θ_1 和 Θ_2 中长度较短的犹豫模糊语言数据，廖虎昌等（2014）采用 β 规范化准则进规范化处理。

综上所述，本章提出的犹豫模糊语言数据的距离与其他现有的犹豫模糊语言数据的距离测度的不同之处总结如下。

上述犹豫模糊语言广义距离测度的构建是假设任意两个犹豫模糊语言数据包含相同个数的语言术语。

对于长度不同的犹豫模糊语言数据，上述犹豫模糊语言广义距离测度利用 β 规范化准则使得犹豫模糊语言数据的长度相同。然而，β 规范化准会增加一些冗余信息到规范化的犹豫模糊语言数据中。本节提出的基于最小公倍数扩充准则的犹豫模糊语言数据的距离测度能够保持初始的犹豫模糊语言数据信息的完整性。

例 7.1 设 $S_{Example} = \{s_0, s_1, s_2, s_3, s_4\}$ 是长度为 5 的语言术语集。假设 $h_1 = \{s_2, s_3\}$ 和 $h_2 = \{s_1, s_2, s_3\}$ 是 $S_{Example}$ 上的两个犹豫模糊语言数据，采用最小公倍数扩充准则可将 h_1 和 h_2 扩充为 $h_1^{\frac{lcm(2,3)}{2}} = \{s_2, s_2, s_2, s_3, s_3, s_3\}$ 和 $h_2^{\frac{lcm(2,3)}{3}} = \{s_1, s_1, s_2, s_2, s_3, s_3\}$，易知 $h_1^{\frac{lcm(2,3)}{2}}$ 和 $h_2^{\frac{lcm(2,3)}{3}}$ 具有相同的长度。根据式（7-1）可得 $d(h_1, h_2) = 1/6$。

7.3 基于犹豫模糊语言数据的决策方法

本节研究的基于犹豫模糊语言数据的决策方法主要是针对多属性群体决策问题。为了求得决策者的权重，首先构建群体共识优化模型。其次，根据 DEA 模型求解属性权重，提出基于 DEA 模型的 TODIM 决策方法。最后，通过整合群体共识优化模型和基于 DEA 模型的 TODIM 决策方法，提出一种基于犹豫模糊语言的决策方法。

7.3.1 基于犹豫模糊语言的多属性群体决策问题

设 $A=\{A_1,A_2,\cdots,A_m\}$ 和 $C=\{C_1,C_2,\cdots,C_n\}$ 分别为多属性决策问题的方案集和属性集。设 $D=\{d_1,d_2,\cdots,d_t\}$ 为决策者构成的集合。属性权重 $w_j(j=1,2,\cdots,n)$ 满足 $w_j\geqslant 0$ 和 $\sum_{j=1}^{n}w_j=1$，决策者权重 $\lambda_k(k=1,2,\cdots,t)$ 满足 $\lambda_k\geqslant 0$ 和 $\sum_{k=1}^{t}\lambda_k=1$。根据语言术语集 $S=\{s_0,\cdots,s_g\}$，每个决策者给出他们关于不同方案在不同属性下的评价信息。这些评价信息构成个体犹豫模糊语言决策矩阵 $H^{(k)}=(\tilde{h}_{ij}^{(k)})_{m\times n}(\tilde{h}_{ij}^{(k)}=\{h_{ij,1}^{(k)},\cdots,h_{ij,\ell_{\tilde{h}_{ij}^{(k)}}}^{(k)}\})$，如表 7 - 1 所示。

表 7 - 1　决策者 d_k 给出的个体犹豫模糊语言决策矩阵 $H^{(k)}$

	C_1	C_2	$\cdots$	C_n
A_1	$\tilde{h}_{11}^{(k)}$	$\tilde{h}_{12}^{(k)}$	$\cdots$	$\tilde{h}_{1n}^{(k)}$
A_2	$\tilde{h}_{21}^{(k)}$	$\tilde{h}_{22}^{(k)}$	$\cdots$	$\tilde{h}_{2n}^{(k)}$
$\vdots$	$\vdots$	$\vdots$	$\vdots$	$\vdots$
A_m	$\tilde{h}_{m1}^{(k)}$	$\tilde{h}_{m2}^{(k)}$	$\cdots$	$\tilde{h}_{mn}^{(k)}$

7.3.2 基于群体共识优化模型的决策者权重确定方法

对于多属性群体决策问题，关于同一个方案在同一属性下的评价信息，不同的决策者往往会给出不同的犹豫模糊语言数据评价信息，这样就会导致不同的个体犹豫模糊语言决策矩阵在同一位置上的犹豫模糊语言数据评价信息具有不同的长度。为了解决这种情况，本节采用最小公倍数扩充准则定义个体规范化的犹豫模糊语言数据决策矩阵。

定义 7.2 设 $H^{(k)}=(\widetilde{h}_{ij}^{(k)})_{m\times n}$ 是第 k 个决策者 d_k 给出的决策矩阵。若矩阵 $\overline{H}^{(k)}=(\overline{h}_{ij}^{(k)})_{m\times n}$ 满足：

$$\overline{h}_{ij}^{(k)}=\{\underbrace{h_{ij,1}^{(k)},\cdots,h_{ij,1}^{(k)}}_{\ell_{\overline{h}_{ij}^{(k)}}},\cdots,\underbrace{h_{ij,\ell_{\widetilde{h}_{ij}^{(k)}}}^{(k)},\cdots,h_{ij,\ell_{\widetilde{h}_{ij}^{(k)}}}^{(k)}}_{\ell_{\overline{h}_{ij}^{(k)}}}\}\tag{7-2}$$

则称 $\overline{H}^{(k)}$ 是第 k 个决策者 d_k 给出的个体规范化的犹豫模糊语言决策矩阵，其中 $\ell_{\overline{h}_{ij}^{(k)}}=LCM(\ell_{\widetilde{h}_{11}^{(1)}},\cdots,\ell_{\widetilde{h}_{mn}^{(1)}},\cdots,\ell_{\widetilde{h}_{11}^{(t)}},\cdots,\ell_{\widetilde{h}_{mn}^{(t)}})$。

在犹豫模糊语言多属性群体决策问题中，群体决策矩阵事关最优方案的选取。根据二元语义加权算术平均算子，群体决策矩阵 $H^g=(\widetilde{h}_{ij}^{g})_{m\times n}$ 的定义如下所示。

定义 7.3 设 $H^{(k)}=(\widetilde{h}_{ij}^{(k)})_{m\times n}$ 和 $\overline{H}^{(k)}=(\overline{h}_{ij}^{(k)})_{m\times n}$ 分别是个体犹豫模糊语言决策矩阵和其对应的个体规范化犹豫模糊语言决策矩阵。若矩阵 $H^g=(\widetilde{h}_{ij}^{g})_{m\times n}$ 满足：

$$\widetilde{h}_{ij}^{g}=\Delta(\sum_{k=1}^{t}\lambda_k\Delta^{-1}(\overline{h}_{ij}^{(k)}))\tag{7-3}$$

则称 H^g 是群体决策矩阵。其中，λ_k 表示决策者 d_k 的权重，满足 $\lambda_k\geqslant 0$ 和 $\sum_{k=1}^{t}\lambda_k=1$。

注 7.1 这里需要注意，群体决策矩阵中的信息可能会出现虚拟语言术语。为了避免这一结果，罗德里格斯和马丁内斯（Rodríguez R M, Martínez L, 2013）指出二元语义模型是处理虚拟语言最好的办法。因此，群体决策矩阵中的信息形式主要包含以下三种情况。

- 群体决策矩阵的所有信息形式都是二元语义信息。从信息形式的角度上，群体决策矩阵也称作犹豫二元语义决策矩阵（Wei C P, Liao H C, 2016）。

- 群体决策矩阵的所有信息形式都是犹豫模糊语言信息，群体决策矩阵本质上是群体犹豫模糊语言决策矩阵。

• 群体决策矩阵的某些信息形式是二元语义信息，其他信息形式是犹豫模糊语言信息，群体决策矩阵本质上是群体混合信息决策矩阵。

接下来给出决策者权重求解方法。

根据定义 7.2 和定义 7.3，个体犹豫模糊语言数据决策矩阵和群体决策矩阵之间的距离测度可以定义为：

$$D(H^{(k)},H^{g}) = \frac{1}{mn}\frac{1}{\ell}\sum_{i=1}^{m}\sum_{j=1}^{n}\sum_{p=1}^{l}\left|\Delta^{-1}(\bar{h}_{ij,p}^{(k)}) - \Delta^{-1}(\tilde{h}_{ij,p}^{g})\right| \quad (7-4)$$

其中 $\ell = \ell_{\bar{h}_{ij}^{(k)}}$。

受参考文献［171］的启发，接下来给出个体共识性测度和群体共识性测度的定义。

定义 7.4　设 $H^{(k)}(k = 1,2,\cdots,t)$，$\bar{H}^{(k)}$ 和 H^{g} 分别为第 k 个决策者 d_k 给出的犹豫模糊语言决策矩阵，个体规范化犹豫模糊语言决策矩阵和群体决策矩阵。则个体共识性测度可以定义为：

$$ICM_k = 1 - D(H^{(k)},H^{g}) = 1 - \frac{1}{mn}\frac{1}{g\ell}\sum_{i=1}^{m}\sum_{j=1}^{n}\sum_{p=1}^{\ell}\left|\Delta^{-1}(\bar{h}_{ij,p}^{(k)}) - \Delta^{-1}(\tilde{h}_{ij,p}^{g})\right| \quad (7-5)$$

群体共识性测度可以定义为：

$$GCM = \min_{k=1,\cdots,t} ICM_k = \min_{k=1,\cdots,t}\{1 - D(H^{(k)},H^{g})\} \quad (7-6)$$

在多属性群体决策问题中，群体共识度越高则说明决策结果更容易被所有的决策者所接受。因此，我们可以通过最大化群体共识度来得出决策者的权重。基于这一观点，构建如下群体共识优化模型。

$$\max \min_{k=1,\cdots,t} ICM_k \quad (M7-1)$$

$$s.t. \begin{cases} \sum_{k=1}^{i}\lambda_k = 1 \\ \lambda_k \geqslant 0 \end{cases}$$

对于模型（M7 −1），设 $\phi = \min_{k=1,\cdots,t}\{1 - D(H^{(k)},H^{g})\}$，可得 $ICM_k \geqslant \phi$。故模型（M7 −1）可以转化成模型（M7 −2）。

$$\max\phi \quad (M7-2)$$

$$s.t.\begin{cases} ICM_k \geqslant \phi \\ \sum_{k=1}^{i} \lambda_k = 1 \\ \lambda_k \geqslant 0 \end{cases}$$

定理 7.2 模型（M7－2）等价于模型（M7－3）。

$$\max \varphi \tag{M7-3}$$

$$s.t.\begin{cases} \frac{1}{mn}\frac{1}{g\ell}\sum_{i=1}^{m}\sum_{j=1}^{n}\sum_{\rho=1}^{\ell} \mid \Delta^{-1}(\tilde{h}_{ij,\rho}^{(k)}) - \Delta^{-1}(\tilde{h}_{ij,\rho}^{g}) \mid \leqslant 1-\phi, k=1,2,\cdots,t \\ 0 \leqslant \phi \leqslant 1 \\ \sum_{k=1}^{t} \lambda_k = 1 \\ \lambda_k \geqslant 0 \end{cases}$$

可以利用 LINGO 或 MATLAB 优化工具箱来求得决策者的权重。

7.3.3 基于 DEA 模型的犹豫模糊语言 TODIM 决策方法

对于群体决策矩阵 $H^g = (\tilde{h}_{ij}^{g})_{m\times n}$ 而言，DEA 模型被用来求解属性权重。在多属性决策中，属性通常分为效益型属性和成本型属性。效益型属性是指属性值越大越好的指标，成本型属性是指属性取值越小越好的指标。设 Ξ_1 是效益型属性构成的集合，Ξ_2 是成本型属性构成的集合。成本型属性和效益型属性分别被视为 DEA 模型的投入和产出。对于群体决策矩阵 $H^g = (\tilde{h}_{ij}^{g})_{m\times n}$ 而言，有 m 个 DMUs。假设每个 DMU 有 s 个投入和 r 个产出。为了方便起见，设 $sub(\Xi_1)$ 和 $sub(\Xi_2)$ 分别表示 Ξ_1 和 Ξ_2 下标构成的下标集。对于 $i=1,2,\cdots,m$，属性权重可以采用如（M7－4）的 DEA 模型求得。

$$\varphi_i = \max \sum_{q\in sub(\Xi_1)} u_{iq}\Delta^{-1}(E(\tilde{h}_{it}^{g})) \tag{M7-4}$$

$$s.t.\begin{cases} \sum_{l\in sub(\Xi_2)} v_{il}\Delta^{-1}(E(\tilde{h}_{il}^{g})) - \sum_{q\in sub(\Xi_1)} u_{iq}\Delta^{-1}(E(\tilde{h}_{il}^{g})) \geqslant 0, i=1,2,\cdots,m \\ \sum_{l\in sub(\Xi_2)} v_{il}\Delta^{-1}(E(\tilde{h}_{il}^{g})) = 1 \\ u_{iq} \geqslant 0, q \in sub(\Xi_1) \\ u_{il} \geqslant 0, l \in sub(\Xi_2) \end{cases}$$

其中，$E(\tilde{h}_{iq}^{g})$ 和 $E(\tilde{h}_{il}^{g})$ 表示 $\tilde{h}_{iq}^{g}$ 和 $\tilde{h}_{il}^{g}$ 的均值。通过求解模型（M7－4）可得每个决策单元的最优属性权重 u_{iq}^{*} 和 v_{il}^{*}。设 $\boldsymbol{\gamma}_i=(\gamma_{i1},\cdots,\gamma_{in})$ 是 u_{iq}^{*} 和 v_{il}^{*} 排列后构成的权重向量，根据 u_{iq}^{*} 和 v_{il}^{*}，不同属性的交叉平均评价值定义为：

$$CAA_j=\frac{1}{m}\sum_{z=1}^{m}\sum_{r=1}^{n}\gamma_{rz}\Delta^{-1}(E(\tilde{h}_{rj}^{g}))\tag{7-7}$$

属性权重 $w_j(j=1,2,\cdots,n)$ 可以定义为：

$$w_j=\frac{CAA_j}{\sum_{j=1}^{n}CAA_j}\tag{7-8}$$

根据属性权重 $w_j(j=1,2,\cdots,n)$，计算属性 C_j 关于参考属性 C_r 的相对权重 w_{jr}：

$$w_{jr}=\frac{w_j}{w_r}\tag{7-9}$$

其中，$w_r=\max_j\{w_j\}$。

- 计算属性 C_j 下方案 A_i 相对于方案 A_k 的优势度 $\phi_j(A_i,A_k)$：

$$\phi_j(A_i,A_k)=\begin{cases}\sqrt{\dfrac{w_{jk}d(\tilde{h}_{ij}^{g},\tilde{h}_{kj}^{g})}{\sum_{j=1}^{n}w_{jk}}}, & if\ E(\tilde{h}_{ij}^{g})\geqslant E(\tilde{h}_{kj}^{g})\\ -\dfrac{1}{\theta}\sqrt{\dfrac{\sum_{j=1}^{n}w_{jk}d(\tilde{h}_{kj}^{g},\tilde{h}_{ij}^{g})}{w_{jk}}}, & if\ E(\tilde{h}_{ij}^{g})<E(\tilde{h}_{kj}^{g})\end{cases}$$

（7－10）

其中参数 $\theta>0$ 是损失衰退系数。$d(\tilde{h}_{ij}^{g},\tilde{h}_{kj}^{g})$ 如式（7－1）所示。

- 对于任意的 $i,j\in\{1,2,\cdots,m\}$，计算方案 A_i 相对于方案 A_k 的总体优势度 $\Phi(A_i,A_k)$：

$$\Phi(A_i,A_k)=\sum_{j=1}^{n}\phi_j(A_i,A_k)\tag{7-11}$$

- 对于任意的 $i\in\{1,2,\cdots,m\}$，计算方案 A_i 相对于其他所有方案的总体优势度 $\Phi(A_i)$：

$$\Phi(A_i) = \sum_{k=1}^{m} \Phi(A_i, A_k) \tag{7-12}$$

- 对于任意的 $i \in \{1,2,\cdots,m\}$，计算方案 A_i 的总体前景值 $\rho(A_i)$：

$$\rho(A_i) = \frac{\Phi(A_i) - \min_i \Phi(A_i)}{\max_i \Phi(A_i) - \min_i \Phi(A_i)} \tag{7-13}$$

- 根据 $\rho(A_i)$，对方案进行排序。

$$\rho(A_i) > \rho(A_k) \Leftrightarrow A_i > A_k \tag{7-14}$$

7.3.4　基于多种测度的犹豫模糊语言数据决策方法

基于多种测度的犹豫模糊语言数据决策方法如图 7－1 所示。

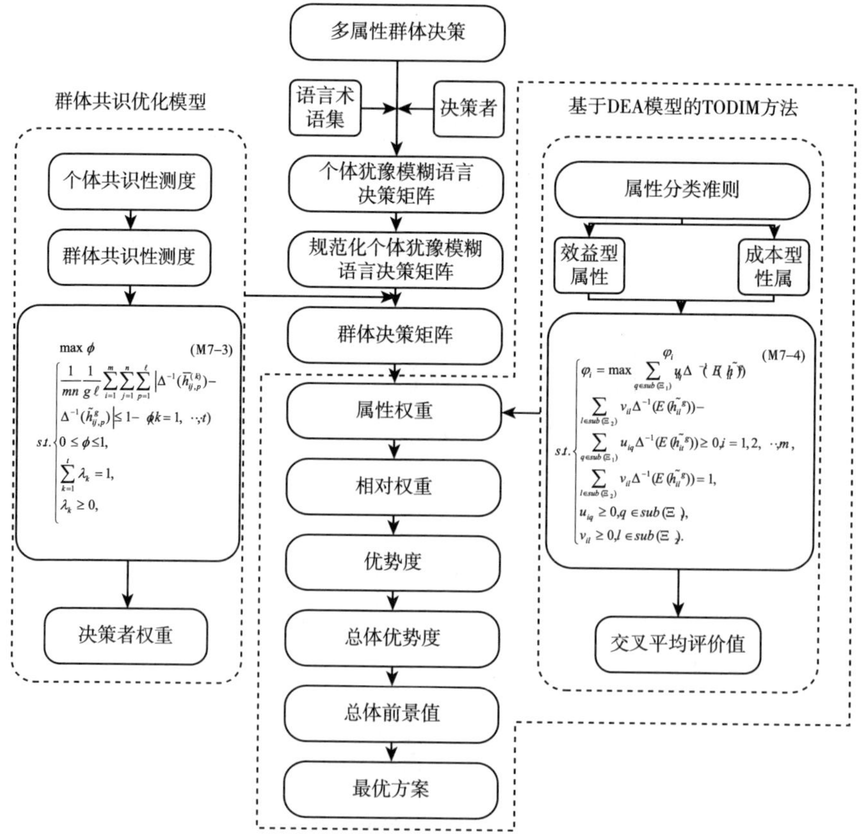

图 7－1　基于多种测度的犹豫模糊语言数据决策方法

步骤 1　根据定义 7.2，计算个体犹豫模糊语言决策矩阵 $H^{(k)} = (\tilde{h}_{ij}^{(k)})_{m\times n}(k=1,2,\cdots,t)$ 的个体规范化犹豫模糊语言决策矩阵 $\overline{H}^{(k)} = (\overline{h}_{ij}^{(k)})_{m\times n}$。

步骤 2　根据模型（M7－3）求解决策者权重 λ_1，λ_2，…，λ_t。

步骤 3　根据式（7－3），求得群体决策矩阵 $H^g = (\tilde{h}_{ij}^{g})_{m\times n}$。

步骤 4　根据模型（M7－4）、式（7－7）和式（7－8），求得属性权重 $w_j(j=1,2,\cdots,n)$。

步骤 5　根据式（7－9），求得相对权重 w_{jr}。

步骤 6　依据式（7－10）计算属性 C_j 下方案 A_i 相对于方案 A_k 的优势度 $\phi_j(A_i,A_k)$。

步骤 7　依据式（7－11）计算方案 A_i 相对于方案 A_k 的总体优势度 $\Phi(A_i,A_k)$。

步骤 8　依据式（7－12）计算方案 A_i 相对于其他所有方案的总体优势度 $\Phi(A_i)$。

步骤 9　依据式（7－13）计算方案 A_i 的总体前景值 $\rho(A_i)$。

步骤 10　依据式（7－14）对方案进行排序。

针对非平衡犹豫模糊语言术语的群体决策问题，有学者提出了扩展后的 TODIM 决策方法，其中决策者的权重和属性的权重是通过主观方法给出的（Yu W Y，Zhang Z，Zhong Q Y et al.，2017）。一些文献中提出的犹豫模糊语言 TODIM 决策方法中属性权重也是通过主观方法给出的（Wei C P，Ren Z L，Rodríguez R M，2015）。此外，该方法基于 β 规范化规则定义了犹豫模糊语言数据的距离测度。上述两个文献提出的决策方法局限于解决多属性决策问题，对于多属性群体决策问题尚未展开讨论，根据主观赋权的 TODIM 决策方法求得的决策结果可能具有不确定性。此外，采用 β 规范化规则会造成初始犹豫模糊语言信息中包含冗余信息。

相比较而言，本章提出的基于多种测度的犹豫模糊语言决策方法采用客观方法给出决策者的权重和属性的权重。同时，采用最小公倍数扩充准则定义的距离测度可以确保犹豫模糊语言决策信息的完整性。因此，本章提出的决策方法更加稳定和客观。

7.4　实例分析

本节通过把本章提出的基于多种测度的犹豫模糊语言数据决策方法应

用到健康管理中心选择的多属性群体决策问题中说明所提出的决策方法的可行性和有效性。

7.4.1 健康管理中心选址问题描述

现代医学研究表明，不少疾病病因是由不良的生活方式引起的，有效的健康管理对于健康人群和亚健康人群远离疾病降低猝死风险意义重大。为了更好地管理人们的健康，健康管理中心正在兴起。健康管理中心以中医、康复、心理、营养为基础，提供全面的健康管理服务，包括体格检查，健康评估和健康干预。为了减少客户患病的风险并提高生活质量，某三甲医院计划从四个备选地点（A_1，A_2，A_3，A_4）选择一个最好的地点建立健康管理中心，考虑以下六个属性：交通条件（C_1）、人群年龄结构（C_2）、建造成本（C_3）、附属设施（C_4）、自然条件（C_5）和管理成本（C_6）。评价四个备选地点的语言术语集为：

$$S_{case} = \{s_0:极差,s_1:很差,s_2:差,s_3:中等,s_4:好,s_5:很好,s_6:极好\}$$

该三甲医院邀请三位专家（d_1,d_2,d_3）分别考虑六个属性分别给出自己的决策信息。个体犹豫模糊语言决策矩阵（$H^{(1)},H^{(2)},H^{(3)}$）如表7-2至表7-4所示。

表7-2　　个体犹豫模糊语言数据决策矩阵 $H^{(1)}$

	C_1	C_2	C_3	C_4	C_5	C_6
A_1	$\{s_3,s_4\}$	$\{s_4,s_5\}$	$\{s_5\}$	$\{s_1,s_2\}$	$\{s_2,s_3,s_4\}$	$\{s_5,s_6\}$
A_2	$\{s_4,s_5\}$	$\{s_5,s_6\}$	$\{s_6\}$	$\{s_5,s_6\}$	$\{s_4,s_5\}$	$\{s_4,s_5\}$
A_3	$\{s_3,s_4\}$	$\{s_4,s_5\}$	$\{s_3,s_4\}$	$\{s_5,s_6\}$	$\{s_4,s_5\}$	$\{s_5,s_6\}$
A_4	$\{s_4,s_5\}$	$\{s_1,s_2\}$	$\{s_4,s_5,s_6\}$	$\{s_5\}$	$\{s_3,s_4,s_5\}$	$\{s_4\}$

表7-3　　个体犹豫模糊语言数据决策矩阵 $H^{(2)}$

	C_1	C_2	C_3	C_4	C_5	C_6
A_1	$\{s_4,s_5\}$	$\{s_5\}$	$\{s_5,s_6\}$	$\{s_3,s_4\}$	$\{s_4,s_5\}$	$\{s_5,s_6\}$
A_2	$\{s_4,s_5,s_6\}$	$\{s_5\}$	$\{s_4\}$	$\{s_5,s_6\}$	$\{s_3,s_4\}$	$\{s_5\}$
A_3	$\{s_1,s_2\}$	$\{s_6\}$	$\{s_4,s_5\}$	$\{s_4,s_5\}$	$\{s_5,s_6\}$	$\{s_5\}$
A_4	$\{s_4,s_5\}$	$\{s_5,s_6\}$	$\{s_4,s_5\}$	$\{s_4\}$	$\{s_4,s_5\}$	$\{s_6\}$

表 7－4　　个体犹豫模糊语言数据决策矩阵 $H^{(3)}$

	C_1	C_2	C_3	C_4	C_5	C_6
A_1	$\{s_1,s_2,s_3\}$	$\{s_2,s_3\}$	$\{s_4,s_5\}$	$\{s_3,s_4\}$	$\{s_4,s_5\}$	$\{s_5,s_6\}$
A_2	$\{s_5,s_6\}$	$\{s_4,s_5\}$	$\{s_4\}$	$\{s_5,s_6\}$	$\{s_5,s_6\}$	$\{s_4,s_5\}$
A_3	$\{s_4\}$	$\{s_5,s_6\}$	$\{s_3\}$	$\{s_1,s_2\}$	$\{s_2,s_3\}$	$\{s_2\}$
A_4	$\{s_3,s_4\}$	$\{s_4,s_5\}$	$\{s_2,s_3,s_4\}$	$\{s_3\}$	$\{s_5,s_6\}$	$\{s_5,s_6\}$

7.4.2　选址决策过程

步骤 1　根据定义 7.2，计算个体犹豫模糊语言决策矩阵 $H^{(k)}(k=1,2,3)$ 的个体规范化犹豫模糊语言决策矩阵 $\overline{H}^{(k)}=(\overline{h}_{ij}^{(k)})_{m\times n}$，如表 7－5 至表 7－7 所示。

表 7－5　　个体规范化犹豫模糊语言数据决策矩阵 $\overline{H}^{(1)}$

	C_1	C_2	C_3
A_1	$\{s_3,s_3,s_3,s_4,s_4,s_4\}$	$\{s_4,s_4,s_4,s_5,s_5,s_5\}$	$\{s_5,s_5,s_5,s_5,s_5,s_5\}$
A_2	$\{s_4,s_4,s_4,s_5,s_5,s_5\}$	$\{s_5,s_5,s_5,s_6,s_6,s_6\}$	$\{s_6,s_6,s_6,s_6,s_6,s_6\}$
A_3	$\{s_3,s_3,s_3,s_4,s_4,s_4\}$	$\{s_4,s_4,s_4,s_5,s_5,s_5\}$	$\{s_3,s_3,s_3,s_4,s_4,s_4\}$
A_4	$\{s_4,s_4,s_4,s_5,s_5,s_5\}$	$\{s_1,s_1,s_1,s_2,s_2,s_2\}$	$\{s_4,s_4,s_5,s_5,s_6,s_6\}$

	C_4	C_5	C_6
A_1	$\{s_1,s_1,s_1,s_2,s_2,s_2\}$	$\{s_2,s_2,s_3,s_3,s_4,s_4\}$	$\{s_5,s_5,s_5,s_6,s_6,s_6\}$
A_2	$\{s_5,s_5,s_5,s_6,s_6,s_6\}$	$\{s_4,s_4,s_4,s_5,s_5,s_5\}$	$\{s_4,s_4,s_4,s_5,s_5,s_5\}$
A_3	$\{s_5,s_5,s_5,s_6,s_6,s_6\}$	$\{s_4,s_4,s_4,s_5,s_5,s_5\}$	$\{s_5,s_5,s_5,s_6,s_6,s_6\}$
A_4	$\{s_5,s_5,s_5,s_5,s_5,s_5\}$	$\{s_3,s_3,s_4,s_4,s_5,s_5\}$	$\{s_4,s_4,s_4,s_4,s_4,s_4\}$

表 7－6　　个体规范化犹豫模糊语言决策矩阵 $\overline{H}^{(2)}$

	C_1	C_2	C_3
A_1	$\{s_4,s_4,s_4,s_5,s_5,s_5\}$	$\{s_5,s_5,s_5,s_5,s_5,s_5\}$	$\{s_5,s_5,s_5,s_6,s_6,s_6\}$
A_2	$\{s_4,s_4,s_5,s_5,s_6,s_6\}$	$\{s_5,s_5,s_5,s_5,s_5,s_5\}$	$\{s_4,s_4,s_4,s_4,s_4,s_4\}$
A_3	$\{s_1,s_1,s_1,s_2,s_2,s_2\}$	$\{s_6,s_6,s_6,s_6,s_6,s_6\}$	$\{s_4,s_4,s_4,s_5,s_5,s_5\}$
A_4	$\{s_4,s_4,s_4,s_5,s_5,s_5\}$	$\{s_5,s_5,s_5,s_6,s_6,s_6\}$	$\{s_4,s_4,s_4,s_5,s_5,s_5\}$

	C_4	C_5	C_6
A_1	$\{s_3,s_3,s_3,s_4,s_4,s_4\}$	$\{s_4,s_4,s_4,s_5,s_5,s_5\}$	$\{s_5,s_5,s_5,s_6,s_6,s_6\}$
A_2	$\{s_5,s_5,s_5,s_6,s_6,s_6\}$	$\{s_3,s_3,s_3,s_4,s_4,s_4\}$	$\{s_5,s_5,s_5,s_5,s_5,s_5\}$
A_3	$\{s_4,s_4,s_4,s_5,s_5,s_5\}$	$\{s_5,s_5,s_5,s_6,s_6,s_6\}$	$\{s_5,s_5,s_5,s_5,s_5,s_5\}$
A_4	$\{s_4,s_4,s_4,s_4,s_4,s_4\}$	$\{s_4,s_4,s_4,s_5,s_5,s_5\}$	$\{s_6,s_6,s_6,s_6,s_6,s_6\}$

表 7-7　个体规范化犹豫模糊语言决策矩阵 $\overline{H}^{(3)}$

	C_1	C_2	C_3
A_1	$\{s_1,s_1,s_2,s_2,s_3,s_3\}$	$\{s_2,s_2,s_2,s_3,s_3,s_3\}$	$\{s_4,s_4,s_4,s_5,s_5,s_5\}$
A_2	$\{s_5,s_5,s_5,s_6,s_6,s_6\}$	$\{s_4,s_4,s_4,s_5,s_5,s_5\}$	$\{s_4,s_4,s_4,s_4,s_4,s_4\}$
A_3	$\{s_4,s_4,s_4,s_4,s_4,s_4\}$	$\{s_5,s_5,s_5,s_6,s_6,s_6\}$	$\{s_3,s_3,s_3,s_3,s_3,s_3\}$
A_4	$\{s_3,s_3,s_3,s_4,s_4,s_4\}$	$\{s_4,s_4,s_4,s_5,s_5,s_5\}$	$\{s_2,s_2,s_3,s_3,s_4,s_4\}$
	C_4	C_5	C_6
A_1	$\{s_3,s_3,s_3,s_4,s_4,s_4\}$	$\{s_4,s_4,s_4,s_5,s_5,s_5\}$	$\{s_5,s_5,s_5,s_6,s_6,s_6\}$
A_2	$\{s_5,s_5,s_5,s_6,s_6,s_6\}$	$\{s_5,s_5,s_5,s_6,s_6,s_6\}$	$\{s_4,s_4,s_4,s_5,s_5,s_5\}$
A_3	$\{s_1,s_1,s_1,s_2,s_2,s_2\}$	$\{s_2,s_2,s_2,s_3,s_3,s_3\}$	$\{s_2,s_2,s_2,s_2,s_2,s_2\}$
A_4	$\{s_3,s_3,s_3,s_3,s_3,s_3\}$	$\{s_5,s_5,s_5,s_6,s_6,s_6\}$	$\{s_5,s_5,s_5,s_6,s_6,s_6\}$

步骤 2　通过 LINGO 11 优化求解器求解模型（M7-3）得到决策者权重为：

$$\lambda_1 = 0.3445,\ \lambda_2 = 0.2436,\ \lambda_3 = 0.4119$$

步骤 3　根据式（7-3），求得群体决策矩阵 $H^g = (\tilde{h}_{ij}^g)_{m\times n}$ 如表 7-8 所示。

表 7-8　群体决策矩阵 H^g

	C_1
A_1	$\{(s_2,0.4198),(s_2,0.4198),(s_3,-0.1683),(s_3,0.4198),(s_4,-0.1683),(s_4,-0.1683)\}$
A_2	$\{(s_4,0.4119),(s_4,0.4119),(s_5,-0.3445),(s_5,0.4119),(s_6,-0.3445),(s_6,-0.3445)\}$
A_3	$\{(s_3,-0.0753),(s_3,-0.0753),(s_3,-0.0753),(s_4,-0.4872),(s_4,-0.4872),(s_4,-0.4872)\}$
A_4	$\{(s_4,-0.4119),(s_4,-0.4119),(s_4,-0.4119),(s_5,-0.4119),(s_5,-0.4119),(s_5,-0.4119)\}$
	C_2
A_1	$\{(s_3,0.4198),(s_3,0.4198),(s_3,0.4198),(s_4,0.1762),(s_4,0.1762),(s_4,0.1762)\}$
A_2	$\{(s_5,-0.4119),(s_5,-0.4119),(s_5,-0.4119),(s_5,0.3445),(s_5,0.3445),(s_5,0.3445)\}$
A_3	$\{(s_5,-0.1009),(s_5,-0.1009),(s_5,-0.1009),(s_6,-0.3445),(s_6,-0.3445),(s_6,-0.3445)\}$

续表

	C_2
A_4	$\{(s_3,0.2101),(s_3,0.2101),(s_3,0.2101),(s_4,0.2101),(s_4,0.2101),(s_4,0.2101)\}$
	C_3
A_1	$\{(s_5,-0.4119),(s_5,-0.4119),(s_5,-0.4119),(s_5,0.2436),(s_5,0.2436),(s_5,0.2436)\}$
A_2	$\{(s_5,-0.3110),(s_5,-0.3110),(s_5,-0.3110),(s_5,-0.3110),(s_5,-0.3110),(s_5,-0.3110)\}$
A_3	$\{(s_3,0.2436),(s_3,0.2436),(s_3,0.2436),(s_4,-0.1683),(s_4,-0.1683),(s_4,-0.1683)\}$
A_4	$\{(s_3,0.1762),(s_3,0.1762),(s_4,-0.0674),(s_4,0.1762),(s_5,-0.0674),(s_5,-0.0674)\}$
	C_4
A_1	$\{(s_2,0.3110),(s_2,0.3110),(s_2,0.3110),(s_3,0.3110),(s_3,0.3110),(s_3,0.3110)\}$
A_2	$\{(s_5,0),(s_5,0),(s_5,0),(s_6,0),(s_6,0),(s_6,0)\}$
A_3	$\{(s_3,0.1088),(s_3,0.1088),(s_3,0.1088),(s_4,0.1088),(s_4,0.1088),(s_4,0.1088)\}$
A_4	$\{(s_4,-0.0674),(s_4,-0.0674),(s_4,-0.0674),(s_4,-0.0674),(s_4,-0.0674),(s_4,-0.0674)\}$
	C_5
A_1	$\{(s_3,0.3110),(s_3,0.3110),(s_4,-0.3445),(s_4,0.3110),(s_5,-0.3445),(s_5,-0.3445)\}$
A_2	$\{(s_4,0.1683),(s_4,0.1683),(s_4,0.1683),(s_5,0.1683),(s_5,0.1683),(s_5,0.1683)\}$
A_3	$\{(s_3,0.4198),(s_3,0.4198),(s_3,0.4198),(s_4,0.4198),(s_4,0.4198),(s_4,0.4198)\}$
A_4	$\{(s_4,0.0674),(s_4,0.0674),(s_4,0.4119),(s_5,0.0674),(s_5,0.4119),(s_5,0.4119)\}$
	C_6
A_1	$\{(s_5,0),(s_5,0),(s_5,0),(s_6,0),(s_6,0),(s_6,0)\}$
A_2	$\{(s_4,0.2436),(s_4,0.2436),(s_4,0.2436),(s_5,0),(s_5,0),(s_5,0)\}$
A_3	$\{(s_4,-0.2357),(s_4,-0.2357),(s_4,-0.2357),(s_4,0.1088),(s_4,0.1088),(s_4,0.1088)\}$
A_4	$\{(s_5,-0.1009),(s_5,-0.1009),(s_5,-0.1009),(s_5,0.3110),(s_5,0.3110),(s_5,0.3110)\}$

步骤 4　因为 C_1、C_2、C_4 和 C_5 是效益型属性，C_3 和 C_6 是成本型属性，则 $\Xi_1=\{C_1,C_2,C_4,C_5\}$，$\Xi_2=\{C_3,C_6\}$。于是有 $sub(\Xi_1)=\{1,2,4,5\}$ 和 $sub(\Xi_2)=\{3,6\}$。通过 LINGO 11 优化求解器求解模型（M7－4）可得

$DMU_i(i=1,2,3)$ 的最优属性权重 u_{iq}^* 和 v_{il}^*，再根据式（7－7）可得不同属性的交叉平均评价值，如表 7－9 所示。

表 7－9　　不同属性的交叉平均评价值

	C_1	C_2	C_3	C_4	C_5	C_6
CAA	1.1371	1.3298	1.2663	1.1705	1.2765	1.4087

然后，根据式（7－8）可得属性权重：

$$w_1=0.1498,\ w_2=0.1752,\ w_3=0.1669$$
$$w_4=0.1542,\ w_5=0.1682,\ w_6=0.1856$$

步骤 5　依据属性权重，可得 $w_r=w_6$。然后根据式（7－9），求得相对权重 w_{jr} 为：

$$w_{16}=0.8072,\ w_{26}=0.9440,\ w_{36}=0.8989$$
$$w_{46}=0.8309,\ w_{56}=0.9061,\ w_{66}=1.0000$$

步骤 6　令 $\theta=2$，依据式（7－1）和式（7－10）计算属性 C_j 下方案 A_i 相对于方案 A_k 的优势度 $\phi_j(A_i,A_k)$，如表 7－10 至表 7－12 所示。

表 7－10　　属性 C_1 和 C_2 下各方案的优势度矩阵

	C_1				C_2			
	优势度矩阵 ϕ_1				优势度矩阵 ϕ_2			
	A_1	A_2	A_3	A_4	A_1	A_2	A_3	A_4
A_1	0	－0.7284	－0.2915	－0.5173	0	－0.5271	－0.5931	0.0596
A_2	0.2183	0	0.2129	0.1537	0.1847	0	－0.2719	0.1915
A_3	0.0874	－0.7104	0	－0.4917	0.2079	0.0953	0	0.2139
A_4	0.1550	－0.5128	0.1473	0	－0.1702	－0.5465	－0.6104	0

表 7－11　　属性 C_3 和 C_4 下各方案的优势度矩阵

	C_3				C_4			
	优势度矩阵 ϕ_3				优势度矩阵 ϕ_4			
	A_1	A_2	A_3	A_4	A_1	A_2	A_3	A_4
A_1	0	0.0955	0.1958	0.1548	0	－0.8523	－0.4643	－0.5505
A_2	－0.2861	0	0.1789	0.1489	0.2629	0	0.2205	0.2007
A_3	－0.5866	－0.5362	0	－0.3745	0.1432	－0.7148	0	－0.3675
A_4	－0.4638	－0.4461	0.1250	0	0.1698	－0.6507	0.1134	0

表 7-12　属性 C_5 和 C_6 下各方案的优势度矩阵

	C_5				C_6			
	优势度矩阵 ϕ_5				优势度矩阵 ϕ_6			
	A_1	A_2	A_3	A_4	A_1	A_2	A_3	A_4
A_1	0	-0.4119	0.0695	-0.4329	0	0.1648	0.2199	0.1105
A_2	0.1386	0	0.1449	-0.2066	-0.4440	0	0.1456	-0.3293
A_3	-0.2066	-0.4306	0	-0.4507	-0.5924	-0.3922	0	-0.5121
A_4	0.1456	0.0695	0.1516	0	-0.2977	0.1223	0.1901	0

步骤 7　依据式（7-11）计算方案 A_i 相对于方案 A_k 的总体优势度 $\Phi(A_i,A_k)$ 如表 7-13 所示。

表 7-13　总体优势度矩阵

	总体优势度 $\Phi(A_i,A_k)$			
	A_1	A_2	A_3	A_4
A_1	0	-2.2594	-0.8636	-1.1757
A_2	0.0744	0	0.6308	0.1589
A_3	-0.9472	-2.6889	0	-1.9826
A_4	-0.4613	-1.9644	0.1170	0

步骤 8　依据式（7-12）计算方案 A_i 相对于其他所有方案的总体优势度 $\Phi(A_i)$。

$$\Phi(A_1) = -4.2987,\ \Phi(A_2) = 0.8642$$
$$\Phi(A_3) = -5.6186,\ \Phi(A_4) = -2.3087$$

步骤 9　依据式（7-13）计算方案 A_i 的总体前景值 $\rho(A_i)$。

$$\rho(A_1) = 0.2036,\ \rho(A_2) = 1.0000$$
$$\rho(A_3) = 0.0000,\ \rho(A_4) = 0.5106$$

步骤 10　依据式（7-14）可得 $\rho(A_2) > \rho(A_4) > \rho(A_1) > \rho(A_3)$，则最终的方案排序结果为 $A_2 > A_4 > A_1 > A_3$。因此，最优的地点为 A_2。

7.4.3 灵敏度分析

从式（7－10）可以看出损失衰退系数 θ 事关最终的决策结果。若 $\theta \in (0,1)$ 说明损失的影响将增加，否则，损失的影响将减少。为了分析损失衰退系数 θ 对决策结果的影响，选取不同的 θ 并求得不同的 θ 对应的决策结果。分别取 $\theta = \{0.5,1,2,3,4,5\}$，得到的决策结果如图 7－2 所示。

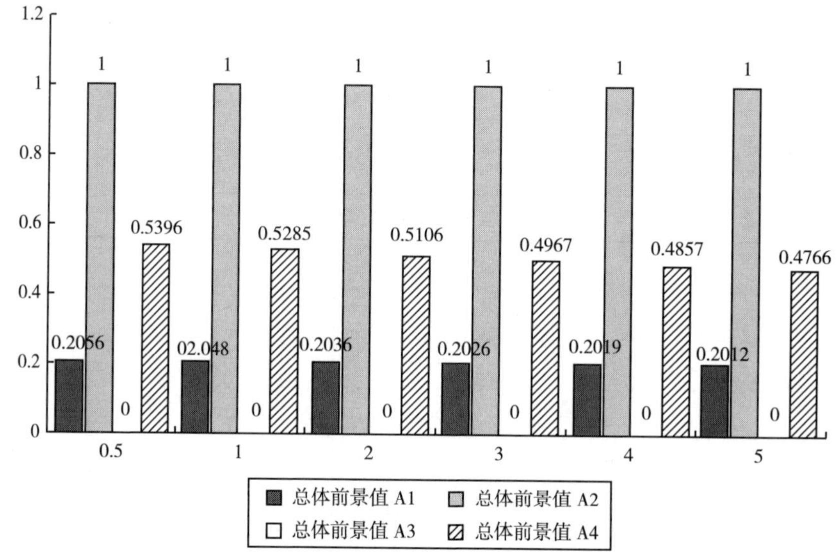

图 7－2 不同 θ 对应的总体前景值

如图 7－2 所示，对于不同的 θ 得到了相同的决策结果 $A_2 > A_4 > A_1 > A_3$，这说明，虽然选取不同的参数 θ 但是得到的结果始终是一致的。这意味着本章提出的决策方法具有较强的鲁棒性。

7.4.4 比较分析

1. 与犹豫模糊语言 VIKOR 法比较

为了证明本章所提的决策方法的可行性，首先将本章提出的决策方法与学者提出的犹豫模糊语言 VIKOR 法（Liao H C, Xu Z S, Zeng X J, 2015）进行比较。相应的求解过程如下。

（1）根据下式

$$H_j^+ = \begin{cases} \max\limits_{i=1,\cdots,m} \tilde{h}_{ij}, j \in \Xi_1 \\ \min\limits_{i=1,\cdots,m} \tilde{h}_{ij}, j \in \Xi_2 \end{cases}$$

$$H_j^- = \begin{cases} \min\limits_{i=1,\cdots,m} \tilde{h}_{ij}, j \in \Xi_1 \\ \max\limits_{i=1,\cdots,m} \tilde{h}_{ij}, j \in \Xi_2 \end{cases}$$

求解正理想解 $f^+ = (H_1^+, H_2^+, \cdots, H_n^+)$ 和负理想解 $f^- = (H_1^-, H_2^-, \cdots, H_n^-)$。

（2）计算方案 A_i 的犹豫模糊语言群体效用度

$$HFLGU_i = \sum_{j=1}^{n} w_j \frac{d'(H_j^+, \tilde{h}_{ij})}{d'(H_j^+, H_j^-)} \tag{7-15}$$

其中，d' 是欧式距离测度（Liao H C, Xu Z S, Zeng X J et al., 2015）。

（3）计算方案 A_i 的犹豫模糊语言个体后悔度

$$HFLIR_i = \max\left(w_j \frac{d'(H_j^+, \tilde{h}_{ij})}{d'(H_j^+, H_j^-)}\right) \tag{7-16}$$

（4）计算方案 A_i 的犹豫模糊语言个体折中度

$$HFLC_i = \alpha \frac{HFLGU_i - \min\limits_i HFLGU_i}{\max\limits_i HFLGU_i - \min\limits_i HFLGU_i} + (1-\alpha) \frac{HFLIR_i - \min\limits_i HFLIR_i}{\max\limits_i HFLIR_i - \min\limits_i HFLIR_i}$$

（5）依据 $HFLC_i$ 的递减序列，对方案进行排序，得到一个递增序列 $HFLC_{\sigma(1)}, HFLC_{\sigma(2)}, \cdots, HFLC_{\sigma(m)}$，于是可得相应的方案排序为 $A_{\sigma(1)}, A_{\sigma(2)}, \cdots, A_{\sigma(m)}$。若 $HFLC_i$ 的最小值是 $HFLC_{\sigma(1)}$，同时满足以下两个条件时，$A_{\sigma(1)}$ 为最优方案。

条件（Ⅰ）：可接受优势度。

$$HFLC_{\sigma(2)} - HFLC_{\sigma(1)} \geqslant \frac{1}{m-1} \tag{7-17}$$

条件（Ⅱ）：可接受稳定度。备选方案 $A_{\sigma(1)}$ 在根据犹豫模糊语言群体效用度 $HFLGU_i$ 或犹豫模糊语言个体后悔度 $HFLIR_i$ 排序时依旧是最优。

如果上述两个条件无法被满足，根据下面条件求得折中解：

- 如果不满足条件（Ⅰ），则 $A_{\sigma(1)},A_{\sigma(2)},\cdots,A_{\sigma(N)}$ 均为折中解，其中 $HFLC_{A_{\sigma(N)}} - HFLC_{A_{\sigma(1)}} < \dfrac{1}{m-1}$。
- 如果不满足条件（Ⅱ），$A_{\sigma(2)}$ 和 $A_{\sigma(1)}$ 都是折中解。

采用上述求解过程，相应的结果如表 7 – 14 所示。

表 7 – 14　　犹豫模糊语言 VIKOR 法的求解结果

方案	$HFLGU_i$	$HFLIR_i$	$HFLC_i$
A_1	0.9801	0.1856	1
A_2	0.2617	0.1439	0
A_3	0.4206	0.1682	0.4022
A_4	0.6080	0.1752	0.6165

如表 7 – 14 所示，可得 $HFLGU_2 < HFLGU_3 < HFLGU_4 < HFLGU_1$，$HFLIR_2 < HFLIR_3 < HFLIR_4 < HFLIR_1$ 和 $HFLC_2 < HFLC_3 < HFLC_4 < HFLC_1$。这意味着 A_2 在三个测度中都达到最小值。此外，根据式（7 – 17）可得 $HFLC_3 - HFLC_2 = 1 > \dfrac{1}{4-1}$。因此，$A_2$ 是唯一折中解，即 A_2 是最优方案。最终的方案排序结果为 $A_2 > A_3 > A_4 > A_1$，这与采用本章方法得到的结果稍有不同。主要原因是，本章提出的决策方法考虑了决策者的理性行为，而犹豫模糊语言 VIKOR 法则没有考虑。此外，犹豫模糊语言 VIKOR 法采用 β 扩充规则处理不同长度的犹豫模糊语言数据。采用 β 规范化规则在长度较短的犹豫模糊语言数据中添加语言术语。这种方式不仅改变了初始犹豫模糊语言数据中语言术语的概率分布，而且给初始的犹豫模糊语言数据提供了不必要的冗余信息。为了克服信息损失的问题，本章提出的决策方法采用最小公倍数扩充准则来处理具有不同数量语言术语的犹豫模糊语言数据信息。

2. 与犹豫模糊语言 TOPSIS 法比较

为了验证本章提出的决策方法的可行性，接下来将本章提出的决策方法与贝格和拉希德（Beg I，Rashid T，2013）提出的犹豫模糊语言 TOPSIS 方法进行比较。犹豫模糊语言 TOPSIS 方法相关过程如下。

（1）通过集结 $H^{(k)}(k=1,2,\cdots,K)$ 计算综合矩阵 $H^c = ([s_{ij}^-,s_{ij}^+])_{m\times n}$，其中，

$$s_{ij}^{-} = \min\{\min_{k=1}^{K}(\max \tilde{h}_{ij}^{(k)}), \max_{k=1}^{K}(\min \tilde{h}_{ij}^{(k)})\} \tag{7-18}$$

$$s_{ij}^{+} = \max\{\min_{k=1}^{K}(\max \tilde{h}_{ij}^{(k)}), \max_{k=1}^{K}(\min \tilde{h}_{ij}^{(k)})\} \tag{7-19}$$

（2）计算犹豫模糊语言数据正理想解 $PIS = (P_1^+, P_2^+, \cdots, P_n^+)$ 和犹豫模糊语言数据负理想解 $NIS = (N_1^-, N_2^-, \cdots, N_n^-)$，其中

$$\begin{aligned} P_j^+ = [& ((\max_{k=1}^{K}(\max_i \tilde{h}_{ij}^{(k)}) \mid j \in \Xi_1), (\min_{k=1}^{K}(\min_i \tilde{h}_{ij}^{(k)}) \mid j \in \Xi_2)), \\ & ((\max_{k=1}^{K}(\max_i \tilde{h}_{ij}^{(k)}) \mid j \in \Xi_1), (\min_{k=1}^{K}(\min_i \tilde{h}_{ij}^{(k)}) \mid j \in \Xi_2))] \end{aligned} \tag{7-20}$$

和

$$\begin{aligned} N_j^- = [& ((\min_{k=1}^{K}(\min_i \tilde{h}_{ij}^{(k)}) \mid j \in \Xi_1), (\max_{k=1}^{K}(\max_i \tilde{h}_{ij}^{(k)}) \mid j \in \Xi_2)), \\ & ((\min_{k=1}^{K}(\min_i \tilde{h}_{ij}^{(k)}) \mid j \in \Xi_1), (\max_{k=1}^{K}(\max_i \tilde{h}_{ij}^{(k)}) \mid j \in \Xi_2))]。 \end{aligned} \tag{7-21}$$

（3）根据

$$D_{ij}^{+} = d''([s_{ij}^{-}, s_{ij}^{+}], P_j^{+}) \tag{7-22}$$

和

$$D_{ij}^{-} = d''([s_{ij}^{-}, s_{ij}^{+}], N_j^{-}) \tag{7-23}$$

计算正理想矩阵 $D^+ = (D_{ij}^+)_{m\times n}$ 和负理想矩阵 $D^- = (D_{ij}^-)_{m\times n}$。

（4）计算贴近度 RC_i：

$$RC_i = \frac{D_i^-}{D_i^- + D_i^+} \tag{7-24}$$

其中 $D_i^+ = \sum_{j=1}^{n} D_{ij}^+$，$D_i^- = \sum_{j=1}^{n} D_{ij}^-$。

（5）根据贴近度 RC_i 对方案进行降序排列。

根据上述犹豫模糊语言 TOPSIS 方法，相应的求解 D_i^-，D_i^+ 和 RC_i 结果如表 7－15 所示。

表 7 – 15　　　　犹豫模糊语言 VIKOR 法的求解结果

方案	D_i^+	D_i^-	RC_i	排序
A_1	21	4	0.16	4
A_2	8	17	0.68	1
A_3	10	15	0.6	2
A_4	13	12	0.48	3

如表 7 – 15 所示，最佳选择方案是 A_2，同时，采用本章提出的决策方法与犹豫模糊语言 TOPSIS 法得到的排序结果略有不同。主要原因：是犹豫模糊语言 TOPSIS 法采用犹豫模糊语言数据包络处理长度不同的犹豫模糊语言数据。采用犹豫模糊语言数据包络会使离散信息形式的犹豫模糊语言数据转化成连续的区间语言数据，这样会造成在初始的犹豫模糊语言数据信息中添加一些不必要的冗余信息。对于长度不同的犹豫模糊语言数据，本章采用的方法是最小公倍数扩充准则，它可以保持犹豫模糊语言数据信息的完整性。本章提出的决策方法考虑了决策者的理性行为，而犹豫模糊语言 TOPSIS 法并未考虑。

7.5　本章小结

本章提出了基于多种测度的犹豫模糊语言数据决策方法。该决策方法主要包括新的犹豫模糊语言数据的距离测度、群体共识优化模型和基于 DEA 模型的 TODIM 方法。首先，基于最小公倍数扩充准则定义了新的犹豫模糊语言数据的距离测度，并讨论了该距离测度的性质。其次，对于多属性群体决策问题，基于该距离测度定义个体共识度和群体共识度。为了求解决策者权重，构建了群体共识优化模型。再次，采用 DEA 模型求解属性权重，提出了基于 DEA 模型的 TODIM 方法，并提出了基于多种测度的犹豫模糊语言数据决策方法。最后，将本章提出的决策方法应用到健康管理中心选址的多属性群体决策问题中，并通过灵敏度分析和比较分析验证该方法的可行性和有效性。

总结与展望

本章对全书的研究进行总结，并对未来的研究工作进行初步的展望。

8.1 全书总结

针对决策信息环境为犹豫模糊语言数据的群体决策和多属性群体决策问题，本书主要深入地研究了基于犹豫模糊语言数据的决策方法，具体的工作总结如下。

（1）基于加性一致性的犹豫模糊语言偏好关系的决策方法。针对传统犹豫模糊语言数据扩充准则的不足，本书首先提出了犹豫模糊语言数据最小公倍数扩充准则，该犹豫模糊语言扩充规则克服了传统扩充规则改变犹豫模糊语言数据均值、方差和概率分布的不足。其次，根据最小公倍数扩充准则定义了犹豫模糊语言数据运算法则。再次，针对不具有可接受加性一致性的犹豫模糊语言偏好关系，提出两种加性一致性调整方法。其中一种是自动迭代具有局部修正机制的加性一致性调整算法，另外一种是基于整数规划模型的一致性调整算法。并分别提出了基于第一种调整算法的犹豫模糊语言偏好关系的决策方法和基于第二种调整算法的犹豫模糊语言偏好关系的决策方法。最后，通过算例分析说了本章提出的决策方法的可行性和有效性。

（2）基于乘性一致性的犹豫模糊语言偏好关系的决策方法。首先，考虑决策者的风险态度将 sigmoid 函数作为语言数据与实数型数据之间的转换函数。同时，采用最小公倍数扩充准则，定义了犹豫模糊语言偏好关系的乘性一致性指数，并研究了乘性一致性的相关性质。其次，针对不具有可接受乘性一致性的犹豫模糊语言偏好关系，构建了一个目标规划模型用以调整该犹豫模糊语言偏好关系的乘性一致性使其具有可接受乘性一致性。再次，定义了犹豫模糊语言偏好关系最好一致性的语言偏好关系和最差一致性的语言偏好关系的概念。在此基础上构建了基于 Hurwicz 准则的两阶段优化模型用以求解犹豫模糊语言偏好关系的排序权重。基目标规划模型和两阶段优化模型，提出了一种多阶段优化模型的犹豫模糊语言偏好关系的决策方法。最后，通过案例和比较分析表明本章提出的犹豫模糊语言偏好关系的决策方法的可行性和有效性。

（3）基于犹豫模糊语言偏好关系的决策过程中的群体的共识性调整算法。首先采用最小公倍数扩充准则定义了决策者之间的共识性测度。对于共识性不满足预先给定的共识性阈值的犹豫模糊语言偏好关系，构建了一种一致性驱动的具有局部反馈机制的共识性调整过程。其次，针对决策的选择阶段，又构建了一个混合 0－1 规划模型用以求解犹豫模糊语言偏好关系的排序向量。根据排序向量的大小完成对备选方案的排序。最后，通过案例和比较分析说明该方法的可行性和有效性。

（4）基于残缺犹豫模糊语言偏好关系的决策方法。首先，基于犹豫模糊语言偏好关系的加性一致性，构建了一个整数线性规划模型用于补全残缺犹豫模糊语言偏好关系中的缺失值。其次，根据本章提出的补全方法和第五章提出的犹豫模糊语言偏好关系排序向量求解模型，给出了一种基于残缺犹豫模糊语言偏好关系的决策方法。最后通过案例分析说明该方法的可行性和有效性。

（5）基于多种测度的犹豫模糊语言数据决策方法。首先，采用犹豫模糊语言数据最小公倍数扩充规则定义了新的犹豫模糊语言数据的距离测度，并讨论了该距离测度的相关性质。其次，依据该距离测度定义了个体共识性测度和群体共识性测度。同时，为了求解决策者权重，构建了群体共识性优化模型。再次，采用 DEA 模型用以求解属性权重，并提出了基于 DEA 模型 TODIM 决策方法。根据群体共识性优化模型和基于 DEA 模型 TODIM 决策方法，提出了基于多种测度的犹豫模糊语言数据决策方法。

最后，将该决策方法应用于健康管理中心选址问题。

8.2　研究展望

本书针对犹豫模糊语言数据信息的群体决策和多属性群体决策问题提出了几种基于犹豫模糊语言数据的决策方法，丰富了犹豫模糊语言数据的决策理论与方法，但仍存在一些值得进一步研究的问题，主要体现在以下几点。

（1）由于决策者决策经验、知识结构的不同，针对同一个决策问题，不同的决策者可能会给出不同类型的决策信息。例如，直觉模糊数据信息、语言直觉模糊数据信息、概率语言数据信息、犹豫模糊数据信息。未来的工作主要是将本书提出的决策方法应用到基于以上信息形式的决策问题中。

（2）针对犹豫模糊语言数据信息，未来工作主要除了要研究一些新的犹豫模糊语言数据测度，例如熵测度、犹豫测度等，还应考虑利用正态分布或均匀分布研究基于概率分布的犹豫模糊语言数据的决策方法。

（3）针对偏好关系一致性、排序权重和决策过程中群体的共识性等问题，未来研究侧重于利用贝叶斯分析方法设计一致性、排序权重、集成权重和共识性调整算法，构建相应的决策模型，探讨群体优性共识、冗余偏好关系存在的有效性条件，并从后验信息的角度分析决策方法的有效性。

（4）由于决策问题的随机性和不确定性，因此需要更多领域专家、组织、社会公众参与，大群体决策应运而生。大群体决策往往会出现决策效率低等问题。未来的工作主要研究基于统计学抽样思想的决策方法并将其用于提高大群体决策问题的决策效率。

（5）随着网络技术的发展，社交网络背景下的决策问题引起了很多学者的关注，未来研究应考虑社交网络背景下的决策方法。

参考文献

[1] 陈珽．决策分析［M］．北京：科学出版社，1987.

[2] 戴意瑜．基于犹豫语言决策模型的数据产品服务商选择［J］．计算机工程与应用，2018，54（12）：133－137.

[3] 傅祖浩．重视加强健康管理积极促进人和社会健康发展［J］．经济研究导刊，2010（34）：247－248.

[4] 耿秀丽，邱华清．基于犹豫模糊 PROMETHEE Ⅱ 的设计方案群决策方法［J］．计算机应用研究，2018，35（10）：3020－3024.

[5] 廖虎昌，杨竹，徐泽水等．犹豫模糊语言 PROMETHE 方法在川酒品牌评价中应用［J］．控制与决策，2019，34（12）：2727－2736.

[6] 廖虎昌．复杂模糊多属性决策理论与方法［M］．北京：科学出版社，2016.

[7] 廖虎昌．直觉模糊偏好决策理论与方法［M］．北京：科学出版社，2017.

[8] 林显宁．基于犹豫语言 H－几何算子的信息安全系统选择［J］．计算机工程与应用，2017，53（13）：174－180，245.

[9] 刘琦，冯向前，张华荣．基于相似度的犹豫模糊语言多属性决策方法［J］．统计与决策，2017，19：40－44.

[10] 刘勇，王成军，杨威．基于犹豫模糊语言信息的权重信息部分可知 TOPSIS 方法［J］．工程数学学报，2015，32（4）：497－506.

[11] 马庆功．犹豫模糊语言环境下的无线传感器选择方法［J］．计算机工程与应用，2017，53（22）：130－136.

[12] 潘承洞，潘承彪．初等数论［M］．北京：北京大学出版社，2003.

[13] 彭建刚，夏光．基于犹豫模糊语言术语的供应商多准则群决策研究［J］．工业工程，2018，21（1）：73－82.

[14] 彭新东，杨勇，宋娟萍等．基于组合权重的犹豫模糊语言决策

方法［J］. 计算机工程，2015，41（9）：190－193，198.

［15］施明华，肖庆宪. 基于前景理论的犹豫模糊语言绿色供应商优选决策［J］. 统计与决策，2018，34（21）：46－50.

［16］施明华，肖庆宪. 犹豫模糊语言集结算子及其在多属性群决策中的应用［J］. 模糊系统与数学，2017，31（5）：68－79.

［17］谭倩云，冯向前，张华荣. 基于可能度的犹豫模糊语言PROMETHEE方法［J］. 统计与决策，2016，9：82－85.

［18］田祥宏，郜亚丽. 基于犹豫语言算法的网络舆情预测模型选择［J］. 控制工程，2018，25（8）：1522－1527.

［19］王坚强，吴佳亭. 基于优序关系的犹豫模糊语言多准则决策方法［J］. 控制与决策，2015，30（5）：887－891.

［20］吴志彬. 群体共识决策理论与方法［M］. 北京：科学出版社，2018.

［21］徐海军，田晓丽，徐泽水. 基于犹豫模糊语言信息的前景决策方法［J］. 中国管理科学，2018，26（8）：179－185.

［22］徐玖平，陈建中. 群决策理论与方法及实现［M］. 北京：清华大学出版社，2009.

［23］徐泽水，潘玲，廖虎昌. 基于MACBETH方法的犹豫模糊语言多准则决策方法［J］. 控制与决策，2017，32（7）：1266－1272.

［24］徐泽水. 直觉模糊信息集成理论及应用［M］. 北京：科学出版社，2008.

［25］杨欣蓉，钱钢，冯向前. 基于犹豫模糊语言多属性群决策的VIKOR扩展方法［J］. 计算机工程与应用，2017，53（11）：39－43.

［26］Altuzarra A，Moreno-Jiménez J M，Salvador M. Consensus Building in AHP-Group Decision Making：A Bayesian Approach［J］. Operations Research，2010，58（6）：1755－1773.

［27］Atanassov K T. Intuitionistic Fuzzy Sets［J］. Fuzzy Sets and Systems，1986，20（1）：87－96.

［28］Beg I，Rashid T. TOPSIS for Hesitant Fuzzy Linguistic Term Sets［J］. International Journal of Intelligent Systems，2013，28：1162－1171.

［29］Bentkowska U，Bustince H，Jurio A et al. Decision Making with an Interval-Valued Fuzzy Preference Relation and Admissible Orders［J］. Applied

Soft Computing, 2015, 35: 792 - 801.

[30] Borwein J, Lewis A S. Convex Analysis and Nonlinear Optimization: Theory and Examples [M]. Springer Science & Business Media, 2010.

[31] Buckley J J. Fuzzy Hierarchical Analysis [J]. Fuzzy Sets and Systems, 1985, 17: 233 - 247.

[32] Charnes A, Cooper W W, Rhodes E. Measuring the Efficiency of Decision Making Units [J]. European Journal of Operational Research, 1978, 2 (6): 429 - 444.

[33] Chen H Y, Zhou L G, Han B. On Compatibility of Uncertain Additive Linguistic Preference Relations and Its Application in the Group Decision Making [J]. Knowledge-Based Systems, 2011, 24 (6): 816 - 823.

[34] Chiclana F, Herrera E. Herrera-Viedma, Integrating Multiplicative Preference Relations in a Multipurpose Decision-Making Based on Fuzzy Preference Relations [J]. Fuzzy Sets and Systems, 2001, 122: 277 - 291.

[35] Chiclana F, Herrera F, Herrera-Viedma E. Integrating Three Representation Models in Fuzzy Multipurpose Decision Making Based on Fuzzy Preference Relations [J]. Fuzzy Sets and Systems, 1998, 97: 33 - 48.

[36] Conde E, Pérez M P R. A Linear Optimization Problem to Derive Relative Weights Using an Interval Judgement Matrix [J]. European Journal of Operational Research, 2010, 201: 537 - 544.

[37] Dong Y C, Wu Y Z, Zhang H J et al. Multi-granular Unbalanced Linguistic Distribution Assessments with Interval Symbolic Proportions [J]. Knowledge-Based Systems, 2015, 82: 139 - 151.

[38] Dong Y C, Xu J P. Consensus Building in Group Decision Making [M]. Singapore: Springer, 2016.

[39] Dong Y C, Xu Y F, Li H Y. On Consistency Measures of Linguistic Preference Relations [J]. European Journal of Operational Research, 2008, 189 (2): 430 - 444.

[40] Fan Z P, Zhang X, Chen F D et al. Extended TODIM Method for Hybrid Multiple Attribute Decision Making Problems [J]. Knowledge-Based Systems, 2013, 42: 40 - 48.

[41] Farhadinia B. Multiple Criteria Decision-Making Methods with

Completely Unknown Weights in Hesitant Fuzzy Linguistic Term Setting [J]. Knowledge-Based Systems, 2016, 93: 135 - 144.

[42] Feng X Q, Zhang L, Wei C P. The Consistency Measures and Priority Weights of Hesitant Fuzzy Linguistic Preference Relations [J]. Applied Soft Computing, 2018, 65: 79 - 90.

[43] Gogus O, Boucher T O. Strong Transitivity, Rationality and Weak Monotonicity in Fuzzy Pairwise Comparisons [J]. Fuzzy Sets and Systems, 1988, 94 (1): 133 - 144.

[44] Gomes L F A M, Lima M M P P. TODIM: Basics and Application to Multicriteria Ranking of Projects with Environmental Impacts [J]. Foundations of Computing and Decision Sciences, 1991, 16: 113 - 127.

[45] Gong Z W, Li L S, Zhou F X et al. Goal Programming Approaches to Obtain the Priority Vectors from the Intuitionistic Fuzzy Preference Relations [J]. Computers & Industrial Engineering, 2009, 47 (4): 1187 - 1193.

[46] Gong Z W, Zhang N, Chiclana F. The Optimization Ordering Model for Intuitionistic Fuzzy Preference Relations with Utility Functions [J]. Knowledge-Based Systems, 2018, 162: 174 - 184.

[47] Gong Z W. Least-square Method to Priority of the Fuzzy Preference Relations with Incomplete Information [J]. International Journal of Approximate Reasoning, 2008, 47: 258 - 264.

[48] Gou X J, Xu Z S, Liao H C. Group Decision Making with Compatibility Measures of Hesitant Fuzzy Linguistic Preference Relations [J]. Soft Computing, 2019, 23 (5): 1511 - 1527.

[49] Gou X J, Xu Z S, Liao H C. Hesitant Fuzzy Linguistic Entropy and Cross-Entropy Measures and Alternative Queuing Method For Multiple Criteria Decision Making [J]. Information Sciences, 2017, 388: 225 - 246.

[50] Greco S, Matarazzo B, Slowiński R. Rough Sets Theory for Multicriteria Decision Analysis [J]. European Journal of Operational Research, 2001, 129: 1 - 47.

[51] Helena G W. Modifications of the Hurwicz's Decision Rule [J]. Central European Journal of Operations Research, 2014, 22 (4): 779 - 794.

[52] Herrera F, Martínez L. A 2-tuple Fuzzy Linguistic Representation

Model for Computing with Words [J]. IEEE Transactions on Fuzzy Systems, 2000, 8 (6): 746-752.

[53] Herrera-Viedma E, Chiclana F, Herrera F et al. Group DecisionMaking Model with Incomplete Fuzzy Preference Relations Based on Additive Consistency [J]. IEEE Transactions on Cybernetics, 2007, 7 (1): 176-189.

[54] Herrera-Viedma E, Martínez L, Mata F et al. A Consensus Support System Model for Group Decision-Making Problems with Multi-Granular Linguistic Preference Relations [J]. IEEE Transactions on Fuzzy Systems, 2005, 13 (5): 644-658.

[55] Huang Y H, Wei G W. TODIM Method for Pythagorean 2-Tuple Linguistic Multiple Attribute Decision Making [J]. Journal of Intelligent and Fuzzy Systems, 2018, 35: 901-915.

[56] Hwang C L, Lin M J. Group Decision Making under Multiple Criteria: Methods and Applications [M]. New York: Springer-Verlag, 1987.

[57] Ji P, Zhang H Y, Wang J Q. A Projection-Based TODIM Method under Multi-Valued Neutrosophic Environments and Its Application in Personnel Selection [J]. Neural Computing and Application, 2018, 29: 221-234.

[58] Jin F F, Ni Z W, Chen H Y et al. Approaches to Decision Making with Linguistic Preference Relations Based on Additive Consistency [J]. Applied Soft Computing, 2016, 49: 71-80.

[59] Kannan D, Tversky A. Prospect Theory: An Analysis of Decision Under Risk [J]. Econometrica, 1979, 47 (2): 263-292.

[60] Khalili-Damghani K, Sadi-Nezhad S, Tavana M. Solving Multi-Period Project Selection Problems with Fuzzy Goal Programming Based on TOPSIS and a Fuzzy Preference Relation [J]. Information Sciences, 2013, 252: 42-61.

[61] Khishtandar S, Zandieh M, Dorri B. A Multi Criteria Decision Making Framework for Sustainability Assessment of Bioenergy Production Technologies with Hesitant Fuzzy Linguistic Term Sets: The case of Iran [J]. Renewable and Sustainable Energy Reviews, 2017, 77: 1130-1145.

[62] Krohling R A, Pacheco A G C, Siviero A L T. IF-TODIM: An Intuitionistic Fuzzy TODIM to Multi-Criteria Decision Making [J]. KnowledgeBased Systems, 2013, 53: 142-146.

[63] Labella Á, Liu Y Y, Rodríguez R M et al. Analyzing the Performance of Classical Consensus Models in Large Scale Group Decision Making: A Comparative Study [J]. Applied Soft Computing, 2018, 67: 677-690.

[64] Lehrer K, Wagner C. Rational Consensus in Science and Society: A philosophical and Mathematical Study [M]. Dordrecht, Holland: Springer Science & Business Media, 1981.

[65] Li C C, Rodríguez R M, Martínez L et al. Consistency of Hesitant Fuzzy Linguistic Preference Relations: An Interval Consistency Index [J]. Information Sciences, 2018, 432: 347-361.

[66] Li C C, Rodríguez R M, Martínez L et al. Personalized Individual Semantics Based on Consistency in Hesitant Linguistic Group Decision Making with Comparative Linguistic Expressions [J]. Knowledge-Based Systems, 2018, 145: 156-165.

[67] Li J L, Luo L, Wu X L et al. Prioritizing the Elective Surgery Patient Admission in a Chinese Public Tertiary Hospital Using the Hesitant Fuzzy Linguistic ORESTE Method [J]. Applied Soft Computing, 2019, 78: 407-419.

[68] Li J, Wang J Q, Hu J H. Consensus Building for Hesitant Fuzzy Preference Relations with Multiplicative Consistency [J]. Computers & Industrial Engineering, 2019, 128: 387-400.

[69] Li Z M, Zhang Q, Liao H C. Efficient-equitable-ecological Evaluation of Regional Water Resource Coordination Considering both Visible and Virtual Water [J]. Omega, 2019, 83: 223-235.

[70] Liang D C, Zhang Y R J, Xu Z S et al. Pythagorean Fuzzy Bonferroni Mean Aggregation Operator and Its Accelerative Calculating Algorithm with the Multithreading [J]. International Journal of Intelligent Systems, 2018, 33: 615-633.

[71] Liao H C, Gou X J, Xu Z S et al. Hesitancy Degree-Based Correlation Measures for Hesitant Fuzzy Linguistic Term Sets and Their Applications in Multiple Criteria Decision Making [J]. Information Sciences, 2020, 508: 275-292.

[72] Liao H C, Long Y L, Tang M et al. Early Lung Cancer Screening Using Double Normalization-Based Multi-Aggregation (DNMA) and Delphi

Methods with Hesitant Fuzzy Information [J]. Computers & Industrial Engineering, 2019, 136: 453 - 463.

[73] Liao H C, Mi X M, Yu Q et al. Hospital Performance Evaluation by a Hesitant Fuzzy Linguistic Best Worst Method with Inconsistency Repairing [J]. Journal of Cleaner Production, 2019, 232: 657 - 671.

[74] Liao H C, Qin R, Gao C Y et al. Score-HeDLiSF: A Score Function of Hesitant Fuzzy Linguistic Term Set Based on Hesitant Degrees And Linguistic Scale Functions: An Application to Unbalanced Hesitant Fuzzy Linguistic MULTIMOORA [J]. Information Fusion, 2019, 48: 39 - 54.

[75] Liao H C, Wu X L, Liang X D et al. A New Hesitant Fuzzy Linguistic ORESTE Method for Hybrid Multi-criteria Decision Making [J]. IEEE Transactions on Fuzzy Systems, 2018, 26 (6): 3793 - 3807.

[76] Liao H C, Wu X L, Mi X M et al. An Integrated Method for Cognitive Complex Multiple Experts Multiple Criteria Decision Making Based on ELECTRE Ⅲ With Weighted Borda Rule [J]. Omega, 2020, 93, 102052.

[77] Liao H C, Xu Z S, Zeng X J et al. An enhanced consensus reaching process in Group Decision Making with Intuitionistic Fuzzy Preference Relations [J]. Information Sciences, 2016, 329: 274 - 286.

[78] Liao H C, Xu Z S, Zeng X J et al. Qualitative Decision Making with Correlation Coefficients of Hesitant Fuzzy Linguistic Term Sets [J]. Knowledge-Based Systems, 2015, 76: 127 - 138.

[79] Liao H C, Xu Z S, Zeng X J. Distance and Similarity Measures for Hesitant Fuzzy Linguistic Term Sets and Their Application in Multi-Criteria Decision Making [J]. Information Sciences, 2014, 271: 125 - 142.

[80] Liao H C, Xu Z S, Zeng X J. Hesitant Fuzzy Linguistic VIKOR Method and Its Application in Qualitative Multiple Criteria Decision Making [J]. IEEE Transactions on Fuzzy Systems, 2015, 23 (5): 1343 - 1355.

[81] Liao H C, Xu Z S. Approaches to Manage Hesitant Fuzzy Linguistic Information Based on the Cosine Distance and Similarity Measures for Hfltss and Their Application in Qualitative Decision Making [J]. Expert Systems with Applications, 2015, 42 (12): 5328 - 5336.

[82] Liao H C, Xu Z S. Consistency of the Fused Intuitionistic Fuzzy

Preference Relation in Group Intuitionistic Fuzzy Analytic Hierarchy Process [J]. Applied Soft Computing, 2015, 35: 812-826.

[83] Liao H C, Xu Z S. Hesitant Fuzzy Decision Making Methodologies and Applications [M]. Singapore: Springer, 2017.

[84] Liao H C, Yang L Y, Xu Z S. Two New Approaches Based on ELECTRE Ⅱ to Solve the Multiple Criteria Decision Making Problems with Hesitant Fuzzy Linguistic Term Sets [J]. Applied Soft Computing, 2018, 63: 223-234.

[85] Liao H C, Zhang C, Luo L. A Multiple Attribute Group Decision Making Method Based on Two Novel Intuitionistic Multiplicative Distance Measures [J]. Information Sciences, 2018, 467: 766-783.

[86] Lin M W, Wang H B, Xu Z H. TODIM-based Multi-Criteria Decision-Making Method with Hesitant Fuzzy Linguistic Term Sets [J]. Artificial Intelligence Review, 2020, 53: 3647-3671.

[87] Liu D H, Chen X H, Peng D. Distance Measures for Hesitant Fuzzy Linguistic Sets and Their Applications in Multiple Criteria Decision Making [J]. International Journal of Fuzzy Systems, 2018, 20: 2111-2121.

[88] Liu F, Liu Z L, Wu Y H. A Group Decision Making Model Based on Triangular Fuzzy Additive Reciprocal Matrices with Additive Approximation-Consistency [J]. Applied Soft Computing, 2018, 65: 349-359.

[89] Liu F, Pedrycz W, Zhang W G. Limited Rationality and Its Quantification through the Interval Number Judgments with Permutations [J]. IEEE Transactions on Cybernetics, 2017, 47 (12): 4025-4037.

[90] Liu F, Yu Q, Pedrycz W et al. A Group Decision Making Model Based on an Inconsistency Index of Interval Multiplicative Reciprocal Matrices [J]. Knowledge-Based Systems, 2018, 145: 67-76.

[91] Liu F, Zhang W G, Fu J H. A New Method of Obtaining The Priority Weights From an Interval Fuzzy Preference Relation [J]. Information Sciences, 2012, 185 (1): 32-42.

[92] Liu F, Zhang W G, Wang Z X. A Goal Programming Model for Incomplete Interval Multiplicative Preference Relations and Its Application in Group Decision-Making [J]. European Journal of Operational Research, 2012,

218 (3): 747 -754.

[93] Liu F, Zhang W G, Zhang L H. Consistency Analysis of Triangular Fuzzy Reciprocal Preference Relations [J]. European Journal of Operational Research, 2014, 235: 718 -726.

[94] Liu F. Acceptable Consistency Analysis of Interval Reciprocal Comparison Matrices [J]. Fuzzy Sets and Systems, 2009, 160 (18): 2686 -2700.

[95] Liu H B, Cai J F, Jiang L. On Improving the Additive Consistency of the Fuzzy Preference Relations Based on Comparative Linguistic Expressions [J]. International Journal of Intelligent Systems, 2014, 29 (6): 544 -559.

[96] Liu H B, Jiang L, Xu Z S. Improving The Additive and Multiplicative Consistency of Hesitant Fuzzy Linguistic Preference Relations [J]. Journal of Intelligent & Fuzzy Systems, 2017, 33: 3677 -3693.

[97] Liu H B, Ma Y, Jiang L. Managing Incomplete Preferences and Consistency Improvement in Hesitant Fuzzy Linguistic Preference Relations With Applications In Group Decision Making [J]. Information Fusion, 2019, 51: 19 -29.

[98] Liu N N, He Y, Xu Z S. A New Approach to Deal with Consistency and Consensus Issues for Hesitant Fuzzy Linguistic Preference Relations [J]. Applied Soft Computing, 2019, 76: 400 -415.

[99] Liu P D, Zhang X H. A New Hesitant Fuzzy Linguistic Approach for Multiple Attribute Decision Making Based on Dempster-Shafer Evidence Theory [J]. Applied Soft Computing, 2020, 86, 105897.

[100] Liu P, Teng F. An Extended TODIM Method for Multiple Attribute Group Decision-Making Based On 2-Dimension Uncertain Linguistic Variable [J]. Complexity, 2014, 21 (5): 20 -30.

[101] Liu W Q, Zhang H J, Chen X et al. Managing Consensus and Self-Confidence In Multiplicative Preference Relations in Group Decision Making [J]. Knowledge-Based Systems, 2018, 162: 62 -73.

[102] Liu X, Xu Y J, Herrera F. Consensus Model for Large-Scale Group Decision Making Based on Fuzzy Preference Relation with Selfconfidence: Detecting and Managing Overconfidence Behaviors [J]. Information Fusion,

2019, 52: 245 - 256.

[103] Mendel J M, John R I B. Type - 2 Fuzzy Sets Made Simple [J]. IEEE Transactions on Fuzzy Systems, 2002, 10 (2): 117 - 127.

[104] Meng F Y, An Q X, Tan C Q et al. An Approach for Group Decision Making With Interval Fuzzy Preference Relations Based on Additive Consistency and Consensus Analysis [J]. IEEE Transactions on Systems, Man and Cybernetics: Systems, 2017, 47 (8): 2069 - 2082.

[105] Meng F Y, An Q X. A New Approach for Group Decision Making Method with Hesitant Fuzzy Preference Relations [J]. Knowledge-Based Systems, 2017, 127: 1 - 15.

[106] Meng F Y, Chen X H, Zhu M X et al. Two New Methods for Deriving the Priority Vector From Interval Multiplicative Preference Relations [J]. Information Fusion, 2015, 26: 122 - 135.

[107] Meng F Y, Chen X H. A Hesitant Fuzzy Linguistic Multi-Granularity Decision Making Model Based on Distance Measures [J]. Journal of Intelligent & Fuzzy Systems, 2015, 28 (4): 1519 - 1531.

[108] Meng F Y, Chen X H. A New Method for Group Decision Making with Incomplete Fuzzy Preference Relations [J]. Knowledge-Based Systems, 2015, 73: 111 - 123.

[109] Meng F Y, Chen X H. An Approach to Incomplete Multi-plicative Preference Relations And Its Application in Group Decision Making [J]. Information Sciences, 2015, 309: 119 - 137.

[110] Meng F Y, Lin J, Tan C Q et al. A New Multiplicative Consistency Based Method for Decision Making with Triangular Fuzzy Reciprocal Preference Relations [J]. Fuzzy Sets and Systems, 2017, 315: 1 - 25.

[111] Meng F Y, Tan C Q, Chen X H. Multiplicative Consistency Analysis For Interval Fuzzy Preference Relations: A Comparative Study [J]. Omega, 2017, 68, 17 - 38.

[112] Meng F Y, Tan C Q. A New Consistency Concept for Interval Multiplicative Preference Relations [J]. Applied Soft Computing, 2017, 52: 262 - 276.

[113] Meng F Y, Tang J, Zhang Y L. Programming Model-Based Group

Decision Making with Multiplicative Linguistic Intuitionistic Fuzzy Preference Relations [J]. Computers & Industrial Engineering, 2019, 136: 212 - 224.

[114] Meng F Y. An Approach to Decision-Making With Triangular Fuzzy Reciprocal Preference Relations and its Application [J]. International Journal of Systems Science, 2018, 49 (3): 567 - 581.

[115] Mi X M, Liao H C. An Integrated Approach To Multiple Criteria Decision Making Based on the Average Solution and Normalized Weights of Criteria Deduced by the Hesitant Fuzzy Best Worst Method [J]. Computers & Industrial Engineering, 2019, 133: 83 - 94.

[116] Mojtahedi S M H, Mousavi S M, Makui A. Project Risk Identification and Assessment Simultaneously Using Multi-Attribute Group Decision Making Technique [J]. Safety Science, 2010, 48 (4): 499 - 507.

[117] Montes R, Sánchez A M, Villar P et al. A Web Tool to Support Decision Making in the Housing Market Using Hesitant Fuzzy Linguistic Term Sets [J]. Applied Soft Computing, 2015, 35: 949 - 957.

[118] Palomares I, Estrella F J, Martínez L et al. Consensus under A Fuzzy Context: Taxonomy, Analysis Framework AFRYCA and Experimental Case of Study [J]. Information Fusion, 2014, 20: 252 - 271.

[119] Pang Q, Wang H, Xu Z S. Probabilistic Linguistic Term Sets in Multi-Attribute Group Decision Making [J]. Information Sciences, 2016, 369: 128 - 143.

[120] Peng X D, Yang Y. Some Results for Pythagorean Fuzzy Sets [J]. International Journal of Intelligent Systems, 2015, 30: 1133 - 1160.

[121] Qin J D, Liu X W, Pedrycz W. An extended VIKOR method based on prospect theory for Multiple Attribute Decision Making under Interval Type - 2 Fuzzy Environment [J]. Knowledge-Based Systems, 2015, 86: 116 - 130.

[122] Qin J D, Liu X W, Pedrycz W. An Extended TODIM Multi-Criteria Group Decision Making Method for Green Supplier Selection in Interval Type - 2 Fuzzy Environment [J]. European Journal of Operational Research, 2017, 258 (2): 626 - 638.

[123] Rodríguez R M, Bedregal B, Bustince H et al. A Position and Perspective Analysis of Hesitant Fuzzy Sets on Information Fusion in Decision

Making. Towards High Quality Progress [J]. Information Fusion, 2016, 29: 89 - 97.

[124] Rodríguez R M, Labella Á, Tré G D et al. A Large Scale Consensus Reaching Process Managing Group Hesitation [J]. Knowledge-Based Systems, 2018, 159: 86 - 97.

[125] Rodríguez R M, Martínez L, Herrera F. Hesitant Fuzzy Linguistic Term Sets for Decision Making [J]. IEEE Transactions on Fuzzy Systems, 2012, 20 (1): 109 - 119.

[126] Rodríguez R M, Martínez L. An Analysis of Symbolic Linguistic Computing Models in Decision Making [J]. International Journal of General Systems, 2013, 42 (1): 121 - 136.

[127] Roubens M. Preference Relations an Actions and Criteria in Multicriteria Decision Making [J]. European Journal of Operational Research, 1982, 10 (1): 51 - 55.

[128] Runkler T, Coupland S, John R. Interval Type-2 Fuzzy Decision Making [J]. International Journal of Approximate Reasoning, 2017, 80: 217 - 224.

[129] Saaty T L. The Analytic Hierarchy Process [M]. New York, NY: McGraw-Hill, 1980.

[130] Sellak H, Ouhbi B, Frikh B et al. Expertise-based Consensus Building for MCGDM with Hesitant Fuzzy Linguistic Information [J]. Information Fusion, 2019, 50: 54 - 70.

[131] Song Y M, Hu J. A Group Decision-Making Model Based on Incomplete Comparative Expressions with Hesitant Linguistic Terms [J]. Applied Soft Computing, 2017, 59: 174 - 181.

[132] Tan C Q, Wu D D, Ma B J. Group Decision Making with Linguistic Preference Relations with Application to Supplier Selection [J]. Expert Systems with Applications, 2011, 38 (12): 14382 - 14389.

[133] Tang M, Liao H C, Li Z M et al. Nature Disaster Risk Evaluation with a Group Decision Making Method Based on Incomplete Hesitant Fuzzy Linguistic Preference Relations [J]. International Journal of Environmental Research and Public Health, 2018, 15 (4): 751.

[134] Tanino T. Fuzzy Preference Orderings in Group Decision-Making [J]. Fuzzy Sets and Systems, 1984, 12: 117 -131.

[135] Tian Z P, Wang J, Wang J Q et al. A Likelihood-Based Qualitative Flexible Approach with Hesitant Fuzzy Linguistic Information [J]. Cognitive Computation, 2016, 8: 670 -683.

[136] Torra V. Hesitant Fuzzy Sets [J]. International Journal of Intelligent Systems, 2010, 25 (6): 529 -539.

[137] Wan S P, Li S Q, Dong J Y. A Three-Phase Method for Pythagorean Fuzzy Multi-Attribute Group Decision Making and Application to Haze Management [J]. Computers & Industrial Engineering, 2018, 128: 348 -363.

[138] Wan S P, Qin Y L, Dong J Y. A hesitant fuzzy mathematical programming method for Hybrid Multi-Criteria Group Decision Making with Hesitant Fuzzy Truth Degrees [J]. Knowledge-Based Systems, 2017, 138: 232 -248.

[139] Wan S P, Wang F, Dong J Y. A Novel Group Decision Making Method with Intuitionistic Fuzzy Preference Relations for RFID Technology Selection [J]. Applied Soft Computing, 2016, 38: 405 -422.

[140] Wan S P, Wang F, Dong J Y. A Novel Method for Group Decision Making with Interval-Valued Atanassov Intuitionistic Fuzzy Preference Relations [J]. Information Sciences, 2016, 372: 53 -71.

[141] Wan S P, Wang F, Dong J Y. Additive Consistent Interval-Valued Atanassov Intuitionistic Fuzzy Preference Relation and Likelihood Comparison Algorithm Based Group Decision Making [J]. European Journal of Operational Research, 2017, 263 (2): 571 -582.

[142] Wang J H, Hao J Y. A New Version of 2-tuple Fuzzy Linguistic Representation Model for Computing with Words [J]. IEEE Transactions on Fuzzy Systems, 2006, 14 (3): 435 -445.

[143] Wang J Q, Wang J, Chen Q H et al. An Outranking Approach for Multi-criteria Decision-Making with Hesitant Fuzzy Linguistic Term Sets [J]. Information Sciences, 2014, 280: 338 -351.

[144] Wang J Q, Wu J T, Wang J et al. Multi-criteria Decision-Making

Methods Based on the Hausdorff Distance of Hesitant Fuzzy Linguistic Numbers [J]. Soft Computing, 2016, 20: 1621 - 1633.

[145] Wang J, Wang J Q, Zhang H Y. A Likelihood-Based TODIM Approach Based on Multi-Hesitant Fuzzy Linguistic Information for Evaluation in Logistics Outsourcing [J]. Computers & Industrial Engineering, 2016, 99: 287 - 299.

[146] Wang L H, Gong Z W. Priority of a Hesitant Fuzzy Linguistic Preference Relation with a Normal Distribution in Meteorological Disaster Risk Assessment [J]. International Journal of Environmental Research and Public Health, 2017, 14 (10): 1203.

[147] Wang W Z, Liu X W, Chen X Q et al. Risk Assessment Based on Hybrid FMEA Framework by Considering Decision Maker's Psychological Behavior Character [J]. Computers & Industrial Engineering, 2019, 136: 516 - 527.

[148] Wang Y M, Elhag T M S. A Fuzzy Group Decision Making Approach for Bridge Risk Assessment [J]. Computers & Industrial Engineering, 2007, 53 (1): 137 - 148.

[149] Wang Y M, Elhag T M S. A Goal Programming Method for Obtaining Interval Weights from an Interval Comparison Matrix [J]. European Journal of Operational Research, 2007, 177: 458 - 471.

[150] Wang Y M, Fan Z P, Hua Z S. A Chi-Square Method for Obtaining a Priority Vector from Multiplicative and Fuzzy Preference Relations [J]. European Journal of Operational Research, 2007, 182: 356 - 366.

[151] Wang Y M, Yang J B, Xu D L. A Two-Stage Logarithmic Goal Programming Method for Generating Weights from Interval Comparison Matrices [J]. Fuzzy Sets and Systems, 2005, 152: 475 - 498.

[152] Wang Z J, Chen Y G. Logarithmic Least Squares Prioritization and Completion Methods for Interval Fuzzy Preference Relations Based on Geometric Transitivity [J]. Information Sciences, 2014, 289: 59 - 75.

[153] Wang Z J, Li K W. Goal Programming Approaches to Deriving Interval Weights Based on Interval Fuzzy Preference Relations [J]. Information Sciences, 2012, 193: 180 - 198.

[154] Wang Z J, Lin J, Liu F. Axiomatic Property Based Consistency

Analysis and Decision Making with Interval Multiplicative Reciprocal Preference Relations [J]. Information Sciences, 2019, 491: 109 - 137.

[155] Wang Z J, Lin J. Consistency and Optimized Priority Weight Analytical Solutions of Interval Multiplicative Preference Relations [J]. Information Sciences, 2019, 482: 105 - 122.

[156] Wang Z J, Liu F, Lin J. A Goal Programming Based Heuristic Method to Obtaining Interval Weights in Analytic form Interval Multiplicative Comparison Matrices [J]. Computers & Industrial Engineering, 2019, 128: 313 - 324.

[157] Wang Z J, Tong X Y. Consistency Analysis and Group Decision Making Based on Triangular Fuzzy Additive Reciprocal Preference Relations [J]. Information Sciences, 2016, 361 - 362: 29 - 47.

[158] Wang Z J, Zhang X Y. A Two-Stage Acceptable Hesitancy Based Goal Programming Framework to Evaluating Missing Values of Incomplete Intuitionistic Reciprocal Preference Relations [J]. Computers & Industrial Engineering, 2017, 105: 190 - 200.

[159] Wang Z J. A Goal Programming Approach to Deriving Interval Weights in Analytic form Interval Fuzzy Preference Relations Based on Multiplicative Consistency [J]. Information Sciences, 2018, 462: 160 - 181.

[160] Wang Z J. A Goal-Programming-Based Heuristic Approach to Deriving Fuzzy Weights in Analytic from Triangular Fuzzy Preference Relations [J]. IEEE Transactions on Fuzzy Systems, 2019, 27 (2): 234 - 248.

[161] Wang Z J. A Two-Stage Linear Goal Programming Approach to Eliciting Interval Weights from Additive Interval Fuzzy Preference Relations [J]. Soft Computing, 2016, 20: 2721 - 2732.

[162] Wang Z J. Consistency Analysis and Priority Derivation of Triangular Fuzzy Preference Relations Based on Modal Value and Geometric Mean [J]. Information Sciences, 2015, 314: 169 - 183.

[163] Wang Z J. Derivation of Intuitionistic Fuzzy Weights Based on Intuitionistic Fuzzy Preference Relations [J]. Applied Mathematical Modelling, 2013, 37 (9): 6377 - 6388.

[164] Wei C P, Liao H C. A Multigranularity Linguistic Group Decision-

Making Method Based on Hesitant 2-Tuple Sets [J]. International Journal of Intelligent Systems, 2016, 31: 612-634.

[165] Wei C P, Ren Z L, Rodríguez R M. A Hesitant Fuzzy Linguistic TODIM Method Based on a Score Function [J]. International Journal of Computational Intelligence Systems, 2015, 8 (4): 701-712.

[166] Wu J, Chiclana F. A Social Network Analysis Trust Consensus Based Approach to Group Decision-Making Problems with Interval-Valued Fuzzy Reciprocal Preference Relations [J]. Knowledge-Based Systems, 2014, 59: 97-107.

[167] Wu J, Chiclana F. Non-dominance and Attitudinal Prioritisation Methods for Intuitionistic and Interval-Valued Intuitionistic Fuzzy Preference Relations [J]. Expert Systems with Applications, 2012, 39 (18): 13409-13416.

[168] Wu P, Liu S H, Zhou L G et al. A Fuzzy Group Decision Making Model with Trapezoidal Fuzzy Preference Relations Based on Compatibility Measure and COWGA Operator [J]. Applied Intelligence, 2018, 48 (1): 46-67.

[169] Wu P, Wu Q, Zhou L G et al. A Consensus Model for Group Decision Making under Trapezoidal Fuzzy Numbers Environment [J]. Neural Computing & Applications, 2019, 31 (2): 377-394.

[170] Wu P, Zhou L G, Zheng T et al. A Fuzzy Group Decision Making and Its Application Based on Compatibility with Multiplicative Trapezoidal Fuzzy Preference Relations [J]. International Journal of Fuzzy Systems, 2017, 19 (3): 683-701.

[171] Wu Z B, Huang S, Xu J P. Multi-stage Optimization Models for Individual Consistency and Group Consensus with Preference Relations [J]. European Journal of Operational Research, 2019, 275 (1): 182-194.

[172] Wu Z B, Xu J P, Jiang X L et al. Two MAGDM Models Based on Hesitant Fuzzy Linguistic Term Sets with Possibility Distributions: VIKOR and TOPSIS [J]. Information Sciences, 2019, 473: 101-120.

[173] Wu Z B, Xu J P. A Consistency and Consensus Based Decision Support Model for Group Decision Making with Multiplicative Preference Relations [J]. Decision Support Systems, 2012, 52 (3): 757-767.

[174] Wu Z B, Xu J P. Managing Consistency and Consensus in Group Decision Making with Hesitant Fuzzy Linguistic Preference Relations [J]. Omega, 2016, 65 (3): 28-40.

[175] Wu Z B, Xu J P. Possibility Distribution-Based Approach for MAGDM with Hesitant Fuzzy Linguistic Information [J]. IEEE Transactions on Cybernetics, 2016, 46 (3): 694-705.

[176] Xu G L, Liu F. An Approach to Group Decision Making Based on Interval Multiplicative and Fuzzy Preference Relations by Using Projection [J]. Applied Mathematical Modelling, 2013, 37 (6): 3929-3943.

[177] Xu J P, Wu Z B. A Maximizing Consensus Approach for Alternative Selection Based on Uncertain Linguistic Preference Relations [J]. Computers & Industrial Engineering, 2013, 64 (4): 999-1008.

[178] Xu Y J, Cabrerizo F J, Herrera-Viedma E. A Consensus Model for Hesitant Fuzzy Preference Relations and Its Application In Water Allocation Management [J]. Applied Soft Computing, 2017, 58: 265-284.

[179] Xu Y J, Chen L, Li K W et al. A Chi-Square Method for Priority Derivation in Group Decision Making with Incomplete Reciprocal Preference Relations [J]. Information Sciences, 2015, 306: 166-179.

[180] Xu Y J, Chen L, Rodríguze R M et al. Deriving the Priority Weights From Incomplete Hesitant Fuzzy Preference Relations in Group Decision Making [J]. Knowledge-Based Systems, 2016, 99: 71-78.

[181] Xu Y J, Li K W, Wang H M. Incomplete Interval Fuzzy Preference Relations and Their Applications [J]. Computers & Industrial Engineering, 2014, 67: 93-103.

[182] Xu Y J, Patnayakuni R, Wang H M. The Ordinal Consistency of a Fuzzy Preference Relation [J]. Information Sciences, 2013, 224: 152-164.

[183] Xu Y J, Wang H M. Eigenvector Method, Consistency Test and Inconsistency Repairing for an Incomplete Fuzzy Preference Relation [J]. Applied Mathematical Modelling, 2013, 37: 5171-5183.

[184] Xu Y J, Wen X W, Sun H et al. Consistency and Consensus Models with Local Adjustment Strategy for Hesitant Fuzzy Linguistic Preference Relations [J]. International Journal of Fuzzy Systems, 2018, 20 (7): 2216-2233.

[185] Xu Y J, Wen X W, Zhang W C. A Two-Stage Consensus Method for Large-Scale Multi-Attribute Group Decision Making with an Application to Earthquake Shelter Selection [J]. Computers & Industrial Engineering, 2018, 116: 113 -129.

[186] Xu Z S, Cai X Q. Deriving Weights from Interval Multiplicative Preference Relations in Group Decision Making [J]. Group Decision and Negotiation, 2014, 23 (4): 695 -713.

[187] Xu Z S, Cai X Q. Group Consensus Algorithms Based on Preference Relations [J]. Information Sciences, 2011, 181: 150 -162.

[188] Xu Z S, Chen J. Some Models for Deriving The Priority Weights from Interval Fuzzy Preference Relations [J]. European Journal of Operational Research, 2008, 184: 266 -280.

[189] Xu Z S. A Practical Procedure for Group Decision Making Under Incomplete Multiplicative Linguistic Preference Relations [J]. Group Decision Negotiation, 2006, 15 (6): 581 -591.

[190] Xu Z S. An Interactive Approach to Multiple Attribute Group Decision Making with Multigranular Uncertain Linguistic Information [J]. Group Decision and Negotiation, 2009, 18: 119 -145.

[191] Xu Z S. Deviation Measures of Linguistic Preference Relations in Group Decision Making [J]. Omega, 2005, 33 (3): 249 -254.

[192] Xu Z S. EOWA and EOWG Operators for Aggregating Linguistic Labels Based on Linguistic Preference Relations [J]. International Journal of Uncertainty, Fuzziness and Knowledge-Based Systems, 2004, 12 (6): 791 -810.

[193] Xu Z S. Goal Programming Models for Obtaining the Priority Vector of Incomplete Fuzzy Preference Relation [J]. International Journal of Approximate Reasoning, 2004, 36: 261 -270.

[194] Xu Z S. Group Decision Making Based on Multiple Types of Linguistic Preference Relations [J]. Information Sciences, 2008, 178 (2): 452 -467.

[195] Yager R R, Abbasov A M. Pythagorean Membership Grades, Complex Numbers, and Decision Making [J]. International Journal of Intelligent Systems, 2013, 28: 436 -452.

[196] Yu S M, Wang J, Wang J Q. An Extended TODIM Approach with Intuitionistic Linguistic Numbers [J]. International Transactions in Operational Research, 2018, 25: 781 – 805.

[197] Yu W Y, Zhang Z, Zhong Q Y et al. Extended TODIM for Multi-Criteria Group Decision Making Based on Unbalanced Hesitant Fuzzy Linguistic Term Sets [J]. Computers & Industrial Engineering, 2017, 114: 316 – 328.

[198] Yuan J H, Li C B, Li W L et al. Linguistic Hesitant Fuzzy Multi-Criterion Decision-Making for Renewable Energy: A Case Study in Jilin [J]. Journal of Cleaner Production, 2018, 172: 3201 – 3214.

[199] Zadeh L A. The Concept of a Linguistic Variable and Its Application to Approximate Reasoning—Part I [J]. Information Sciences, 1975, 8 (3): 199 – 249.

[200] Zhang G Q, Dong Y C, Xu Y F. Consistency and Consensus Measures for Linguistic Preference Relations Based on Distribution Assessments [J]. Information Fusion, 2014, 17: 46 – 55.

[201] Zhang H M. Revisiting Multiplicative Consistency of Interval Fuzzy Preference Relation [J]. Computers & Industrial Engineering, 2019, 132: 325 – 332.

[202] Zhang X L, Xu Z S. The TODIM Analysis Approach Based on Novel Measured Functions under Hesitant Fuzzy Environment [J]. Knowledge-Based Systems, 2014, 61: 48 – 58.

[203] Zhang Y X, Xu Z S, Liao H C. A consensus process for group decision making with probabilistic linguistic preference relations [J]. Information Sciences, 2017, 414: 260 – 275.

[204] Zhang Y X, Xu Z S, Liao H C. An Ordinal Consistency-Based Group Decision Making Process with Probabilistic Linguistic Preference Relation [J]. Information Sciences, 2018, 467: 179 – 198.

[205] Zhang Y X, Xu Z S, Wang H et al. Consistency-based Risk Assessment with Probabilistic Linguistic Preference Relation [J]. Applied Soft Computing, 2016, 49: 817 – 833.

[206] Zhang Z M, Chen S M. A Consistency And Consensus-Based Method for Group Decision Making with Hesitant Fuzzy Linguistic Preference

Relations [J]. Information Sciences, 2019, 501: 317 - 336.

[207] Zhang Z M, Wang C, Tian X D. A Decision Support Model for Group Decision Making with Hesitant Fuzzy Preference Relations [J]. Knowledge-Based Systems, 2015, 86: 77 - 101.

[208] Zhang Z M, Wu C. Hesitant Fuzzy Linguistic Aggregation Operators and Their Applications to Multiple Attribute Group Decision Making [J]. Journal of Intelligent Fuzzy Systems, 2014, 26 (5): 2185 - 2202.

[209] Zhang Z M, Wu C. On The Use of Multiplicative Consistency in Hesitant Fuzzy Linguistic Preference Relations [J]. Knowledge-Based Systems, 2014, 72: 13 - 27.

[210] Zhang Z M. Deriving the Priority Weights from Incomplete Hesitant Fuzzy Preference Relations Based on Multiplicative Consistency [J]. Applied Soft Computing, 2016, 46: 37 - 59.

[211] Zhang Z Y, Lin J, Miao R S et al. Novel Distance and Similarity Measures on Hesitant Fuzzy Linguistic Term Sets with Application to Pattern Recognition [J]. Journal of Intelligent & Fuzzy Systems, 2019, 37 (2): 2981 - 2990.

[212] Zhang Z, Guo C H. Consistency and Consensus Models for Group Decision Making with Uncertain 2-Tuple Linguistic Preference Relations [J]. International Journal of Systems Sciences, 2016, 47 (11): 2572 - 2587.

[213] Zhang Z, Kou X Y, Dong Q X. Additive Consistency Analysis and Improvement for Hesitant Fuzzy Preference Relations [J]. Expert Systems with Applications, 2018, 98: 118 - 128.

[214] Zhang Z, Kou X Y, Yu W Y et al. On Priority Weights and Consistency for Incomplete Hesitant Fuzzy Preference Relations [J]. Knowledge-Based Systems, 2018, 143: 115 - 126.

[215] Zhao H, Xu Z S, Wang H et al. Hesitant Fuzzy Multi-Attribute Decision Making Based on the Minimum Deviation Method [J]. Soft Computing, 2017, 21 (12): 3439 - 3459.

[216] Zhao M, Ma X Y, Wei D W. A Method Considering and Adjusting Individual Consistency and Group Consensus for Group Decision Making with Incomplete Linguistic Preference Relations [J]. Applied Soft Computing,

2017, 54: 322 – 346.

[217] Zhao N, Xu Z S, Ren Z L. Hesitant Fuzzy Linguistic Prioritized Superiority and Inferiority Ranking Method and Its Application in Sustainable Energy Technology Evaluation [J]. Information Sciences, 2019, 478: 239 – 257.

[218] Zheng Y H, Xu Z S, He Y et al. Severity Assessment of Chronic Obstructive Pulmonary Disease Based on Hesitant Fuzzy Linguistic COPRAS Method [J]. Applied Soft Computing, 2018, 69: 60 – 71.

[219] Zhou L G, Chen H Y. On Compatibility of Uncertain Additive Linguistic Preference Relations Based on the Linguistic COWA Operator [J]. Applied Soft Computing, 2013, 13 (8): 3668 – 3682.

[220] Zhou L G, Chen H Y. On Compatibility of Uncertain Multiplicative Linguistic Preference Relations and Its Application to Group Decision Making [J]. International Journal of Uncertainty, Fuzziness and Knowledge-Based Systems, 2013, 21 (1): 9 – 28.

[221] Zhou L G, He Y D, Chen H Y et al. On Compatibility of Uncertain Multiplicative Linguistic Preference Relations Based on the Linguistic COWGA [J]. Applied Intelligence, 2014, 40 (2): 229 – 243.

[222] Zhou L G, Merigó J M, Chen H Y et al. The Optimal Group Continuous Logarithm Compatibility Measure for Interval Multiplicative Preference Relations Based on the COWGA Operator [J]. Information Sciences, 2016, 328: 250 – 269.

[223] Zhou W, Chen J, Xu Z S et al. Hesitant fuzzy preference envelopment analysis and Alternative Improvement [J]. Information Sciences, 2018, 465: 105 – 117.

[224] Zhou W, Xu Z S. Hesitant Fuzzy Linguistic Portfolio Model with Variable Risk Appetite and Its Application in the Investment Ratio Calculation [J]. Applied Soft Computing, 2019, 84, 105719.

[225] Zhou Y Y, Cheng L H, Zhou L G et al. A Group Decision Making Approach for Trapezoidal Fuzzy Preference Relations with Compatibility Measure [J]. Soft Computing, 2017, 21 (10): 2709 – 2721.

[226] Zhou Y Y, Zhu J M, Zhou L G et al. A New Approach to Fuzzy Group Decision Making with Trapezoidal Fuzzy Preference Relations By Using

Compatibility Measure [J]. Neural Computing & Applications, 2018, 29 (11): 1187 - 1203.

[227] Zhu B, Xu Z S, Xu J P. Deriving a Ranking from Hesitant Fuzzy Preference Relations under Group Decision Making [J]. IEEE Transactions on Cybernetics, 2014, 44 (8): 1328 - 1337.

[228] Zhu B, Xu Z S. Analytic Hierarchy Process-Hesitant Group Decision Making [J]. European Journal of Operational Research, 2014, 239 (3): 794 - 801.

[229] Zhu B, Xu Z S. Consistency Measures for Hesitant Fuzzy Linguistic Preference Relations [J]. IEEE Transactions on Fuzzy Systems, 2014, 22 (1): 35 - 45.

[230] Zhu B, Xu Z S. Regression Methods for Hesitant Fuzzy Preference Relations [J]. Technological and Economic Development of Economy, 2014, 19: S214 - S227.